Miriam Pielhau

Dr. Hoffnung

MIRIAM PIELHAU

Dr. Hoffnung

Die Geschichte eines echten Wunders

Allegria

Diese persönliche Geschichte ist zum Schutz der Privatsphäre
aller genannten Personen leicht modifiziert.

Allegria ist ein Verlag der Ullstein Buchverlage GmbH

ISBN 978-3-7934-2297-6
© by Ullstein Buchverlage GmbH, Berlin 2016
Alle Rechte vorbehalten.
Gesetzt aus der Minion Pro
Satz: Pinkuin Satz und Datentechnik, Berlin
Druck und Bindearbeiten: GGP Media GmbH, Pößneck
Printed in Germany

Für dich, mein Kind,
… mein Engel,
… mein Lebenselixier!

Inhalt

Wir müssen reden 11

1 Tag X 14

2 Zwischen Leben & dem Gegenteil 33

3 Fäustchen machen & lächeln 53

4 Zwei Schritte vor & einer zurück 73

5 Richtige Fragen & richtige Antworten 92

6 Sprechen Sie Arzt? Sprechen Sie Patient? 110

7 Das Leben der anderen – und meines 135

8 Im Hier & Jetzt 150

9 Hoffnung & Optimismus 169

10 Kurz vor dem Ende und wieder auf Anfang 187

11 Wunder, Wunden & Heilung 202

12 »Der Trick ist, einfach niemals aufzugeben« 219

Danksagung 237

Mit dir durch die Wüste, mit dir durch das Meer
Die Geister, die ich loswurde, rufe ich nie mehr
Ich hab Licht gesucht, in dunkelsten Stunden
Hab mich verlor'n und in dir gefunden
Ich bete: »Lass es regnen auf mich hinab«
Du sagst: »Spring in die Fluten«

Du bist mehr, mehr, mehr als genug
Viel mehr, als ich such,
weit mehr, als ich verlangen kann
Mehr, mehr, mehr als genug
Du bist unendlich gut,
bist mehr, als ich ertragen kann

Ich sag: »Alles vergeht«,
Du sprichst: »Neues entsteht«
Vieles muss geh'n, aber alles lebt
Ich lass los – du fängst mich
Ich reiß mich zusamm', aber's sprengt mich
Hoffnung ohne Ende
Deine Liebe rinnt durch meine Hände

Weniger als du bist, ist nicht genug für mich
Fern und ein Schritt zurück, weniger bin ich nicht

Mehr, mehr, mehr als genug …
Viel mehr, als ich such, weit mehr, als ich verlangen kann
Mehr, mehr, mehr als genug
Du bist unendlich gut, bist mehr, als ich ertragen kann

»Mehr als genug« von Samuel Harfst & Tobias Hundt[1]

1   Aus dem Album: *Mehr als genug*. Label: RaketenRecords, Mai 2013.

Wir müssen reden

Wer eine herbe Attacke auf seine Gesundheit erleidet, die das Wohlbefinden empfindlich beeinträchtigt oder gar das Leben an sich bedroht, der fällt psychisch zunächst einmal in ein Loch. Ein schmuddeliges, stinkendes Loch. So ein Schlamassel. Komme ich da jemals wieder heraus? Und wenn ja, wie? Wer hilft?

Nun, Überlebenswillen in jedem Fall. Familie und Freunde sollten Sie auch nicht in die Verbannung schicken. Und, ach ja, die Medizin. Die gute, alte Wissenschaft der Heilkunde inklusive ihrer Heilsbringer, den Ärzten. Natürlich sind Sie bei einer Erkrankung auf die Medizin angewiesen. Doch genau an diesem Punkt fängt es meiner Erfahrung nach an, kompliziert zu werden. Bitte nicht falsch verstehen: Wir verfügen in unseren Breitengraden über die besten Therapien. Als Patient werden wir den Möglichkeiten der Medizin offen gegenüber sein, wenn wir eine Krankheit bekämpfen und gesund werden wollen. So weit, so gut. Das ist nicht der Punkt.

Ich selbst bin nach einer äußerst herausfordernden Diagnose (das gemeine K-Ding) auf dem Pfad der Gesundung einige Male gestrauchelt. Über große Stolpersteine gefallen, die viel mit mir selbst zu tun hatten. Sie trugen Namen wie »Angst«, »Verzweiflung« oder »Hoffnungslosigkeit«. Manches Mal trugen sie schlicht einen weißen Kittel. Aus fachlicher Sicht haben die Ärzte an mir ausnahmslos einen guten Job gemacht. Schließlich war die Behandlung auch erfolgreich. Emotional gesehen hätte einiges deutlich besser laufen können. Viele Rückschläge hätten mir erspart bleiben können. Zu einigen durchweinten Nächten hätte es nicht kommen müssen. Es hätte nicht so wahnsinnig viel Kraft kosten müssen, sich immer wieder selbst aufzupäppeln, wenn das Miteinanderreden besser funktioniert hätte. So simpel. Und doch so schwer: Die Kommunikation zwischen den vermeintlichen »Herrschern« über meine Gesundheit und mir, ihrer Schutzbefohlenen, verlief alles andere als glatt. Eigentlich sollten Ärzte und Patienten an einem Strang ziehen. Aber zu verschieden sind die Welten, in denen sie sich bewegen. Zu wenig gelingt es, über den eigenen Tellerrand zu sehen, den anderen mitzunehmen. Als Laie ist man überfordert vom ganzen Fachchinesisch, als Arzt, konfrontiert mit dem alltäglichen Wahnsinn in einer Praxis oder Klinik, fehlt einem der Blick auf die Bedürfnisse des Patienten, die über die medizinische Versorgung hinausgehen. Und das schafft jede Menge Raum für Missverständnisse – und auch für unnötige Ängste. Weil man nicht versteht, was passiert.

Natürlich: Ich bin keine erfahrene Ärztin und auch keine renommierte Wissenschaftlerin. Wenngleich ich durch meine eigene Krankheit, durch das Lesen unzähliger Bücher, durch Gespräche und Interviews zur Expertin geworden bin. Aber abgesehen davon bin ich genau das, was Sie auch sind: ein Mensch. Mit Gefühlen und Ängsten. Als erfahrene Patientin habe ich mir gewisse Kompetenz und Sachverstand angeeignet, aber auch Verständnis. Für die Materie Krankheit an sich wie auch für die Helden mit Skalpell oder Spritze in der Hand.

Als routinierter Gast in Wartezimmern habe ich festgestellt, dass wir einiges voneinander lernen können. Und müssen. Wir müssen dringend eine gemeinsame Sprache finden, die beide verstehen: der Arzt und der Patient. Im Dienste der Gesundheit – der körperlichen und seelischen.

Patienten soll dieses Buch bei der Heilung helfen – und vor allem Mut machen. Mut, aufzustehen, mündig und selbständig zu werden und nicht alles klag- und fraglos hinzunehmen. Nebenbei gibt es einen Einblick in das Leben der Ärzte.

Menschen wie du und ich, die auch mal miserabel schlafen, denen Zeit gestohlen wird an jeder Ecke, die unglückliche Tage haben und deswegen mit einem Krebspatienten reden, als hätte er Süßigkeiten geklaut. Das ist grausam. Passiert aber hundertfach. Wenn Sie sich darauf einlassen, einen Blick in diese Welt zu wagen, wissen Sie auch, Gesten oder Gesagtes besser zu deuten. Und das tut vor allem einem gut: Ihnen.

Ärzten möchte ich klarmachen, wie fatal manche ihrer Äußerungen sein können. Und dass umgekehrt in so vielen Fällen allein das richtige Wort an der richtigen Stelle letztlich gesund machen kann. Dass Worte heilen können, davon bin ich überzeugt. Sie können Mut und Hoffnung verbreiten. Die falschen Worte dagegen schüren Angst. Gerade wenn sie aus dem Mund eines Mediziners kommen. Beide Seiten können etwas dafür tun, dass die Kommunikation besser wird. Und das Verständnis füreinander. Das ist meine feste Überzeugung.

Daher hoffe ich, dass dieses Buch ein Begleiter für Sie wird, der Sie neben dem ganzen medizinischen Kladderadatsch auf den Weg der Heilung bringt. Ein Gefährte, der Sie vorbereitet auf die Fallstricke und Gruben auf der manchmal sehr langen Reise, die Sie Seite an Seite mit dem Arzt Ihres Vertrauens antreten wollen. Oder müssen.

Und zu guter Letzt möchte ich einen Arzt in Ihnen ansprechen und ausbilden, der jeden gleich behandelt. Egal, ob Kasse oder privat. Er geht stets mit derselben Liebe und Sorgfalt vor. Und das Beste? Er schlummert in Ihnen und arbeitet daher rund um die Uhr und ganz ohne Rechnung nur für Sie: Es ist Dr. Hoffnung.

Ihre *Miriam Pielhau*   März 2016

1 Tag X

Draußen herrschen knackige minus 15 Grad. Die Sonne scheint. Immerhin. Das Jahr 2014 hat den Januar noch nicht einmal hinter sich gelassen, und doch weiß Johanna schon sehr genau, wie sich die kommenden Monate hauptsächlich gestalten werden. Sie wird viel mit Ärzten zu tun haben. Und sehr viel mit sich selbst. Denn Johanna ist wieder krank.

Welche Ironie des Schicksals. Das sind ihre ersten Gedanken, als sie vor einer Woche die neue, extrem doofe Nachricht erhalten hat. Und das sind ihre Worte am Telefon, als sie mir davon berichtet: »Welch bitterböse Ironie.«

Bei Johanna kommt der K. zurück. Genauer gesagt: Es kommt ein neuer K. Denn sie war geheilt. Das, was jetzt in ihr wütet, ist ganz anders als beim ersten Mal. Und es ist schlimmer. Viel, viel schlimmer.

Johanna steht mir sehr nah. Sie und ich, wir sind im wahrsten Sinne des Wortes Hand in Hand durch unser bisher herausforderndstes Lebensjahr 2008 gegangen. Sie war ebenso an dem K-Ding (ich nenne den Krebs nicht gerne beim Namen, immer noch nicht) erkrankt wie ich. Auch sie war jung und eigentlich kein »typischer Fall«. Aber das half uns auch nicht weiter; wir mussten da durch. Und wir gingen da durch. Gemeinsam. Weinend, verzweifelt, wütend, Kraft schöpfend, lachend und zusammen das Erreichen der magischen Fünf-Jahres-Grenze feiernd. Das ist die zeitliche Hürde, die genommen werden will, bevor sich ein K-Patient auch offiziell als geheilt bezeichnen darf. Endlich nicht mehr zur Nachsorge. Ab jetzt heißt es wieder Vorsorge. Wie bei jedem anderen Gesunden auch. Olé, olé.

Aus Schicksalsgefährtinnen wurden Freundinnen. Frauen mit verwandten Seelen und einem ähnlichen Leben. Johanna hat ein Kind – wie ich auch – und einen sonnigen Blick auf das Leben. Sie ist das, was andere vermutlich als »Stehauf-Frauchen« bezeichnen würden. Sie meistert ihren Alltag als Alleinerziehende mit einer bewundernswerten Leichtigkeit. Und dann kommt dieser Tag, der plötzlich wieder alles schwer macht. Schier unerträglich schwer.

Johanna weint am Telefon. So bitterlich, dass ich einmal mehr verfluche, einen Beruf zu haben, der mich so oft in andere Städte bringt. Ich kann nicht bei ihr sein. Dabei scheint sie mich gerade jetzt sehr zu brauchen.

»Ich habe Angst. Eine richtige Scheiß-Drecks-Angst.«

»Nun warte doch erst mal das Ergebnis der Gewebeprobe ab.« Ich spreche die Worte aus und ärgere mich sofort darüber. Weiß ich doch nur zu genau, dass ein solcher Satz zwar gut gemeint ist, aber wenig hilft. Zumindest nicht, wenn einen der Teufel Angst gerade fest im Griff hat. Und er hat Johanna in beiden Händen und droht, sie zu zerquetschen. Johanna nimmt mir meinen missglückten Versuch, ihr Mut zuzusprechen, dankenswerterweise nicht übel. Ach, die Tapfere.

»Gut wird es nicht mehr, Miri. Es kommt nur darauf an, wie schlecht genau das Schlechte werden wird.«

»Was macht dich da so sicher?«

Johanna schluchzt. »Aaach … ich hab die Gesichter gesehen. Ich kenne diesen Blick. DU kennst diesen Blick. Wärst du dabei gewesen, du wüsstest, was ich meine. Diese Mischung aus Keine-Panik-schüren-Wollen, aber auch nicht zu viel Hoffnung machen. Eigentlich wissen ja alle schon, dass der Knoten wieder bösartig ist. Hoffentlich wenigstens dieses Mal ein kleiner Böser.« Die letzten Worte flüstert sie.

Ich kann nur betroffen nicken und räuspere mich. »Ich komme mit zum nächsten Termin. Soll ich?«

»Kannst du das, Miri? Kriegst du das irgendwie hin?«

»Natürlich. Wenn alles gut ist, dann trage ich dich danach Halleluja rufend und singend durch die Straßen … und wenn nicht … dann … dann auch. Und das Halleluja schreie ich noch etwas lauter. Damit wir da oben von dem Monsieur in den Wolken auch gehört werden.«

Johanna lacht. Kurz nur, aber sie lacht.

»Übermorgen um 11 im Brustzentrum der Klinik. O. k.?«

»Natürlich, Jo. Ich hole dich ab.«

Zwei Tage später stehen wir vor der Tür, die wir beide nur allzu gut kennen. Ich merke, wie mich die Situation beklommen macht. Doch ich versuche, dieses Gefühl wegzuschieben. Es geht nicht um mich. Es geht um Johanna.

Wir setzen uns ins Wartezimmer. Wie schrecklich lang eine sehr kurze Zeit sein kann, wenn einem die Frage nach »Leben oder todbringende Krankheit?« den Atem raubt. Ich erinnere mich nur zu gut. Ich leide mit. Auch wenn das nicht zählt. Nicht zählen soll. Endlich, nach einer gefühlten Ewigkeit (vermutlich waren es kaum mehr als fünf Minuten), öffnet sich die Tür zum Besprechungszimmer.

Unser Lieblingsarzt aus dem Jahr 2008 huscht an uns vorbei: »Ich bin sofort wieder da.« Ein schlechtes Zeichen, denke ich. Kein »Es ist alles gut, Details besprechen wir gleich« aus Dr. Joachims Mund. Verdammt. Egal, nicht verzagen. Ich drücke Johannas Hand. Augenblicke später ist er wieder da. Immerhin. Er bittet uns herein. Wir begrüßen uns. Er lächelt aufmunternd. Ein gutes Zeichen. Etwas in mir frohlockt.

Während sich Johanna etwas umständlich aus ihrer dicken Jacke schält und ich versuche, ihr dabei zu helfen, bemerke ich aus dem Augenwinkel, wie der Doktor Unterlagen auf seinem Schreibtisch hin- und herschiebt und beiläufig Visitenkärtchen in die Hand nimmt. Scheiße, schießt es mir durch den

Kopf. Scheiße, Scheiße, Scheiße. Es ist also doch Krebs. Mit Sicherheit stehen auf den Kärtchen die Namen von Spezialisten, an die er Johanna weiterverweisen wird.

Ich nehme Johanna die Jacke ab. Sie hat das mit den Visitenkarten zum Glück nicht mitbekommen, sie starrt nur ängstlich auf den Boden. Als wir uns an den kleinen Tisch gesetzt haben, sieht Dr. Joachim Johanna mit mildem Blick an.

»Frau Orly, die Gewebeprobe hat bedauerlicherweise ein eindeutiges Ergebnis geliefert. Die Zellveränderungen sind nicht gutartig.«

Wumms. Stille. Johanna starrt Dr. Joachim an. Er legt seine Hand auf ihre. Ich blicke geschockt zwischen beiden hin und her. Irgendetwas in mir hatte gehofft, dass Johanna grandios unrecht haben würde. Dass ihr Gefühl und ihre Vermutung falsch gewesen wären. Dass es eben doch nur ein harmloser Knubbel in der Brust wäre, auch wenn alles auf das K-Ding hindeutete. Ein Knubbel, den man einfach rausschneidet und fertig ist das gesunde Johanna-Mädchen. Irgendetwas in mir hatte sich bis zu diesem Moment geweigert, überhaupt nur in Betracht zu ziehen, dass der vermaledeite Herr K. zurückgekommen sein könnte.

Als Johanna Tränen aus den Augen schießen, merke ich: Irgendetwas in ihr hatte genauso gefühlt, gehofft wie ich. Trotz aller gegenteiliger Anzeichen. »Nicht schon wieder. Nein. Bitte. Nicht schon wieder«, flüstert sie.

Jetzt bin ich gefragt. Das spüre ich. Ich küsse Johanna aufs Haar und wende mich dem Arzt zu. »Was heißt das denn genau? Wenn ich richtig informiert bin, ist der Knoten noch verhältnismäßig klein. Soll heißen: Sie operieren, eventuell medikamentöse Therapien danach, und dann hat sie eine gute Chance auf erneute Heilung, richtig?«

Dr. Joachim zögert. »Nun … ja und nein. Der Knoten ist klein, operabel, das ja. Aber die rötlichen Stellen auf der Brusthaut … Wir haben eine Gewebeprobe entnommen und festgestellt, dass diese Hautveränderungen auch nicht gutartig sind. Und die lassen sich nicht so leicht mit dem Skalpell entfernen. Nicht … ohne massive ästhetische Einbußen.«

Mir ist sofort klar, was er meint, auch wenn er sich nicht deutlich ausgedrückt hat. Nämlich dass man Johanna die Brust ganz abschneiden muss, um dem K-Ding den Garaus zu machen. *Ganz* abschneiden. Also nicht nur innen alles raus und ein Silikonkissen rein. Sondern alles weg. Mit hässlicher Narbe. Und hässlichem Selbstwertgefühl – für den Rest des Lebens. Mir wird kalt.

Johanna ist noch nicht einmal Mitte dreißig. Ich ahne, dass mir die Moral und der Kämpfergeist meiner sonst so starken Freundin unter den Händen wegflutschen wird, wenn sie realisiert, dass nur die radikale Amputation eine lebensrettende Lösung ist. Ich sehe sie an. Und verkneife mir ein »Alles o. k.?«. Noch scheinen die Worte des Arztes nicht wirklich zu ihr vorgedrungen zu sein.

Mein Hirn rattert, mein Kopf ist heiß, und ich höre mich sagen: »Verstehe, Dr. Joachim. Aber könnte man nicht auch bestrahlen? Oder es mit einer Chemotherapie gegen die Hautauffälligkeiten versuchen?«

»Versuchen könnte man das, aber …«

Ich unterbreche ihn, weil ich nichts ungefragt lassen will: »Im schlimmsten Fall, was ist mit einem Wiederaufbau der Brust? Gibt es da Möglichkeiten?«

Jo blickt mich verängstigt an. Unfähig, etwas zu sagen.

Dr. Joachim wirkt fast erleichtert ob meiner Nachfrage. Beim Stichwort »Wiederaufbau« verändert sich seine Körperhaltung. Er wirkt wieder stärker. Absurd und großartig zugleich, dass auch erfahrene Ärzte – also im Verkünden schlechter Nachrichten erfahrene Ärzte – noch so offensichtlich Mitgefühl hegen. Ich lächele ihn vorsichtig an.

»Ja. Das geht in der Tat. Und das sieht wirklich sehr gut aus heutzutage. Aber darüber müssen wir jetzt noch nicht sprechen. Frau Orly?«

Johanna hebt den Kopf. Ihr Gesicht ist rot und nassgeweint.

Die Augen sind müde, der Blick ist auf eine Art erschreckend leer. Meine kleine, großherzige Freundin. Ihre Stimme ist leise und ein wenig rau. »Ja? Was muss ich tun?«

»Vor allem nicht verzweifeln, Frau Orly. Wir müssen jetzt einfach nur ausschließen, dass sich sonst noch etwas in Ihrem Körper befindet ...«

Johanna schreckt auf: »Sonst noch etwas? Wie meinen Sie das?«

»Fernabsiedelungen. Metastasen.«

Wir halten beide die Luft an. Wir beide wissen es. Metastasen bedeuten: unheilbar. Keine Chance auf Gesundheit. Niemals. Und: in absehbarer Zeit nicht mehr lebendig.

Dr. Joachim fährt fort: »Reine Routine. Zu unserer, zu Ihrer Sicherheit. Wir machen das schon.«

Was machen wir schon?, denke ich. Warum sagt er nicht: Da wird nichts sein. Und den Rest erledigt der Operateur? Er sagt es nicht, weil er es nicht weiß. Weil der Herr K. ein unberechenbarer Mistkerl ist. Und weil vielleicht irgendwo in diesem erfahrenen Mediziner eine Alarmlampe angegangen ist. Wegen der veränderten, bösartigen Hautsachen auf der Brust. Ich denke das. Sage aber: »Nur noch einmal zum Verständnis. Johanna soll also ins PET-CT, um auszuschließen, dass das K-Ding gestreut hat. Richtig?«

»Richtig.«

»Und es sieht doch erst einmal danach aus, als wäre die Scheiße zwar Scheiße. Aber überschaubar?«

Dr. Joachim zögert, bevor er bestätigt: »Ja. Danach sieht es aus.«

Es soll Mut machend klingen. Mich hinterlässt dieser Satz eher nervös. Johanna hat sich, das entnehme ich ihrem Kopfnicken, auf das Positive fokussiert. Wie gut. Ich mache in Gedanken einen Plan. Die Wegstrecke in Etappen aufteilen. Und dann weitersehen. Nächste Station: PET-CT (Positronen-Emissions-Tomographie-Computer-Tomographie). Bis dahin: nicht verzweifeln. Einfach nicht verzweifeln.

Dr. Joachim händigt Jo die Kärtchen aus. Er erklärt und erzählt. Ich merke, dass sie nur noch sitzt und atmet. Daher versuche ich, mir so viel wie möglich einzuprägen.

Dr. Joachim entlässt uns mit einer warmen Umarmung und einem festen Händedruck. Wir schreiten den Gang der Ambulanz entlang und treten an die frische Luft. Johanna schweigt die ganze Zeit. Kurz bevor wir bei meinem Auto angelangt sind, bleibt sie stehen. Sie hebt langsam den Kopf und sieht mich an. Mit diesem schmerzvollen, trüben Blick aus Verzweiflung und Angst. Ihre Unterlippe zittert. Und plötzlich schreit sie. Sie sinkt in die Knie und schreit. Ohne Worte. Nur Laute. Und sie weint. Wie ich sie noch nie habe weinen sehen. Es zerreißt mich.

Ich laufe zu ihr und nehme diesen zitternden Körper in den Arm. Ich würde am liebsten mit ihr schreien. Aber das hilft ihr nicht. Also versuche ich es mit Festhalten.

Nach einer Weile, sie wimmert nur noch, bugsiere ich sie ins Auto. Auf der Fahrt gehen wir die organisatorischen Details durch. Übermorgen PET-CT. Ich werde dabei sein. Direkt danach Sprechstunde bei Dr. Joachim. Dann wird der weitere Schlachtplan besprochen. Einer, der vorsieht, dem Herrn K. zu zeigen, wo das Nirwana ist. Einer, der es nicht zulassen wird, dass Herr K. dasselbe bei Johanna versucht. Ich bin optimistisch. Jo nach einer Weile auch wieder.

»Du weißt, Miri, ich war bei allen Nachsorgeuntersuchungen. Nie war irgendetwas auffällig. Vor gar nicht allzu langer Zeit haben wir unsere magische Fünf-Jahres-Grenze gefeiert. Weißt du noch?«

»Na klar. Das war ein tolles Fest. Du hast wundervoll gesungen am Ende des Abends. Felix hätte dich vom Fleck weg geheiratet.«

Johanna lacht. Wir lachen. Doch in meinem Kopf ziehen kleine graue Wolken auf. Felix, der wunderbare Mann, mit dem sie eine Beziehung versucht hatte. Es hat leider nicht geklappt. Vor kurzem erst ist es auseinandergegangen, ohne großes Drama. Die Gründe dafür hat Jo mal hier, mal da gesucht. Ich denke, sosehr sie es wollte, Jo konnte noch nicht wieder lieben, weil die Wunden noch nicht verheilt waren. Auf ihrem Herz parkte noch die alte Karre. Felix war der berühmte erste Mann »danach«. Richtig und nicht richtig zugleich. Außerdem war er zwar die meiste Zeit super, hatte aber auch einige Züge, mit denen Jo nicht immer zurechtkam. Also war es okay, so wie es jetzt ist.

In den vergangenen zwei Jahren hatte Jo eine schwere Zeit mit vielen Herausforderungen. Die unerwartete, unvermittelte Trennung von ihrem Freund Markus, der Schmerz über den Verlust des über alles geliebten Partners. Das Unverständnis, warum er einfach gegangen war, weitgehend wortlos. Für sie: grundlos. Für uns Freunde: schwer zu verstehen. Sie einfach zurückzulassen. Mit einem kleinen Kind. Seiner Tochter.

Dann die Sache mit Felix und nun auch noch der K. Ich kann nachvollziehen, wie sie sich jetzt fühlt. Leider nur zu gut. Aber vielleicht soll das auch so sein. Dass ich nachfühle, verstehe. Vielleicht bin ich vom Universum, von Gott oder wem auch immer gerade jetzt an ihre Seite bestellt worden, weil ich verstehe. Ich weiß es nicht. Jedenfalls will ich alles so richtig wie möglich machen. So viel steht fest.

Als ich abends im Bett liege, erfasst mich Angst. Wie eine tosende Welle, die über mir zusammenschlägt. Angst, dass ihr bitteres Herzleid zu extremem Körperleid geführt haben könnte. Ich ahne an diesem Abend nicht, dass ich genau diesen Gedanken, den ich am liebsten ganz schnell wegschieben möchte, in nicht allzu ferner Zukunft würde umarmen müssen.

Zwei Tage später stehen wir frühmorgens vor jenem imposanten medizinischen Gerät, das Johanna nun einmal von Kopf bis Fuß durchleuchten wird. Die PET-CT-Untersuchung steht an. Johanna muss in die Röhre. Das Procedere ist aufwendig. In der Durchführung und was die Zeit betrifft. Nüchtern anreisen, durch einen riesigen Gebäudekomplex irren, bis man die richtige Abteilung gefunden hat, dort Kontrastmittel trinken, eine Stunde ausharren, gescannt werden – auch das dauert beinahe eine Stunde – und dann noch auf die Auswertung warten. Die dauert je nach Patientenaufkommen eine halbe Stunde oder länger. All das kennen wir schon aus unserer gemeinsamen K-Zeit. Leider. Kein Wunder, dass wir das Gefühl haben, in der nächsten Sekunde wird jemand um die Ecke kommen und uns mit dem Satz begrüßen: »Herzlich willkommen, der Psychoterror geht gleich los!«

Johanna entschwindet irgendwann, ich warte im Vorraum. Ich habe mir was zum Lesen mitgenommen, weil ich weiß, dass es sich um Stunden handeln kann, bevor wir Klarheit haben. Aber ich kann mich nicht wirklich auf die Lektüre konzentrieren. Stattdessen bete ich still vor mich hin und sende Wünsche ans Universum. Vielleicht sollte ich auch meditieren? Ich tue das, von dem ich glaube, dass es meiner Freundin helfen kann.

Als sie aus der Untersuchung kommt, noch etwas beduselt von der Entspannungspille, die sie ihr gottlob verabreicht haben, wirkt sie stabil.

»Miri, ich habe in dieser blöden, engen Röhre nicht ein einziges Mal die Augen aufgemacht, um nicht panisch zu werden. Das hat super geklappt.«

Ich schlage in ihre ausgestreckte Handfläche ein. »Und? Wie ist dein Gefühl?«, wage ich zu fragen.

»Super, Miri. Da ist nix. Wie auch. Meine MRT von vor sechs Monaten war einwandfrei. Was soll da jetzt sein?«

»Recht hast du.« Ich umarme sie. Sie ist sehr stark. Jedenfalls wirkt sie so. Es rührt mich zu Tränen. Aber ich beherrsche mich. Was soll ich weinen, wenn sie so zuversichtlich ist? Dennoch liegt mir etwas auf dem Herzen. Ich möchte wissen, ob und wie ich ihr helfen kann, nachher, bei der Besprechung. Wie ich mich verhalten soll.

»Haaach«, lacht sie, »jubeln sollst du! Mit mir. Weil alles gut ist, bis auf einen kleinen Teil in meinem Körper.«

Ich schmunzele. »O. k. Aber wenn irgendetwas merkwürdig ist, soll ich dann nachfragen? Oder willst du das machen? Sag mir, was dir hilft.«

Johanna wird ernst. »Wenn der uns dumme Dinge verkündet, dann kann ich nicht mehr denken. Das kann ich dir jetzt schon sagen.«

»O. k., aber das wird ja nicht passieren.« Ich küsse sie wieder auf ihre gut duftenden Haare. Und versuche mich in Ablenkung. Wir erzählen uns flache Witze und tuscheln über merkwürdig aussehende Menschen, die wortlos an uns vorbeihuschen. Lauter Dinge, die eine Leichtigkeit vorgaukeln, wo gefühlt noch nicht mal ein Nanometer Platz für Unbeschwertheit ist.

Dann – endlich – werden wir in den Besprechungsraum gebeten. Professor Luskowitz ist ein nicht allzu groß gewachsener Mann mit Genussbauch, über dem der Arztkittel leicht spannt. Sympathisch und gemütlich sieht er aus. Er fordert uns freundlich auf, Platz zu nehmen. Seine Miene verheißt nichts Gutes, als er Johanna fragt, wie lange ihre Ersterkrankung zurückliegt. »Das war 2008. Aber … das hat doch jetzt nichts zu bedeuten. Ich war ja geheilt …«

Professor Luskowitz zögert: »Ja, aber wir haben da etwas gefunden. Deswegen muss ich ein paar Details erfragen …« Ich drücke Johannas Hand fester, der Arzt redet weiter: »… denn wir wissen noch nicht genau, ob das mit der damaligen Erkrankung zu tun hat oder ob es sich um etwas Neues handelt.«

Johanna sackt in sich zusammen. Ihre Stimme klingt nur noch wie ein Hauch. »Etwas gefunden? Was? Wo?«

Luskowitz versucht, es sanft zu formulieren. Aber die Worte treffen wie ein Paukenschlag. »Sie haben Metastasen, Frau Orly. Im ganzen Körper.«

Johanna erstarrt. Mir ist eisig kalt, aber ich weiß, dass ich jetzt nicht versagen darf.

»Herr Professor, was heißt das?«, frage ich. Er blickt zur Seite. Ich merke Wut in mir aufsteigen und kann meine Stimme kaum kontrollieren. Es poltert nur so aus mir heraus: »Wissen Sie, hier wird heute nicht gestorben. Und morgen auch nicht. Egal, was Sie sagen!«

Professor Luskowitz versucht zu beschwichtigen: »Nein, natürlich nicht. Aber die Metastasen sind überall in den Knochen. In den Organen nicht. Das ist eine gute Nachricht. Eine *sehr* gute …«

Ich blicke zu Johanna. Der letzte Satz scheint sie aus ihrer Erstarrung geholt zu haben. »Das heißt, ich hab doch noch eine Chance auf Heilung? Trotz Knochenmetastasen? Ja? *Ja*?«

Der Professor drückt sich um eine klare Antwort. Ich hake noch einmal nach: »Professor Luskowitz, kann sie es nun schaffen, auch wenn das noch so unwahrscheinlich klingt oder eher selten ist bei einem solchen Verlauf, oder kann sie es nicht?«

»Dazu kann ich nichts sagen. Tut mir leid.«

Ich umfasse Johannas Schultern. »Komm, raus hier. Wir gehen. Wir haben einen Kampf zu kämpfen!«

Sie wischt sich die Tränen aus dem Gesicht und erwidert dann mit fester Stimme: »Nein, Miri.«

Ich zucke zusammen.

Sie sieht mich stolz an, atmet tief durch und sagt: »Nein, Miri. Wir haben einen Kampf zu gewinnen.«

Wenig später sitzen wir an dem kleinen, runden Besprechungstisch bei Dr. Joachim. Er ist sichtlich betroffen von der Nachricht. Offenbar hatte auch er auf ein besseres Ergebnis gehofft, eines ohne diesen gravierenden Befund.

Johanna macht einen stabilen Eindruck. Sie stützt den Kopf in ihre Hände und, nachdem Dr. Joachim den Bericht seines Kollegen nach einiger Zeit beiseitegelegt hat, sieht sie den Arzt fordernd an.

»Dann mal raus mit dem Terrortherapieplan. Was machen wir? Und wann wird operiert?«

»Eine OP macht in Ihrem Zustand, ehrlich gesagt, wenig Sinn.«

Ich merke, wie sehr sie diese Antwort enttäuscht. Der Gedanke, nach einer Operation den K-Mist los zu sein, wenigstens den in der Brust, schien verlockend.

Johanna runzelt die Stirn: »Was heißt das? In meinem Zustand …«

»Die Metastasen können nicht entfernt werden. Also geht es jetzt darum, die Tumorlast in Ihrem Körper zu reduzieren.«

Tumorlast. Was für ein Wort. Und »reduzieren« gefällt mir auch nicht. Immerhin sind wir hier angetreten, alles Böse in Johanna zu entfernen. Nicht nur kleiner zu machen. Das sieht Johanna offenkundig genauso.

»Das heißt, ich bekomme wieder eine Chemotherapie?«

Dr. Joachim nickt.

»Mit Haarverlust und allem Zipp und Zapp?«

Wieder ein Nicken.

»Aber ich habe eine Chance, dass wir dann alles wegbekommen?«

»Das wäre wünschenswert, ja. Aber man muss davon ausgehen, dass solche zytostatischen Therapien meist nur etwa 60 bis 70 Prozent der Zellen erwischen.«

Wieder sehe ich Enttäuschung in Johannas Augen. Sie war, wie ich, davon ausgegangen, dass das chemische Teufelszeug den Teufel K. komplett killt.

»Und was ist mit dem Rest?«, fragt sie sofort.

»Den halten wir in Schach.« Wieder eine Pause. Wieder glühen die Wangen. Dr. Joachim versucht sich in Aufmunterung: »Sehen Sie es als chronische Krankheit an, Frau Orly. Wir versuchen alles, um Ihnen ein Leben mit dem Krebs zu ermöglichen.«

Ein Leben mit der Krankheit?

»Nein. Nein, nein, nein. Ich will leben. Ja. Aber ohne den Krebs. Und ohne alle drei Wochen in irgendeine Brustambulanz rennen zu müssen, um mir Infusionen geben zu lassen, die den Krebs zwar unter Kontrolle halten, aber meinen Organismus schädigen und belasten. Was ist das denn für ein Leben, bitte?«

Beim letzten Satz ist sie richtig laut geworden. Und wieder kullern Tränen. Sie schluchzt.

»Ich will mein Kind groß werden sehen. Ich kann es doch nicht im Stich lassen. Das geht nicht. Hören Sie, Dr. Joachim, das geht nicht!«

Johannas Körper vibriert richtig, so heftig schluchzt sie. Ich habe Mühe, den Kloß in meinem Hals hinunterzuschlucken. Und doch will kein sinnvolles Wort aus mir herauskommen. Ich versage als Freundin gerade auf ganzer Linie und kann nichts dagegen tun. Die Gedanken überschlagen sich.

Was muss das für ein Gefühl sein, von jetzt auf gleich gesagt zu bekommen: Sie sind unheilbar krank. Sie werden nie wieder gesund. Freunden Sie sich damit an, dass der Krebs gekommen ist, nie mehr ganz gehen und Sie eines gar nicht allzu fernen Tages besiegen wird. Ohne zu wissen, wann *eines Tages* ist. Nur hoffen zu können, dass *eines Tages* viele Jahre entfernt liegt. Grauenvolle Ohnmacht. Das eigene Leben entgleitet. Hinter jedem Plan, jedem Traum, jeder Vision steht ein großes Fragezeichen. Alles, was jetzt folgt, ist Fremdbestimmung. Und in der Kommandozentrale sitzt Herr K.

Dr. Joachim skizziert das Procedere der kommenden Wochen und Monate. Johanna wird sich einer Chemotherapie unterziehen müssen. Infusionen alle drei Wochen. Mit dem Ziel, die Tumormarkerwerte ordentlich zu senken.

»Sie auf null zu bringen«, ruft Johanna trotzig dazwischen. Dr. Joachim schweigt.

»Und wie lange soll das Ganze gehen? Wann bin ich fertig mit der Therapie?«

»Wir machen erst einmal sechs Zyklen, also sechs Infusionssitzungen – und dann sehen wir weiter.«

»Und dann sehen wir weiter. Und dann sehen wir weiter.«

Als wir bei mir zu Hause am Küchentisch sitzen, wiederholt

Johanna die Worte des Arztes mehrmals. Sie schwankt dabei zwischen Frust, Trotz und Empörung.

»Was fühlst du?«, frage ich sie.

»Ach, das ist das Schlimmste … nicht zu wissen, wann es zu Ende ist. Das ist anders als damals. Da hatten wir einen Weg und ein Ziel in Sichtweite. Sechs bis neun Monate Tapferkeit und dann die Aussicht auf vollständige Gesundheit. Und jetzt? Das ist wie ein Marathon, der nicht nach 42 Kilometern zu Ende ist. Sondern der 100 Kilometer dauern kann. Oder 2000. Oder der dreimal um die ganze Welt geht. Wer weiß das schon. Wie soll ich das bloß schaffen?«

Ich muss an meinen eigenen Marathon denken. Den echten. Und den Tipp, den mir eine erfahrene Läuferin seinerzeit gegeben hat: »Nicht an die ganze Strecke denken. Immer nur an die nächsten zwei oder fünf Kilometer. Und vor allem: an jeder Versorgungsstation essen und trinken.«

Ich nehme Johannas Hände. »Du schaffst das, Jo. Guck auf das nächste kleine Ziel. Die erste Infusion zum Beispiel. Das erste Mal zum Gegenschlag ausholen. So in der Art. Und du brauchst Mitstreiter. Weggefährten, die dir Wasser und Energieriegel reichen. Verkriech dich nicht. Sag allen Bescheid.«

Und dann beginnt die unglaubliche Geschichte. Noch schneller als beim ersten Mal gelingt es Johanna, innerhalb von wenigen Tagen die mit so viel Angst verbundene Situation anzunehmen. Und ihr gelingt es sogar auch, einen Sinn darin zu finden. Sie sagt mir: »Dann werde ich jetzt all das ausprobieren und einüben, worüber wir so viel gesprochen haben, wozu du seit mehr als einem Jahr recherchiert, Interviews geführt und Daten gesammelt hast. Und ich erzähle dir dann, was das alles mit mir und meinem Körper macht. Für dein Buch. Das ist wohl die Ironie des Schicksals. So hat das Ganze wenigstens etwas Gutes.«

Und so wurde aus meinem ursprünglich geplanten Buch ein ganz anderes. Eigentlich wollte ich darüber schreiben, wie groß die Heilkraft von Hoffnung und Optimismus ist, das heißt, ich wollte der Frage nachgehen, ob Hoffnung tatsächlich Krebs besiegen kann. Wovon ich überzeugt bin. Ich hatte vor, diese gefühlte (und daher noch wackelige) Wahrheit mit akademisch erforschten Daten zu unterfüttern. Ich wollte Sie mit Studien konfrontieren, die ich gesammelt hatte, und mit Auszügen aus Büchern, die ich dazu gelesen hatte, und ich wollte Ihnen Mut zusprechen. Keinen diffusen, subjektiven Mut, sondern Zuversicht, die ihre Berechtigung hat, weil sie schon millionenfach bewiesen wurde.

Nun ist dieses Buch ein weiterer Erfahrungsbericht geworden. Es ist die Heilungsgeschichte von Johanna, die alles Menschenmögliche in die Wege geleitet hat, um gesund zu werden – obwohl das auf dem Papier und nach aktuellem Stand der Medizin eigentlich gar nicht möglich war.

Hoffnung ist ein kostbares und nicht zu unterschätzendes Medikament. Das sagen Wissenschaftler auf der ganzen Welt. Ich will Sie nicht auffordern, der Schulmedizin den Rücken zu kehren. Aber der Faktor Hoffnung ist einer, der die Chance auf (ein wieder gesundes) Leben um ein Vielfaches erhöht.

Worte, die gesund machen –
Wege aus der Krise I:

Sich einen Kompagnon suchen

Wenn Sie sich in einer herausfordernden gesundheitlichen Situation befinden, suchen Sie sich geeignete Verstärkung für diese schwierige Zeit und ihre heiklen Momente. Nicht nur, um der Angst in einsamen Stunden zu Hause Paroli zu bieten. Vor allem auch, wenn es um Arztbesuche geht. Gerade für den Fall, dass Sie schwer verdauliche oder komplizierte Nachrichten erwarten. Und kompliziert ist eigentlich alles, was mit Medizin zu tun hat. Finden Sie einen Begleiter, der stark sein kann, wenn Sie es nicht können. Der für Sie nachhaken kann, wenn etwas nicht verständlich ist. Außerdem hören vier Ohren immer mehr als zwei.

Manchmal ist ein Freund oder eine Freundin für eine solche Aufgabe besser geeignet als der Lebensgefährte/die Lebensgefährtin. Einem Menschen, der Ihnen sehr nahesteht, wie der Partner/die Partnerin, geht natürlich auch Ihr Leid unter die Haut. Eine Person aus Ihrem engeren Zirkel kann in Situationen, wo das nötig ist, mit etwas Abstand eher den Überblick bewahren und vielleicht deutlicher sehen, was Sie brauchen und was nicht.

Fragen stellen

Bereiten Sie vor dem Arztbesuch einen Fragenkatalog vor. Mit Fragen zu allen möglichen Szenarien – zu den günstigsten, aber auch besonders zu den ungünstigen. Entweder beziehen

Sie Ihren Kompagnon in diesen Prozess schon mit ein, oder Sie machen ihn rechtzeitig vor dem Termin mit den Fragen vertraut.

Wenn Sie emotional und/oder psychisch nicht in der Lage sein sollten, Ihre Fragen und Sorgen loszuwerden, kann (und sollte) Ihre Begleitung diesen Part für Sie übernehmen. Es empfiehlt sich, die Antworten stichpunktartig mitzuschreiben – auch das ist eine Aufgabe, die Ihr Begleiter übernehmen kann. Diese Notizen können hilfreich sein, wenn Sie bei einem anderen Arzt eine Zweitmeinung einholen wollen.

Deutungsspielraum begrenzen

Genauso wichtig wie die Antworten auf direkt gestellte Fragen sind klare Aussagen – und nicht etwa indirekte Botschaften. Versuchen Sie, nicht zu viel in Gesichtsausdrücke oder Gesten von Medizinern hineinzudeuten. Wenn Sie sich doch dabei ertappen sollten, vergewissern Sie sich, ob Sie mit Ihrem Eindruck richtigliegen. Wer Ungewissheit mit nach Hause nimmt, quält sich letztlich nur mit Ängsten, die nicht sein müssen. Denn Unsicherheit und Verzweiflung machen Angst. Immer. Falls Ihnen etwas merkwürdig vorkommt, Sie den Eindruck haben, man verschweige Ihnen etwas, sprechen Sie es an. Schildern Sie Ihre Beobachtung, Ihre dadurch hervorgerufenen Gefühle und Sorgen und bitten Sie den Arzt, dazu Stellung zu nehmen. Selbst eine eher unangenehme Information ist besser als gar keine. Und vor allem nimmt sie Ihnen das diffuse Gefühl, dass da »noch mehr ist, von dem ich nichts weiß«.

Beispiele einfordern

Sobald Sie sich einen Überblick über Ihre Situation verschafft haben, fragen Sie nach positiven Beispielen. Und zwar ausschließlich positiven Beispielen. Ich gehe sogar so weit zu empfehlen, dass Sie einem eher »pessimistisch« eingestellten Arzt ausdrücklich auferlegen, Sie mit Schwarzmalerei zu verschonen. Stattdessen sollten Sie ihn zu Patienten befragen, deren Krankheitsverlauf sich – womöglich entgegen aller Erwartungen und Statistiken – sehr gut oder wenigstens aussichtsreich entwickelt hat. Nötigen Sie Ihren Arzt auf liebevolle Art und Weise, zu Ihrem Verbündeten in Sachen Optimismus zu werden. Denn die medizinische Fachkraft kann ein qualifizierter Hoffnungsträger sein – oder zumindest einer werden.

Etappen betrachten

Das seelische Erdbeben, das durch die Diagnose einer möglicherweise heftig verlaufenden Krankheit ausgelöst wird, legt sich wie ein Schatten über die Zukunft. Jeder Traum, jeder Plan, jede Vorstellung von dem, wie Sie sich Ihr weiteres Leben bislang ausgemalt haben, scheint wie in schwarze Farbe getaucht. Das Leben, wie es nun vor Ihnen liegt, macht in seiner Düsternis und Schwere unfassbar viel Angst. Das ist nicht hilfreich.

Versuchen Sie, den Blick nicht in die weite Ferne zu richten, sondern in Etappen zu denken und zu fühlen. Betrachten Sie nur den nächsten Schritt und sammeln Sie Energie für diesen. Das Grübeln über die Frage, was in einigen Monaten oder Jahren wohl sein wird, macht wenig Sinn, da das Leben ohnehin nicht nach Plan verläuft. Es kostet viel Kraft, sich in den Gedanken über eine ungewisse Zukunft zu verlieren. Mit einer herausfordernden Diagnose in der Patientenakte macht der Gedanke an den ungewissen Ausgang der Krankheit überdies unnötig viel Angst. Das lähmt und nimmt Lebensmut. Daher: Philosophie der kleinen Schritte.

Hoffnung kultivieren

Hoffnung hilft. Der Arzt kann diese durch zuversichtliche Sätze verbreiten, Freunde vermitteln Hoffnung durch ihre Gegenwart und das Zusprechen von Mut. Sie selbst können Hoffnung aus sich und Ihrer Lebenskraft schöpfen. Egal, wo Hoffnung herkommt: festhalten, hegen und pflegen! Eine Zeit voller Hoffnung ist immer angenehmer und besser zu erleben als eine Phase voller Verzweiflung. Abgesehen davon arbeitet ein von Hoffnung gestütztes Immunsystem deutlich effektiver und besser als eines, das von Ängsten und Kummer unterdrückt wird. Das ist wissenschaftlich belegt.

Wie wir mit einer schwierigen Situation umgehen, liegt auch an uns selbst. Die eine Sichtweise ist von der anderen letztlich nur durch eine Entscheidung getrennt. Nämlich der, bewusst hoffnungsvoll zu sein. Und nicht desperat. Das Gute daran ist: Eine optimistische Haltung lässt sich trainieren. Dazu kommen wir später.

2 Zwischen Leben & dem Gegenteil

»Sag es ihm.«

Ich laufe um den Küchenblock herum und stelle Johanna eine Tasse Tee auf den Tisch.

»Aber was soll das bringen? Wir sind seit anderthalb Jahren kein Paar mehr. Er kann mir nicht helfen. Nicht noch einmal. Und er soll es auch nicht.« Johanna klingt trotzig und nippt am heißen Ingwerwasser.

»Ihr habt ein Kind zusammen, Jo. Allein wenn es um Unterstützung geht in der Betreuung, brauchst du seine Hilfe.«

»Ich schaff das auch alleine. Ich habe immer alles alleine geschafft. Meistens zumindest …«

Ich setze mich zu ihr und denke nach. Markus war großartig während Johannas erster Erkrankung. Auch wenn er selbst oft mit seinen eigenen Ängsten zu kämpfen hatte – er hat es sich kaum anmerken lassen. Er war da und hat Johanna so ein Stück weit mitgeheilt, vermute ich jedenfalls. Einzig durch seine Gegenwart und Liebe. Doch das ist inzwischen Vergangenheit. Eine, die ihr immer noch weh tut. Das weiß ich. Die Erinnerung an eine Nähe und Verbundenheit, die es nicht mehr gibt. Weil es ihn in ihrem Leben nicht mehr gibt. Und damit auch die Zukunftsaussicht nicht mehr, die Johanna so sehr geliebt hat. Die beiden hatten ihre Reibereien und Konflikte – wie jedes Paar, das es über fünf Jahre Beziehung hinaus schafft. Aber sie hatten auch eine außergewöhnliche, große Liebe füreinander. Liebe besiegt alles, heißt es doch. Seine Liebe muss plötzlich gegangen sein.

Denn genauso plötzlich ging er. Ohne akutes Problem, Diskussionen, Auseinandersetzungen, Paartherapie oder irgendwelche anderen Dinge, die man nach so vielen Jahren des Zusammenseins erst einmal erwartet hätte. Zumal, wenn man gerade ein gemeinsames Kind bekommen hat. So hat es Johanna mir jedenfalls erzählt. Er wird natürlich dennoch seine Gründe gehabt haben. Wie es eben immer so ist.

Aber jetzt gibt es einen triftigen Grund, ihn einzuweihen. Ihn wieder enger in Johannas Leben hineinzuholen, auch wenn das eigentlich nicht vorgesehen war.

Johanna spielt an ihrem Handy herum.

»Ruf ihn nicht an. Schreib ihm, dass du etwas zu besprechen hast. Oder fahr hin. Wenn du magst, begleite ich dich.«

»Okay«, sagt sie und greift ihre dicke Daunenjacke, »dann jetzt oder nie.«

Wir steigen die Stufen zu seiner neuen Wohnung hinauf. Johanna wird immer langsamer, auf dem obersten Treppenabsatz macht sie plötzlich kehrt. »Das ist falsch«, flüstert sie, »lass uns wieder gehen.« Ich schiebe sie sanft, aber mit Nachdruck zur Tür. Sie zögert einen Augenblick, holt tief Luft und klingelt.

Markus öffnet. Sein Blick zeigt uns, dass er – wie eigentlich immer – böse Nachrichten erahnt. Noch bevor er uns hereinbittet, fragt er besorgt: »Was ist passiert?«

Jo erzählt, was sich in den vergangenen Tagen ereignet hat. Sie beginnt mit dem ominösen Hautbefund auf der Brust, berichtet von der schlechten Nachricht Nummer 1 (der neue K.) und endet mit der noch schlechteren Nachricht Nummer 2 (unheilbar). Dabei wirkt sie erstaunlich gefasst. Markus dagegen kann seine Gefühle nicht mehr verbergen, seine Tränen fließen. Und dann fließen sie bei uns allen drei.

Nach einer Weile der Stille fragt er nach dem Therapieplan. Und er will wissen, wie er helfen kann. Johanna wiegelt ab. Wieder entsteht eine Pause. Er räuspert sich. »Jo, soll ich sie verlassen? Soll ich zurückkommen?«

»Nein, Markus. Nein!!! So ein Quatsch. Das bringt doch niemandem etwas. Es reicht, wenn du für Leni da bist … falls ich dich brauche.«

Markus nimmt Johanna in die Arme. »Ich bin da. Ich bin immer da. Für dich und für Leni.«

Ich merke, dass Johanna die Umarmung nur schwer erträgt. Kurz darauf dreht sie sich von ihm weg. »Ich brauche frische Luft, Miri. Fahren wir?«

Auf Johannas Couch in ihrer gemütlichen Dreizimmerwohnung entspannt sich ihr schmaler Körper etwas. Wir reden nicht viel. Aber ich merke, wie es in ihr arbeitet. Dieser Besuch beim Exfreund mit dem auf eine Art merkwürdigen, in jedem Fall aber unerwarteten Angebot, sich von seiner Freundin zu trennen und wieder bei ihr einzuziehen, um besser helfen zu können, muss sie sehr verwirrt haben.

Als könne sie meine Gedanken lesen, sagt sie: »Er war zu tausend Prozent da. Damals. Hat mir beigestanden und alles für mich getan. Da waren wir aber noch ein Liebespaar. Es war irgendwie eine Art Liebesgesetzmäßigkeit, dass er an meiner Seite stand. Das ist Vergangenheit. In der Gegenwart spielt er für mich keine bedeutende Rolle mehr.«

Ich zögere. »Als Vater deiner Tochter …«

»Ja, schon. Aber … verstehst du das nicht? Wenn er hier wäre, hier schlafen, mit uns essen, sich kümmern würde … es würde sich anfühlen wie früher. Es *ist* aber nicht mehr wie früher. *Nichts* ist wie früher. Außerdem würde ich das nicht aushalten.«

Johannas Augen werden wieder glasig.

»Du willst ihn immer noch zurück, nicht?«

»Nein. *Nein.*«

»Jo?«

Sie sieht mich trotzig an. »Nein. Vielleicht hätte ich damals mehr kämpfen sollen. Wenigstens für Leni.«

Tränen laufen über Johannas Wangen, sie spricht so leise,

dass ich sie kaum verstehe. »Wahrscheinlich hast du recht. Ich wünsche ihn mir schon zurück. Manchmal jedenfalls. Nur manchmal …«

Ich nehme sie vorsichtig in den Arm. Sie lässt ihren Kopf an meine Schulter sinken.

»Besprich das auch mit deiner Psychologin, Jo. Ja? Du hast jetzt eine neue, viel größere Baustelle. Da kannst du die vom Liebeskummer, auch wenn das nur eine Teilzeitbaustelle ist, nicht gebrauchen. Hörst du?«

Sie nickt, den Kopf tief in meinen Pullover vergraben. Ihre Worte klingen dumpf.

»Sag du mir, wo der Knopf ist. Ich bin die Erste, die ihn drücken würde, um das Gefühl abzustellen.«

Wir verbringen den ganzen Nachmittag miteinander und nutzen die Zeit zum Reden, bis Leni aus dem Kindergarten kommt. Die Worte und Gedanken sprudeln nur so aus Johanna heraus. Mal verflucht sie Markus, dass er ihr diesen Schmerz zugefügt hat. Mal gibt sie sich selbst die Schuld daran, wieder krank geworden zu sein. Die Wahrheit liegt wie immer vermutlich irgendwo in einer Grauzone dazwischen. So wenig die Schuldzuweisungen als Lösung für das gesundheitliche Problem taugen, so sehr hat Johanna augenscheinlich das Bedürfnis zu ergründen, warum sie erneut mit dem K. zu kämpfen hat.

»Weißt du, Miri, tausend Frauen werden verlassen oder erfahren andere Seelen-Erdbeben. Aber nicht tausend Frauen bekommen Krebs. Was ist das bei mir?«

»Ich weiß es nicht, Jo. Ich weiß nur, dass unser Körper reagiert, wenn unsere Seele in Unordnung ist. Er gerät selbst in Unordnung und zeigt uns, dass irgendetwas eben nicht stimmt, nicht richtig läuft. Aber das weiß deine Therapeutin vielleicht besser als wir?!«

»Hm. Das Thema kommt gleich auf meine Liste.« Sie lächelt.

Ich überlege, Johanna von den Erkenntnissen zu erzählen, die ich aus meiner eigenen K.-Geschichte gezogen habe.

Lauter Dinge zum Thema Brustkrebs, die ich gelesen, selbst erfahren, mit anderen Leidensgenossinnen diskutiert und für mich als größtenteils passend empfunden habe. Bei der Suche nach der Ursache war ich einmal auf den Hinweis gestoßen, dass die Brust als Körperteil für das große Thema Verantwortung steht. Warum Verantwortung? Nun: Wir Frauen nähren unsere Kinder mit der Brust, geben ihnen dabei Lebenswichtiges mit auf den Weg. Neben Liebe und Fürsorge vor allem Nahrung. Doch wenn man an diesem »Verantwortungsort« erkrankt, dann verantwortet man offenbar deutlich mehr als das Wohlbefinden der Kinder. Was also bedeutet es, wenn dieser Teil unseres Selbst rebelliert?

Ich habe außerdem herausgefunden, dass Krebs eine Krankheit ist, die auf einem Nährboden aus Gefühlen wie Ohnmacht, Verbitterung und zu wenig Selbstliebe entstehen kann. Trifft das vielleicht auch bei Johanna zu? Gibt es dunkle Ecken, die sie ausleuchten könnte, um seelisch wieder heil zu werden? Und damit auch ihrer körperlichen Heilung auf die Sprünge helfen könnte?

Johanna reißt mich aus meinen Gedanken. »Es ist gleich vier Uhr. Komm, wir holen Leni ab.« Ihre Augen strahlen.

Ich verschiebe das Ursachengespräch auf – irgendwann.

Abends, als Leni bereits glücklich vor sich hin schnorchelt, setzt sich Johanna an den Computer. Sie streckt den Nacken und kreist mit dem Kopf. Klar werden. Sie holt mehrmals tief Luft und beginnt zu schreiben.

Geliebte Familie & liebste Freunde!
Entschuldigt, dass ich das, was ich euch heute mitteilen möchte, auf diese Weise tue. Es fällt mir so momentan am leichtesten. Ich mag gerade nicht viel sprechen oder telefonieren oder mich verabreden. Und dennoch möchte ich, dass ihr wisst, was derzeit bei mir los ist.
Tatsächlich ist es merkwürdig schwer für mich, mich zu offen-

baren. Euch miteinzubeziehen und einzuweihen – in eine große Herausforderung in meinem Leben derzeit. Schwer, weil es nie meine Art war, über Schweres zu sprechen. Das wisst ihr. Und schwer, weil es so eine dunkle, angsteinflößende Angelegenheit ist. Aber ich wurde dazu ermutigt, dieses Mal nicht alles alleine oder nur im kleinen Kreis machen zu wollen, sondern euch teilhaben zu lassen.

In der Hoffnung, dass es Hilfe gibt. Wenn ihr helfen könnt oder wollt.

Es ist, wie es ist. Der Krebs ist zurück. Und dieses Mal mit größerer Wucht denn je …

Neu. Neu sei der Krebs. Nicht alt & wieder – sagen die Ärzte. Kein Rückfall. Dazu sei zu vieles zu anders. Das ist mir egal. Denn das Problem bleibt dasselbe: Ich kämpfe erneut um mein Leben. Nur die Chancen stehen nicht mehr so günstig. DAS ist neu. Ja.

Ich bin nicht alleine. Auch wenn ich mich oft so fühle. Wir besprechen Therapien, wie es jetzt konkret weitergeht. Chemo muss sein, so viel steht fest. Mitte Februar geht es los. Aber überdies schmiede ich Pläne für die nächsten Monate und Jahre.

Denn »unheilbar« lasse ich nicht gelten.

Ich will und werde das schaffen. Mit eurer und mit Gottes Hilfe.

Ich lasse es euch wissen, sobald es Neuigkeiten gibt.

Danke, dass ihr da seid.

Johanna.

PS: Einen einzigen Vorteil hat diese neue Katastrophe: Ihr wisst dank der alten, was ich jetzt gebrauchen kann – und was nicht. Danke!

Als die E-Mail abgeschickt ist, geht Johanna in ihr Schlafzimmer. Neben dem ihren steht das Bettchen ihrer bald zweijährigen Tochter. Sie streichelt ihrem Kind über den Kopf und küsst es zärtlich.

»Für dich, Leni. Für mich, aber vor allem für dich schaffe ich das. Ich lass dich nicht allein. Niemals.«

Leni seufzt leise und dreht sich zur anderen Seite.

Als Johanna sich hinlegt, muss sie wieder weinen. Sie tut es lautlos. Still, damit das Kind nichts hört. Ihre Gedanken sind düster und lassen sich nicht so schnell vertreiben: *Was, wenn ich den Kampf verliere? Was, wenn ich es nicht schaffe? Was, wenn ich aufgefressen werde vom Krebs, immer mehr, bis nichts mehr übrig ist? Was wird aus Leni? Warum darf ich sie womöglich nicht groß werden sehen? Ach, verflucht.*

Sie ruft mich nicht an in dieser Nacht. Leider. Ich erfahre von den durchweinten, schlaflosen Stunden erst später. Natürlich bin ich irgendwie traurig darüber, dass sie mich nicht angerufen hat. Weil ich doch für sie da sein möchte. Immer. Aber noch ist sie in der Phase, alles alleine wuppen, andere nicht unnötig belasten zu wollen. Ich kann es nicht erzwingen, dass sie meine ausgestreckte Hand ergreift. Das wiederum ist etwas, das ich nur allzu gut von mir kenne. Wie sollte ich darüber also richten wollen? Alles, was ich tun kann, ist da zu sein. Und das bin ich.

Die folgenden Tage sind eine einzige emotionale Achterbahnfahrt. Mal ist Johanna so voller Optimismus, dass ich mich aufs Allerschönste fast überflüssig fühle und denke: Da hat Gott einen Terminator auf die Erde gesandt, um uns allen mal zu zeigen, wie man den Teufel (in Gestalt von K.) in seine Schranken weist. Dann wieder kommen Momente, in denen mir der Terminator unter den Händen wegsackt. Körperlich und seelisch. In denen Johanna das Ende vor Augen hat und jede Zelle ihres Körpers eine DNA in sich trägt mit nur zehn Chromosomen:

T-O-D-E-S-A-N-G-S-T.

Manchmal schluchzt sie sich selbst in den schwärzesten Augenblicken noch Kampfparolen zu: »Ich will mich nicht so hängenlassen. Ich kann das ja ohnehin nur, wenn Leni nicht da ist. Aber selbst dann … Ich will der Angst und der Schwäche keinen Raum geben. Das heilt mich nun wirklich nicht.«

All die Trauer und den Schmerz und die Angst zu unterdrücken – das kann allerdings auch nicht gesund sein, denke ich mir. Habe aber keine gute Antwort, außer: »Aber wenigstens wenn Leni nicht da ist, musst du weinen dürfen. Sonst nagt das alles in dir weiter. Es muss auch mal raus. Irgendwie. Meinst du nicht?«

Ich versuche, Jo meine Küchentisch-Weisheiten zu vermitteln. Klar ist: Angst macht nichts besser, aber alles schlimmer. Angst ist ein subjektives und dennoch reales Gefühl. Und Krebs ist leider eine sehr reale Krankheit. Man kann in einer solchen Situation nicht immer positiv gestimmt sein. Doch man kann es zumindest versuchen. Und wenn es eben einmal nicht geht, dann ist das auch okay. Tränen fließen dann, wenn Druck entweichen muss, das Ventil offen ist. Wie nach einem Gewitter sind die Luft und die Seele danach reiner. Genau deshalb muss Johanna das zulassen.

Wir reden über uns. Wie wir ticken. Was uns ausmacht. Wie wir waren, als noch »alles gut« war. Als noch keine persönlichen Katastrophen den Glauben an die eigene Unverwundbarkeit in Frage gestellt hatten. Wir sprechen über unsere Stärken (immer stark sein zum Beispiel, vor allem für andere) und über die ungeliebten Schwächen (nämlich auch das sein zu dürfen – schwach –, selbst wenn wir uns das eigentlich nicht zugestehen). Und so landen wir an dem Punkt, dass es jetzt wohl endlich mal an der Zeit ist, den Fokus auf sich selbst legen zu dürfen. Stichwort: zu wenig Selbstliebe bisher. Eine Lerneinheit, die uns schon 2008 hätte vermittelt werden können. Die wir aber möglicherweise übersehen haben. Oder übersehen wollten. Der Grund dafür liegt vermutlich in der Art der Diagnose. Ich zitiere in freien Worten unsere damaligen Ärzte: »Da ist ein Tumor. Den schneiden wir Ihnen raus. Dann gehen Sie durch das prophylaktische Chemoprogramm. Und dann war es das. Hoffentlich.« Soll heißen: Die Bedrohung war immens. Aber der Rettungsplan klang so plausibel. Und vor allem: machbar. Wenn nur genug Einsatz (Stärke!) gezeigt würde. Gut.

Das hieß für uns Patientinnen: dieses und jenes aushalten, durchhalten und vor allem tapfer sein. Funktionieren wie ein Schweizer Uhrwerk – und dann würde es das mit dem K. gewesen sein. Für immer.

Was aber, wenn der Körper uns etwas ganz anderes signalisieren wollte? Wenn er nicht sagen wollte: Kämpft nur hart genug, dann kriegt ihr den Beelzebub in den Griff. Wenn er tatsächlich einmal mehr »Hilfe!« gerufen hat. Weil so vieles in Johannas Leben, außerhalb ihres Körpers und innerhalb ihres Herzens, schieflief. Das unbewusst auf ihre Seele drückte und das sie nicht wahrhaben wollte.

Ich frage Jo, ob ich mit meinen Gedanken völlig danebenliege oder ein Stück weit recht haben könnte.

»Nein, Miri. Ich war glücklich, so wie alles war. Mit Markus. Und noch einmal mehr mit Leni. Mit meinem Job. Nein. Ich *konnte* für alle da sein. Das hat mich glücklich gemacht.«

Johanna ist an diesem Abend wenig zugänglich für solchen »Psycho-Kram«. Ich wechsle das Thema. Aber mich lässt der Gedanke nicht los, dass ihr Körper mit dem K. ein Signal gesendet hat. Ein Signal, dass etwas in ihrem Leben verändert werden soll. Und zwar um 180 Grad.

Himmelhoch jauchzend gibt sich in jenen Tagen die Klinke in die Hand mit zu Tode betrübt. Immerhin hat Johanna mittlerweile zugelassen, dass das so ist. Und dass das auch vollkommen in Ordnung ist. Nur nach möglichen – zusätzlichen – seelischen Ursachen des Übels will sie nach wie vor nicht forschen. Noch sehnt sie einfach und sehr pragmatisch die Chemo-Infusion Nummer 1 herbei. Aber ich gebe diese, wenngleich herausfordernde, Entdeckungsreise zum eigenen Ich noch nicht verloren. Johanna möchte augenscheinlich jetzt noch kein Ticket ziehen. Und das ist okay.

»Auf einer Skala von 1 bis 10: Wie nah dran am Tod bin ich?«
Sie strahlt und sie gluckst. Als mich Johanna ein paar Tage
später mit diesen Worten empfängt, muss ich komischerweise
auch lachen. Ein leicht hysterisches, weil hilfloses Lachen.
»Ach, Jo. Was ist denn das für eine Frage? Du bist das blü-
hende Leben. Zumindest siehst du genauso aus. Nur weil ein
paar Zellen in deinem Körper die Orientierung verloren haben, hat das doch nichts mit dem Ende zu tun, du doofe Kuh.
Ich will so etwas nicht hören.«

Bei Kaffee und Kuchen präsentiert sie mir die Ergebnisse
ihrer jüngsten Recherchen. Eigentlich gibt es seit der Ersterkrankung ein unausgesprochenes Internetverbot. Aber das
ist in der Praxis natürlich nicht umsetzbar. Zumal Johanna
über weite Strecken des Tages (und der Nacht!) niemand auf
die Finger klopfen kann, wenn sie im Netz herumstöbert. Auf
der Suche nach Infos. Oder Hoffnung.

»Also, was hast du gesucht und gefunden?«, frage ich sie.

Wir setzen uns auf ihre gemütliche Couch.

»Zunächst einmal den üblichen Quatsch. Soll heißen: de-
primierte Leidensgenossinnen, die in deprimierenden Foren-
Beiträgen ihrer deprimierten Stimmung Ausdruck verleihen.
Das war eher …«

»Deprimierend?«

Wir müssen beide grinsen.

»… aber ich habe dadurch etwas Entscheidendes gelernt,
nämlich dass sich fast nur die Hoffnungslosen auf solchen
Plattformen verewigen. Und nicht die, die in sich noch Kraft
verspüren. Vielleicht ist das ja auch logisch. Wenn man
schwer krank und womöglich – wie ich – häufig allein ist,
sucht man die Gemeinschaft im Netz. Und da wird dann all
die Angst und Verzweiflung abgeladen, die man sonst nicht
loswird.«

»Aber warum tun sie das gerade im Internet?«

»Ich denke, das hat zwei Gründe. Die Anonymität im Netz
macht es introvertierten Leuten einfacher, sich zu öffnen. Und:

Es gibt immer ein Feedback, man fühlt sich wahrgenommen im eigenen Elend.«

»Hm. Ich finde nicht, dass du das alles lesen solltest, Jo. Das ist meines Erachtens nicht gut.«

»Warte. Selbst das Negative kann einen positiven Effekt haben. Zu lesen, wie liebevoll andere auf diese Trübsaleinträge reagieren, wie sie Mut zusprechen, manchmal sogar Geschichten posten, die gut ausgegangen sind, das hilft. Ein bisschen wenigstens. Außerdem war das ja nicht alles, was ich gemacht habe. Erst habe ich mich damit beschäftigt, wie andere Betroffene denken und fühlen. Dann habe ich mich auf Fachseiten umgesehen. Was sagen die Profis zu meinem, ähm, nennen wir es: Zustand?«

»Und? Was sagen sie?«

Johanna zückt, sichtlich aufgeregt, ihr Telefon und zeigt mir die entsprechende Seite.

»Guck, was da steht: bla, bla, bla, hier … *mit Knochenmetastasen kann oft nicht mehr geheilt werden.*«

Sie strahlt. Ich stutze.

»Verstehst du, Miri? Begreifst du das denn nicht? *Oft nicht mehr* – das heißt doch mit anderen Worten: manchmal eben schon. Und, tadaaaa!, ich habe beschlossen, ich bin manchmal! Jawohl.«

Sie streckt triumphierend die Arme hoch. Ich bin gerührt ob der Kraft, die sie versprüht. Gleichzeitig fühle ich mich unbeholfen und überrumpelt von dieser bejahenden Haltung in einer Situation, die so vieles verneint. Warum eigentlich? Sie macht doch alles richtig. Habe ich selbst nicht gerade noch gedacht, dass Optimismus das bessere Elixier wäre?

»Du. Bist. Manchmal. Jawohl, Jo. Das ist der Plan.«

Johannas Kämpfergeist ist neben dem ganzen medizinischen Kram die beste Waffe. Das weiß ich. Nicht zuletzt durch die vielen Bücher, die ich zum Thema gelesen habe. Überall steht geschrieben: *Gebt nicht auf. Selbst wenn die Chance noch so*

klein ist. Irgendwo auf der Welt gibt es jemanden, der hatte das gleiche Schicksal – und er hat gewonnen. Macht es ihm nach.
So wie Johanna gerade gestimmt ist, würde sie vermutlich sogar sagen: »Und wenn ich die Erste bin, die das schafft, dann ist das eben so.« Wann immer man von außergewöhnlichen, weil eigentlich nicht möglichen Heilungen erfährt, findet man interessanterweise einen gemeinsamen Nenner. Die auf wundersame Weise genesenen Patienten haben sich alle gesagt: »Ich bin die Ausnahme. Ich bin die Ausnahme von der sogenannten Regel.« Nichts anderes hat Johanna soeben getan. Ich bekomme Gänsehaut.

Ich muss an unser Arzt-Gespräch nach dem PET-CT denken. An den Moment, als Johanna zu hören bekam, wo in ihrem Körper überall der K. gestreut hat. An ihre verzweifelte Frage, ob sie es schaffen könne. An das Zögern von Professor Luskowitz und seine inhaltsleeren Worte: »Ja, nun … ich weiß nicht. Also … tja nun.« Immerhin hat er sich nicht zu einer unseriösen Endlichkeitsprognose hinreißen lassen, wie es manch ein Vertreter seiner Zunft getan hätte. Beispiele dafür, wie sich die Götter in Weiß aufspielen, als seien sie der Allmächtige persönlich, kenne ich zur Genüge. Das sollte verboten werden. Weil es niemandem hilft. Und überdies nur Gott – der echte – weiß, wann es für einen Menschen an der Zeit ist zu gehen.

Zwar hat der Professor nichts gesagt, was Hoffnung hätte zerstören können. Aber er hat auch nichts gesagt, was Trost gespendet hätte. Dass es selbst für einen Mediziner mit vielen Jahren Berufserfahrung keine leichte Aufgabe ist, einer jungen Patientin eine solche Diagnose zu übermitteln, verstehe ich. Aber ich verstehe nicht, warum es ihm nicht möglich war, ihr etwas Aufmunterndes mit auf den Weg zu geben. Und sei es nur ein »Kämpfen Sie. Sie haben die Kraft! Wir unterstützen Sie dabei mit allen Mitteln«. Damit hätte er die Lage weder verharmlost noch Johanna ein Märchen erzählt.

Und selbst wenn? Ist es nicht angesichts einer so enorm bedrohlichen Krankheit vielleicht sogar ratsam, die Situation ein bisschen zu beschönigen? Um dem Betroffenen nicht auch noch den letzten Funken Lebensmut zu rauben, sondern stattdessen etwas Zuversicht zu schenken? Denn – auch das ist eine schulmedizinisch anerkannte Tatsache – wer mit hängenden Schultern und gesenktem Kopf in die Schlacht zieht, verliert in der Regel. Und zwar schnell.

Ich erinnere mich an eine Veranstaltung, die ich einmal moderiert habe, bei der es um ein neues Handbuch zum Thema Krebs ging. Im Publikum einige Patienten, teilweise noch mitten in ihren Chemo-Zyklen, das erahnte ich durch die Perücken, die sie trugen. Außerdem Angehörige, Freunde, Interessierte. Auf dem Podium die Crème de la Crème deutscher Onkologen unterschiedlicher Fachrichtungen. Sie alle hatten an diesem Buch mitgewirkt. Ich interviewte sie nacheinander. Die Antworten eines Professors fielen durch die Bank finster aus. »Da sind wir noch längst nicht am Ziel … es bleibt ein schwieriges Terrain … wir haben noch zu viele offene Fragen … da sehen wir keine Chancen … der Krebs ist eine teuflische Krankheit und vielem überlegen …« Er hatte sicherlich recht, dass es noch jede Menge offene Fragen gab. Aber viele hat die Wissenschaft inzwischen auch beantworten können. Warum musste er die ganze Situation, erst recht mit dem Wissen, wer ihm da zuhörte, so drastisch und perspektivlos darstellen? Ich sah ins Publikum. In den Augen der Betroffenen konnte man Angst sehen, Todesangst.

Mein Kopf lief heiß: *Komm schon, Prof, wir müssen die Kurve kriegen.*

Ich stellte eine letzte Frage: »Professor XY, geben Sie uns einen positiven Ausblick. Machen Sie uns Hoffnung. Es wird so viel geforscht. Im Monatsrhythmus hört man von neuen Erfolgsmeldungen gegen diese Krankheit. Auch in diesem Buch schreiben Sie über die Fortschritte der jüngsten Zeit. Das liest sich so gut. Werden wir den Krebs eines Tages ganz besiegt haben?«

Er zögerte keine Sekunde: »Nein, Frau Pielhau, nein. Und wissen Sie was? Wir dürfen nicht zu viel Hoffnung machen.«

Im Zuschauerraum war es mucksmäuschenstill. In mir schrie es laut auf: *Falsch, Herr Professor! Das ist grandios falsch.*

Gesagt habe ich das so deutlich nicht, aber: »Nun ja, wir werden sehen. Lange Zeit waren die Wissenschaftler ja auch felsenfest davon überzeugt, dass die Erde eine Scheibe ist. Vielen Dank, dass Sie alle hier waren. Und einigen unter Ihnen im Publikum wünsche ich ganz besonders alles Gute.«

»Weißt du, was mir guttun würde?« Johanna holt mich zurück in die Gegenwart.

»Erzähl.«

»Wenn ich nur Gutes höre. Also wenn jeder, der irgendwo ein positives Beispiel für meine Situation findet, es mir mitteilt. Studienergebnisse, Nachrichten, Einzelbeispiele. Gerne auch neue Therapieansätze. Ich lese ja schon irre viel. Aber alles bekomme ich sicherlich nicht mit.«

Ich bin begeistert: »Das ist eine wunderbare Idee, Johanna. Schreib das deiner Familie und den Freunden. Ich wette, sie alle werden mit großer Freude dabei sein. Der guten Nachrichten wegen – und weil es sich schön anfühlt, in irgendeiner Form sinnvoll für dich zu sein.«

Johanna zieht ihre Strickjacke fester um sich und lächelt.

»Ihr seid doch alle da. Selbst wenn ich alleine bin. Das weiß ich.«

Abends sitzt sie wieder an ihrem Laptop. Sie formuliert nur wenige Tage nach der ersten, eher schwermütigen eine weitere E-Mail an ihre Liebsten, die auch ich bekomme. Wie besprochen fordert sie uns auf, sie in Sachen positive Nachrichten zu unterstützen. Kein Muss, nur ein Kann: Hoffnungsträger sollen wir sein. Hoffnungssucher und -finder. Das ist eine Mission, mit der ich mich schnell anfreunden kann. Denn nichts ist für Freunde und Angehörige schlimmer, als nichts tun zu können.

Ich habe eine verwegene Idee. Aber wann, wenn nicht jetzt, ist es Zeit für Verwegenheit? Alles für das Projekt »Hoffnung & Heilung für Johanna«. Ich greife zum Telefonhörer. Es tutet ein paar Mal, dann hebt er ab.

»Guten Abend, Felix, hier ist Miri.«

Worte, die gesund machen –
Wege aus der Krise II

Internet nutzen, aber richtig

Das Internet ist Fluch und Segen gleichermaßen. Sie erhalten ALLE – nötigen – Informationen. Das ist gut. Aber Sie erhalten auch ALLE möglichen unnötigen Informationen. Das ist schlecht. Wenn Sie also im World Wide Web unterwegs sind, dann nehmen Sie sich bitte folgende Ratschläge zu Herzen: Achten Sie zum Beispiel immer auf das Erstellungsdatum eines medizinischen Fachartikels. Was vor einem halben oder Dreivierteljahr noch aktuell war, ist heute womöglich längst überholt. Die Forschung ist schneller als jeder Blogpost.

Dann: Niemals, bitte niemals danach forschen, was das Internet über die angeblich verbleibende Lebensdauer bei der lebensbedrohlichen Krankheit XY sagt. Sie werden sicher Statistiken darüber finden – aber die sagen nichts über Sie und Ihren ganz konkreten Fall aus. Darüber hinaus ist jede Aussage über die verbleibende Lebensdauer schon allein deshalb absurd, weil der Krankheitsverlauf von zu vielen Faktoren bestimmt wird (zu denen auch bislang gänzlich unbekannte gehören). Außerdem: Es gibt unzählige »unnormale« Heilungen, die in keiner Statistik auftauchen.

Meiden Sie überdies Internetforen von Leidensgenossen – es tummeln sich zu viele Schwarzmaler darin. Manchmal getarnt als »Ich kämpfe doch. Ich bin positiv eingestellt«. Aber eigentlich breiten sie nur ihre Hoffnungslosigkeit aus. Nicht immer natürlich. Aber sehr oft. Die Beiträge in solchen Foren ziehen Sie nur runter. Recherchieren Sie stattdessen bewusst nach Positivem. Geben Sie Stichworte wie »Heilung« oder

»gesund werden« in Verbindung mit Ihrem speziellen Problem ein und Sie werden sicher fündig werden.

Blick hoch

Ein erster Baustein bei der »Selbstprogrammierung« in Richtung Hoffnung und Optimismus ist es, den Blick immer nach oben zu richten. Damit meine ich, dass Sie sich an den positiven Patientengeschichten orientieren sollten. Halten Sie sich nicht damit auf, dass die Person XY mit einem ähnlichen Krankheitsbild es gerade noch schwerer hat als Sie. Oder es vielleicht nicht schaffen wird, die Krankheit zu besiegen. Nehmen Sie sich andere zum Vorbild, die zuversichtlich sind oder den Kampf bereits gewonnen haben. Hilfreich kann manchmal sein, sich einzuordnen und festzustellen, dass es Personen gibt, die mit noch mehr Hindernissen zu kämpfen haben als Sie. In dem Moment fühlen Sie eine Art kleine Hoffnung, dass Ihnen diese Schwere nicht auferlegt wurde – und Sie daher berechtigte Zuversicht fühlen dürfen.

Ausnahme sein

Keine Regel ohne Ausnahmen. Das gilt auch, wenn es um Krankheitsverläufe und die Wahrscheinlichkeit einer Gesundung geht. Wir neigen dazu, uns mit der Masse zu identifizieren. Im konkreten Fall heißt das: Wenn die Statistik sagt, ich werde nicht mehr gesund oder ich habe nur noch eine begrenzte Lebenszeit, dann ist das wohl so. Warum eigentlich? Nein. Lassen Sie das nicht gelten. Warum sollten ausgerechnet Sie *nicht* die Ausnahme von der Regel sein?

Die Crux von vielen Statistiken ist es, dass zum Beispiel

Spontanheilungen nicht erfasst werden. In dem Moment, wo ein Patient entgegen allen medizinischen Prognosen eine »wundersame« Gesundung erlebt, fällt er raus aus der statistischen Dokumentation. Die Akte ist zu. Fertig. Aus. Keiner fragt mehr: »Wie haben Sie das geschafft? Was haben Sie unternommen?« Die Geheilten interessieren den Statistiker nicht mehr und leider auch nicht unbedingt den Forscher. Dieses Feld wird aus meiner Sicht noch zu wenig beackert. Viel zu wenig ist bekannt über Faktoren, die nichts mit einer Medikation zu tun haben, aber dennoch zu einer Gesundung beitragen können.

Daher: Programmieren Sie sich darauf, eine Ausnahme zu sein, der eine ganz besondere Fall, der jeder Statistik widerspricht.

»Powerpakete« suchen

Dass Familie und Freunde Sie in einer schwierigen Zeit umgeben, ist wundervoll. Aber nicht jeder Mitstreiter hilft Ihnen tatsächlich, auch wenn er nur das Beste will. Es gibt Menschen, die schaffen es nicht, ihre eigenen Ängste und Sorgen zu verbergen. Und bedenken Sie deshalb häufiger als angemessen mit Sätzen wie: »Das ist alles so schlimm. Das tut mir so leid. Wie furchtbar. Dass man da nichts machen kann ...« usw. Dahinter steckt mit Sicherheit ehrlich gemeintes Mitgefühl. Aber auch eine gewisse Hilflosigkeit im Umgang mit einem ernsthaft erkrankten Menschen. Das ist niemandem vorzuwerfen, auf keinen Fall. Doch Ihnen hilft das in Ihrer Situation nicht sonderlich. Empathie: ja. Aber Sie brauchen darüber hinaus Mutzuspruch, Kraft, positive Gedanken. Scannen Sie Ihr Umfeld nach solchen »Powerpaketen«. Also nach Personen, die Sie in Ihren Ängsten ernst nehmen und auffangen, und die gleichzeitig ein gutes Gespür dafür haben, was Ihnen guttut.

Vor allem sollten es Menschen sein, für die das Glas immer halb voll ist. Und nicht halb leer.

Kommunikation lernen

Wenn Ihnen etwas Schlimmes widerfährt, dann werden Sie mit einem Schlag auf sich selbst zurückgeworfen. Das kann sehr verstörend sein. Sie kreisen in Gedanken nur noch um dieses eine Thema und damit um sich selbst. Das kann nicht nur für Sie irritierend sein, sondern auch für Ihr Umfeld. Erst recht, wenn Sie zu der Spezies Mensch gehören, die ihre Aufmerksamkeit bis dahin vor allem auf andere gerichtet haben. Und nicht auf sich selbst. Womöglich sind Sie nicht geübt darin, Ihre Gefühle und Gedanken zu äußern. Dennoch ist es wichtig, dass Sie den Menschen um Sie herum mitteilen, was mit Ihnen los ist. Und wichtiger noch: was Ihnen guttut und was nicht. Wenn Sie sich im Gespräch schwertun, schreiben Sie einen Brief oder eine E-Mail an die Familie und die Freunde.

Dazu ein paar kleine Tipps:

GUT sind: Kraftwünsche, Mutzuspruch, Unterstützung jeglicher Art auf Anfrage, Hilfe im Alltag, das Sammeln von Infos zu positiven Verläufen, Ablenkung usw.

NICHT GUT sind: ausschließliche Mitleidsbekundungen, eigene Angstäußerungen, dauernde Überbesorgnis, ständiges Nachfragen, »wie es denn gerade so geht« (das wechselt zu oft – und mit dieser Frage stößt man den Betroffenen wieder auf das sowieso viel zu präsente Thema, und das möglicherweise in einem Moment, in dem es gerade mal erfolgreich verdrängt werden konnte).

Eine meiner Freundinnen hat einst in ihrer eigenen Hilflosigkeit den besten, liebevollsten und wichtigsten Wortlaut gefunden, um ihre Hilfe anzubieten. Er lautete in etwa: »Ich möchte für dich da sein. Weil mich das alles so sehr berührt und mitnimmt, weiß ich leider nicht, wie ich das am besten tun kann. Sag du mir bitte, wie ich für dich hilfreich und sinnvoll sein kann.« Das war der Kernsatz, der mich geöffnet hat, um ihr von meinen Bedürfnissen zu erzählen.

Wissenschaft hinterfragen

Wenn Sie in Büchern, der Zeitung oder dem Internet wissenschaftliche Beiträge lesen, die etwas mit Ihrer Situation zu tun haben könnten, sollten Sie diese nicht als *ultima ratio*, als der Weisheit letzten Schluss, sehen. Bedenken Sie, wie lange die Menschen den Gelehrten glaubten, dass die Erde eine Scheibe sei oder Fahrten zum Mond nur in der Phantasie möglich seien. Natürlich heißt das nicht, dass jede akademische Publikation gleich morgen überholt sein muss. Aber ich will Sie dazu ermutigen, kritisch abzuwägen. Wer kann denn wirklich voraussagen, was morgen sein wird? Vielleicht ist morgen wirklich alles anders. Nur weil jemand einen Doktor- oder einen Professorentitel vor dem Namen stehen hat, heißt das nicht, dass er zum Allwissenden geworden ist. Sich das in Erinnerung zu rufen ist wichtig, wenn Sie mit vermeintlichen Gesetzmäßigkeiten konfrontiert sind. Morgen kann alles anders sein. Muss nicht. Aber kann.

3 Fäustchen machen & lächeln

Felix ist ziemlich überrascht von meinem Anruf. Aber auch erleichtert. Würde er jetzt doch einige brennende Fragen loswerden können, mit denen er Johanna nicht direkt konfrontieren und belasten wollte. Felix hat die schlechten Nachrichten zunächst überhaupt nicht gut verdaut. Zum einen machte ihm das Beziehungsende zu schaffen, auch wenn die Trennung in beidseitigem Einvernehmen geschehen war. Und obwohl er im Grunde gewusst hatte, dass es mit ihm und Johanna nicht klappen würde. Zum anderen gab es nur wenig auf der Welt, was ihm richtig, richtig Angst machte: Krebs gehörte dazu.

Ich habe es mir in meinem Bett bequem gemacht und berichte ihm von den aktuellen Entwicklungen. Dass es auf und ab gehe mit Johannas Stimmung. Dass sie aber grundsätzlich sehr positiv eingestellt sei. Dass ihr das Wichtigste Schützenhilfe in Sachen Optimismus sei.

»Ich habe die E-Mail auch bekommen. Ja.«

»Genau deswegen rufe ich an, Felix. Wegen der Sache mit dem Hoffnungsträgertum.«

Ich zögere. Das, was mir vorschwebt, ist eine nicht ganz einfache Bitte. Ihre Umsetzung erfordert viel Kraft, Zeit und – tja – jede Menge Liebe. Ich räuspere mich.

»Ich weiß, dass ihr zusammen geweint habt, Felix. Weil ihr es schade fandet, dass es nicht funktioniert hat mit euch beiden. Fühlst du das noch so? Also dass es zwar bedauerlich ist, aber generell okay?«

»Ja. Natürlich. Das gute alte ›Es hat nicht sollen sein‹ hat dieses Mal eben uns erwischt. Das passiert. Ich kann Jo ansehen. Und es ziept nichts mehr. Aber lieb hab ich sie immer noch. Schade, dass ich ihr offiziell nicht mehr auf den Hintern hauen darf ...«

Ich muss schmunzeln: »Tja, nun, Felix.«

»Weißt du, ich finde sie nach wie vor großartig. Und – für den Fall, dass du es noch nicht weißt – ich finde, dass ich auch eine ziemliche Wucht bin ...«

Ich lache laut auf. Das ist nur eine von Felix' vielen wunderbaren Eigenschaften: sein herrlicher Humor. Wie oft er uns alle zum Lachen gebracht hat, lässt sich nicht mehr zählen. »Ja. Du bist eine Wucht, Felix. Und was für eine.«

»So, aber jetzt mal raus mit der Sprache – wieso fragst du, was ich für Johanna empfinde?«

»Ich glaube, du kannst wichtig sein, Felix. Richtig wichtig.«

Ich offenbare ihm meine Idee. Meinem Gefühl nach kann Felix etwas leisten, zu dem keiner von uns anderen in der Lage ist. Sicher, Johanna ist nicht auf sich allein gestellt bei der Bewältigung der riesigen gesundheitlichen Herausforderung. Auch wenn sie natürlich den Mammutteil selbst durchleben und ertragen muss und auch in der Achterbahn ihrer Gefühlswelt einsam sitzen wird. Dennoch sind wir alle da. Als Masseure fürs Seelenheil, Händchenhalter und Hühnersuppen-Lieferanten. Das ist gut so, aber ich glaube, dass Felix mehr tun kann. Er kann Johanna eine besondere und besonders große Nähe schenken. Nähe, wie sie nur aus einem einst liebenden und jetzt liebhabenden Herzen kommen kann. Nähe, die er zwischen zwei männlichen Armen transportiert. Seine Umarmung – auch wenn die Zärtlichkeit das Abbild einer vergangenen Liebe ist – kann Johanna eine Art Wärme und Geborgenheit schenken, die sie sonst von niemandem bekommen, geschweige denn annehmen könnte.

Sie hätte Felix niemals gefragt, ob er diese Rolle ausfüllen würde. Das weiß ich. Denn darüber haben wir gesprochen. Und doch sehnt sie sich nach diesem einen Jemand. Natürlich sehnt sie sich eigentlich nach einem Liebsten in ihrem Leben.

Der lässt sich nur nicht backen oder einfach so bestellen. Felix wäre derjenige, der dem am nächsten käme. Er könnte diese »Heizdecke« für Johannas Seele sein.

Ich atme hörbar aus, als ich meinen kleinen Monolog beendet habe. Zwischendurch habe ich immer wieder Pausen gemacht, um Felix' Reaktion abzuwarten. Aber es war still geblieben am anderen Ende der Leitung. Das konnte gut oder schlecht sein. Wenigstens hatte es auch keine Anzeichen einer offenen Ablehnung gegeben. Als sein Schweigen andauert, werde ich nervös. Vielleicht habe ich doch eine Grenze überschritten und fordere etwas Ungehöriges? Etwas, das er nicht bereit ist zu geben? Oder nicht geben kann, ohne selbst emotional aus dem Tritt zu kommen?

»Hm«, sagt er schließlich. »Das ist eine große Aufgabe. Bin ich der wirklich gewachsen?«

Oh, Felix, sag nicht nein, bitte. Ich glaube so sehr daran, dass es für Johannas psychische Stärke von entscheidendem Vorteil wäre, wenn Felix die Heizdecken-Funktion übernehmen könnte. Für ihr generelles Wohlbefinden. Für ihre Gefühle. Es würde helfen, sie gesund zu machen. Da bin ich sicher.

Dass Gefühle krank machen können, ist lange bekannt. In der Fachliteratur wird als Beispiel das Broken-Heart-Syndrom genannt, auch bei Burn-out und Depressionen können sie eine Rolle spielen. Wenn diese Wirkungskette in die eine Richtung stattfindet, muss sie sich doch auch umkehren lassen. In dem Sinne, dass Gefühle auch gesund machen können. Davon bin ich felsenfest überzeugt.

Ein sehr eindrucksvolles Beispiel einer solchen positiven Umkehrung habe ich selbst erleben dürfen. Es geschah während meines allerersten Halbmarathons, den ich vor vielen Jahren in Braunschweig gelaufen war. Bei Kilometer 16 wurden mir Herz und Beine schwer. Die Muskeln standen tief in der Sauerstoffschuld, brannten und verhärteten sich. Kurzum: Ich spürte, wie meine Beine langsam, aber sicher zu Beton wurden. Unerträglich träge und schwer. Meine Moral und meine Motivation sanken mit jedem Schritt ein wenig weiter nach unten. Wie bitte schön sollte ich die verbleibenden fünf Kilometer überstehen? Mir tat alles weh, ich war kurz davor, einfach stehen zu bleiben und aufzugeben. Und weit und breit war keine Unterstützung in Sicht, niemand, der mir vom Streckenrand her Durchhalteparolen zugerufen hätte. Aber dann, als ich um eine Kurve bog, entdeckte ich sie plötzlich. Oh, wie sehr ich mich freute. Auch meine Freunde und Verwandten sprangen aufgeregt hoch und jubelten so euphorisch, dass mir Tränen des Glücks in die Augen schossen. Weiter so, das Ziel ist nah. Ein warmes Gefühl von Liebe und Dankbarkeit durchflutete mich – und plötzlich stellte ich erstaunt fest, wie alles Bleierne aus den Beinen gewichen war. Sie waren wieder leicht und beweglich. Und trugen mich tapfer bis ins Ziel. Ein Gefühl hatte den Unterschied gemacht.

Felix reißt mich aus meinen Gedanken.

»Ich soll also der, ähm, Mann an ihrer Seite sein. Ohne der Mann an ihrer Seite zu sein. So etwa?«

»Ja, in etwa. Jedenfalls wenn sie das möchte. Und du das kannst.«

»Verstehe. Was stellst du dir da konkret vor? Beim Einschlafen helfen? Festhalten? Streicheln? So was?«

»Ja, genau. Kriegst du das hin?«

Felix seufzt ein paar Mal. Ich kann allerdings nicht ausmachen, ob er lächelnd seufzt. Oder stirnrunzelnd.

»Als wir noch zusammen waren, hat Jo immer geflachst, dass sie mit mir unter einer Decke und unter einem Dach jede Menge Heizkosten sparen würde. Weil ich so glühen würde wie ein gut angefeuerter Kohlegrill. Dann also jetzt Heizdecke für die Seele. Ich denke, das bekommen wir hin.«

»Oh, Felix, du bist wunderbar!«

Ich bejubele ihn durchs Telefon so lautstark, wie ich es für angemessen empfinde und wie es seinen Gehörgang nicht überfordert. Und ich beschließe, Johanna noch am selben

Abend über diese Neuigkeiten zu informieren. Sie wird nicht mehr alleine einschlafen müssen. Zumindest nicht, wenn sie sich nicht ganz bewusst dafür entscheidet.

Der Februar kommt. Er präsentiert sich in den ersten Tagen mit typischer Berliner Kälte und einer Symphonie aus Grau-Matsch-Frost. Es passt zur Stimmung. Sosehr sich Johanna den Beginn der Chemotherapie herbeiwünscht, weil dann endlich etwas diesem blöden Gefühl des gnadenlosen Ausgeliefertseins entgegengesetzt wird, so sehr hat sie mit herben psychischen Tiefs zu kämpfen. Es gibt immer wieder Rückschläge auf dem Weg, sich positiv zu programmieren. Deutlich dunklere Täler, als sie das vom ersten Mal kennt. Viel mehr Tränen. Noch mehr Verzweiflung. Weil es diesmal eigentlich keine Hoffnung auf Heilung gibt. Auch wenn sie sich immer wieder an selbige klammert und versucht, ihr trauriges Gemüt von jedem Funken erhellen zu lassen, den sie irgendwo findet. Oder wir für sie. Allein: Es gibt nicht sonderlich viele Lichtblicke. Die Aussichten sind ehrlich gesagt düster.

Wenige Tage vor Start der Chemotherapie meldet sich ein befreundetes Paar per Mail. Die beiden raten ihr zum Besuch bei einem Alternativmediziner, einem studierten Onkologen, der sich auf begleitende Therapien mit Naturheilmitteln spezialisiert hat. Sie hätten bereits bei ihm vorgefühlt, Johanna bekäme sehr zeitnah einen Termin, wenn sie das wolle. Sie will und nimmt sofort Kontakt zu Dr. Michaelsen auf. Zwei Tage später sitzt sie bereits in der schmucken Westberliner Arztpraxis, die mehr einer feudalen Altbauresidenz gleicht denn einer medizinischen Einrichtung.

»Hier will ich gesund werden«, murmelt sie vor sich hin, als sie ins Behandlungszimmer gebeten wird. Dr. Michaelsen, ein attraktiver Endfünfziger mit schlohweißem Haar in formschöner Sechziger-Jahre-Frisur. Seine warmen Augen blitzen freundlich. Er begrüßt sie mit einem herzlichen Händedruck: »Was führt Sie zu mir, Frau Orly?«

»Nun, kurz gesagt: Die Ärzte meinen, ich sei für immer krank. Wobei keiner weiß, wie lange dieses für immer ist, und alle eher von einem kürzeren für immer ausgehen. Aber ich will gesund werden. Geheilt und gesund.«

»Das ist gut. Da bringen Sie das Wichtigste für Ihren Weg ja schon mit. Wie schön. Wissen Sie, die meisten Patienten sitzen wie ein Häufchen Elend vor mir, in sich zusammengefallen und ohne Überlebenswillen. Ich habe schon ein wenig aus Ihrer E-Mail herauslesen können, dass Sie kämpfen wollen. Ihre Zeilen waren so kraftvoll und optimistisch.«

»Das bin ich aber nicht immer … Das bin ich vor allem *vor* anderen. Und *für* andere.«

»Das ist doch klar. Trotzdem bringen Sie wenigstens die Energie fürs Aufrappeln auf und lassen sich nicht durchgehend hängen. Und das ist super.«

Von seinen Worten ermutigt, erzählt Johanna von ihrer Situation. Der gesundheitlichen und der privaten. Dr. Michaelsen möchte alles wissen, nicht nur die Eckdaten zu ihrer Erkrankung. Wie es um ihr Leben, ihre Arbeit, das Umfeld, die Liebe und die Seele bestellt ist. Johanna fragt nicht, warum. Sie ahnt seit geraumer Zeit, dass sie diesen Kampf nur gewinnen kann, wenn sie die Signale ihres Körpers nicht mit der Fehlfunktion einer Maschine gleichsetzt, die man mit ein paar Handgriffen und Ersatzteilen und neuem Schmieröl beheben kann. Sondern dass alles irgendwie ganzheitlich betrachtet werden muss. Wenngleich ihr noch ein wenig schleierhaft ist, was das genau bedeutet. Aber mit ihrer Psychotherapeutin, dem schulmedizinischen Plan und nun der dritten Komponente Naturheilkunde fühlt sie sich gut aufgestellt für die Herausforderung. Die Zeit wird zeigen, ob das schon die ganzheitliche Herangehensweise ist, von der sie so viel gelesen hat.

Dr. Michaelsen nimmt sich über eine Stunde Zeit für sie. Johanna verlässt die Praxis lächelnd, unter dem Arm ein Buch, das er ihr mitgegeben hat. Außerdem diverse Rezepte für natürliche Mittel, die ihr Immunsystem stärken. Dazu Tipps für krebskillende Nahrungsmittel und präzise Anweisungen für Entgiftungskuren. Vor allem aber geht sie mit einem neuen, großartigen Gefühl – einem der Selbstbestimmtheit: »Ich, nur ich, kann eine ganze Menge tun, um diesem Krebs Paroli zu bieten. Ich kann selbst aktiv und jeden Tag etwas dazu beitragen, dass die bösen Zellen kaputtgemacht werden. Ich bin nicht mehr Spielball des Schicksals. Juchhuuu.«

Als sie diese Worte am Telefon direkt nach der Sprechstunde spricht, sende ich ein Stoßgebet nach oben und danke. Diesen Doktor hat der Himmel geschickt. Der Himmel, in Gestalt von zwei Menschen. Dem befreundeten Ehepaar, das ebenfalls einen guten Draht nach oben pflegt.

Ihre erste Infusionssitzung nimmt Johanna daher Tage später weitestgehend gelassen und hochmotiviert entgegen. Im Gepäck das Buch von Dr. Michaelsen (*Die intelligente Zelle*)[2] und jede Menge Fröhlichkeit. Der Infusions-Schwester, die mit betroffener Miene auf ihren Befund blickt, erzählt sie, dass sie es entgegen aller Prognosen schaffen wird. Mit Chemotherapie, aber vor allem mit Gottes und Dr. Michaelsens Hilfe. Schwester Otti hebt etwas spöttisch die Augenbrauen, als sie Johannas Ausführungen über den Naturheilkundeweg hört.

»Wissense, Frau Orly, ick hab die alle hier jehabt. All die Frauen, die bei so ’ne Ökofreddies waren. Mansche konnten wa retten, andere hams nich jeschafft. Ick halt da nich viel von, von diese Quacksalber …«

2008 hätte Johanna so eine Aussage massiv verunsichert. Heute denkt sie sich: *Was wisst ihr schon? Ich bin ich. Und ich mache es auf meine Weise.*

In der Chemo-Ambulanz sitzt eine Handvoll weiterer Leidensgenossinnen. Johanna blickt in die Gesichter der anderen

2   Bruce Lipton: Intelligente Zellen – Wie Erfahrungen unsere Gene steuern, KOHA-Verlag, Burgrain 2006.

Frauen. Einige lesen oder hören Musik, andere dösen oder starren nur in die Luft. Alle haben eine Nadel im Arm oder im Port; dieser implantierte Gefäßzugang unter dem Schlüsselbein sticht unter der Haut hervor wie der Ein- und Ausschalter eines Roboters.

Geredet wird nur wenig. Und wenn, dann darüber, wie furchtbar alles ist. Wie aussichtslos. Die Frauen ergehen sich in Diagnosedetails und erzählen sich gegenseitig, wie schlimm das eigene Schlimme ist. Und dass es so viel schlimmer ist als bei allen anderen.

Von Schwester Otti, die mitteilsamer ist, als das für ihren Berufsstand angebracht ist, weiß Johanna, dass die meisten dieser Frauen mit weniger zu kämpfen haben als sie selbst. Soll heißen: Die meisten bekommen die Chemo prophylaktisch oder vor der OP. Jedenfalls werden fast alle nach dem chirurgischen Eingriff krebsfrei sein, wie es so schön heißt. Beste Heilungschancen also. Vielleicht sogar für immer. Ein Ziel, das es für Jo nicht mehr gibt. Zumindest nicht auf dem Papier. In ihrem Kopf und Herzen aber sehr wohl.

»Ich bin anders. Ich bin anders als die. Ich werde es schaffen.« Sie flüstert diese Worte wie ein Mantra vor sich hin und widmet sich dann dem Buch *Die intelligente Zelle* von Bruce Lipton.

Der Kampf kann beginnen.

Sechs Wochen später hält der Frühling mit aller Macht Einzug. Berlin zeigt sich sehr sonnig, mit Temperaturen im mittleren zweistelligen Bereich. Das sind allerdings die einzig guten Nachrichten für den Augenblick. Alles andere ist eine Qual. Die Therapie ist, anders als beim letzten Mal, furchtbar anstrengend. Johanna leidet unter den Nebenwirkungen, vor allem unter offenen Stellen an den Schleimhäuten. Schlucken zum Beispiel ist sehr qualvoll. Selbst Wasser brennt wie Essigsäure. Sie wacht nachts oft weinend auf vor Pein und behält sogar ihre Spucke so lange wie möglich im Mund, um die

Schmerzen nicht fühlen zu müssen, wenn der Speichel die Speiseröhre herunterfließt.

»Hast du das mal mit deinen Ärzten besprochen, Jo? Das kann doch nicht normal sein!«

»Das ist der Preis, Miri. Ich muss das aushalten. Wenn es hilft, dann weiß ich ja, wofür.«

Ich schüttele unmerklich den Kopf. »Hilft es denn?«

»Das wissen wir noch nicht. Neue Tumormarkerwerte nehmen wir erst beim nächsten Mal.«

Ich rebelliere: »Das ist zu spät, Johanna. Du kannst ja jetzt schon nicht mehr. Du leidest seit vier Wochen Höllenqualen. Ruf Dr. Michaelsen an. Der hat bestimmt eine Idee.«

Johanna zögert. Ich rede weiter auf sie ein: »Vielleicht wirkt das Zeug gar nicht so gut, und du leidest völlig umsonst?«

Dass Antikrebsmittel auch versagen können, ist belegt. Das Zytostatikum, das Johanna bekommt, stammt aus einer Präparat-Familie, mit der wir beide schon 2008 zu tun hatten. Ich erinnere mich, dass gerade unter dieser Substanz das Leiden begann. Alles andere war gut zu verkraften. Aber Taxol hat uns sprichwörtlich die Schuhe ausgezogen. Ich bin kein Freund dieses Mittels. Und ich fürchte, Johannas K-Zellen sind es auch nicht. Oder anders: Die K-Dinger kennen den Feind schon. Sie haben sich darauf eingestellt. Denn K-Zellen sind ekelhafterweise sehr klug. Daher werde ich eindringlich: »Der K. ist schlau, Johanna. Sei schlauer.«

Sie verspricht mir, Dr. Michaelsen anzurufen. Der reagiert sofort.

»Ich habe in den vergangenen Wochen schon bemerkt, wie sehr Sie abbauen. Ich schreibe Ihrem Arzt. Lassen Sie die Werte so bald wie möglich bestimmen. Wir sehen dann, ob sie gesunken sind und die Therapie greift. Andernfalls sollte sofort umgestellt werden. Hören Sie? Sofort. Wir haben noch viele Pfeile im Köcher. Haben Sie keine Angst.«

Johanna legt auf und weint. Weniger wegen der Schmerzen, die sie immer noch hat und die grauenvoll sein müssen. Sie weint, weil sie es als erstes Scheitern empfindet, wenn die Therapie abgesetzt wird.

»Jetzt geht das große Rumprobieren los, Miri. Das, wovor ich die meiste Panik hatte. Hier eine Chemo, dann noch eine und noch eine … Mein armes Immunsystem wird irgendwann wegklappen. Das kann es doch nicht sein.«

»Warte ab, Liebes. So schwer es ist. Versuche, hoffnungsvoll abzuwarten.«

»Ich weiß. Es bleibt mir ja nichts anderes übrig.«

Schon am nächsten Morgen fährt Johanna mit klopfendem Herzen zu Dr. Joachim und lässt sich Blut abnehmen für die Bestimmung der Tumormarker. Er hatte die Nachricht seines Kollegen erhalten und ihr schnell einen Termin gegeben. Glücklicherweise hält auch er es für eine gute Idee, dass Johanna ihre Therapie um naturheilkundliche Aspekte ergänzt. Er tauscht sich sogar regelmäßig mit Dr. Michaelsen aus – freundlich, offen für Diskussion, uneitel, ganz im Sinne der Patientin. Hier war kein Zwist zwischen Schul- und Alternativmedizin zu befürchten, der Johanna womöglich eine neue Baustelle beschert hätte. Nämlich die, sich bei gewissen Punkten für Empfehlung 1 (Allopathie) oder 2 (Naturheilkunde) entscheiden zu müssen. Sie hatte den Segen beider Experten für ihre Paralleltherapie-Strategie.

Halleluja. Johanna sitzt bei Dr. Joachim. Er reagiert betroffen, als er von ihren Problemen erfährt. Auch wenn sie gleich abwiegelt: »Die Chemo ist eben kein Spaziergang und …«

Dr. Joachim unterbricht sie, was er sonst nie tut: »Das nicht. Aber dass es Ihnen so schlecht geht … nein. Das soll nicht sein. Ihre Lebensqualität steht im Vordergrund.«

Johanna stutzt. Was soll das heißen? Geht es jetzt nur noch um »ein paar schöne Tage«? Wieder so ein Satz, der lieb gemeint ist, aber Chaos in ihrem Kopf verursacht. Da sie Profi-Patientin geworden ist, spricht sie es direkt an: »Das klingt nach: Sie haben nicht mehr lange, also soll die Behandlung möglichst wenig Schaden anrichten …«

Dr. Joachim, sich der Wirkung seiner Worte von eben offenbar nicht bewusst, widerspricht vehement: »Um Gottes willen, nein. Aber Sie sollen während der Therapie nicht unnötig leiden. Wir haben ja noch andere Möglichkeiten, Ihnen zu helfen.«

»Und die wären?«

»Es gibt da seit einigen Wochen eine neu zugelassene Therapie. Fast keine Nebenwirkungen. Noch nicht einmal Haarverlust. In Ihrem Fall hieße das: Die Haare würden wieder wachsen. Im Kollegenkreis erhoffen wir uns alle sehr viel davon. Aber bevor wir umstellen, warten wir erst einmal Ihre Werte ab. Vielleicht hat sich das Zähnezusammenbeißen ja doch gelohnt, hm?«

Er klingt aufmunternd. Bei Johanna kommt das nicht so recht an. In ihrem Kopf surrt es. Eine neue, vielversprechende Therapie. Eine, bei der sie sich womöglich nicht so quälen muss. Und die Haare kämen wieder. Wie toll wäre das denn? Sie kratzt an ihrem Kopf. Die Perücke juckt. Aber, ach, das kennt sie ja schon. Heimlich hofft sie, dass die Therapie nicht gut funktioniert und sie das neue Zeug testen darf. Geduld. Sie braucht Geduld.

»In zwei Tagen wissen wir mehr. Dann haben wir die Werte. Ich rufe Sie an.«

Dr. Joachim nimmt Johanna zum Abschied in den Arm. Sie verlässt die Praxis mit einer Mischung aus Sorge, Neugier, aber auch einer gewissen Vorfreude. Hoffnung – die Aussicht auf ein neues Mittel macht Hoffnung.

Am Abend, vor dem Badezimmerspiegel, entfernt sie vorsichtig das Make-up von der Haut. Seit Johanna durch die Therapie auch optisch gezeichnet ist, macht sie sich sorgfältiger denn je morgens hübsch. Sich mit Farbe zuzukleistern ist nicht ihre Art. Aber das Wegschminken der sichtbaren Anzeichen von

Leid in ihrem Gesicht tut ihr gut. Es erinnert an Normalität. Und das hilft der Seele.

Als sie die Zähne geputzt und den Mund ausgespült hat, verharrt sie einen Moment länger als nötig vor dem Spiegel. Blass ist sie geworden. Die Haut durchscheinend wie Pergamentpapier. Die Wimpern und Brauen sind inzwischen auch fast weg. Sie schüttelt sich. Nur Äußerlichkeiten, klar. Aber deutlich sichtbare Zeichen, die sie jeden Morgen und jeden Abend beim Blick in den Spiegel daran erinnern, dass gerade nichts so ist, wie es sein sollte. Das belastet enorm. *Ach, was für eine große, große Sch...* denkt sie und wendet sich seufzend ab. Die Perücke trägt sie noch auf dem Kopf. Anders als beim ersten Mal will sie sich nicht ohne Haare sehen. Und ihr Kind soll sie niemals »oben ohne« erleben. Leni ist zwar noch klein. Aber Kinder spüren sowieso mehr, als Erwachsene vermuten. Also so wenig »Gerade ist alles anders« wie möglich und so viel »Alles ist wie immer«, wie sich irgendwie herstellen lässt. Alles andere würde dem permanenten Psychoterror nur noch mehr Munition liefern. Und das soll tunlichst vermieden werden.

Sie legt das Zweithaar auf den Nachttisch, zieht sich ein Stoffmützchen über den Kopf, damit es nicht so furchtbar kalt ist, und legt sich ins Bett. Wenn Leni nachts wach wird, greift sie zielsicher im Dunkeln neben sich und stülpt die Perücke über. Das geht mittlerweile mit traumwandlerischer Sicherheit. Erst dann knipst sie das Licht an.

Zum Glück schläft Leni meistens durch. Anders Johanna. Obwohl sie ständig müde ist. Morgens. Mittags. Abends. Nicht nur, weil sie nachts nicht die Erholung findet, für die die Nacht gedacht ist. Sondern auch, weil die Therapie schlapp macht. Diese Erschöpfung nicht auch zum Gemütszustand werden zu lassen ist eine hohe Kunst. Daher fährt sie alle Aktivitäten, die nicht zwingend notwendig sind, komplett zurück. Sie ist viel zu Hause. Und sie genießt dieses Zuhause. Es ist ihre Burg, ihre Festung, ihre Schutzhülle. Weil der Körper und die Haut diese Funktion zurzeit nicht erfüllen können.

»Ist das ratsam, dass du dich so einigelst, Jo?«, will ich einige Tage später von ihr wissen.

»Mir tut es gerade gut. Und du oder auch die anderen, ihr kommt mich ja oft besuchen. Ich gehe auch mit Leni spazieren oder einkaufen. Ich will einfach nur nicht häufiger raus in die Welt, als es unbedingt sein muss. Verstehst du das?«

Ich versuche es nachzuvollziehen und krame derweil in meiner Tasche nach den Büchern, die ich ihr mitgebracht habe. Wenn schon Eremit, dann wenigstens ein lesender Eremit. Ich bin seit geraumer Zeit absolut fasziniert von Louise Hay. Eine Frau, die sich seit den achtziger Jahren einen Namen gemacht hat als Autorin in Sachen positive Lebenseinstellung. Sie beschreibt, wie man lernt, sich auf »optimistisch« zu programmieren. Einer der wichtigsten Schlüssel dafür ist ihrer Meinung nach die Selbstliebe.

Ich bin ein wenig aufgeregt, weil ich nicht weiß, ob das zu esoterisch daherkommt für Johanna. Aber einen Versuch ist es wert. Ich lege zwei Hay'sche Werke auf Johannas Küchentisch. *Gesundheit für Körper und Seele* und *Wahre Kraft kommt von Innen*.[3]

»Schau mal, Jo. Das sind die Bücher, von denen ich dir erzählt habe. Mir haben die ziemlich gut gefallen.«

Johanna liest den Klappentext. »Affirmationen? Was ist das?«

»Das sind Sätze, die du dir sagst. Positive Bestätigungen. Die Idee dahinter ist, dass diese ständig wiederholten Formeln mit der Zeit in dein Unterbewusstsein dringen. Und dich damit, ähm, glücklicher machen. Also … ach, du musst das einfach selbst lesen.«

Wie befürchtet sieht sie mich skeptisch an. »Glücklich, hm, schön und gut. Ich will aber *gesund* werden.« Sie klingt etwas trotzig. Ein fast kindlicher Trotz, den ich sehr an ihr mag, weil er sie so echt und unverstellt wirken lässt.

---

3   Louise Hay: *Gesundheit für Körper und Seele*, Allegria, Berlin 2010; *Wahre Kraft kommt von Innen*, Allegria, Berlin 2013.

»Lies einfach mal rein. Wenn es nichts für dich ist, nehme ich die Bücher gerne wieder mit. Vorab möchte ich dir aber noch eines mit auf den Weg geben …«, ich zögere ein wenig, »Louise Hay spricht auch über Heilung. Genauer über Selbstheilung. Und zwar in allen Bereichen. Kopf und Körper.«

Jetzt habe ich Jos Aufmerksamkeit. Das sehe ich.

»Wirklich? Das klingt schon interessanter für mich. Danke, Miri. Das wird meine Einschlafliteratur. Die Klatschmagazine regen mich sowieso viel zu oft auf. Dann doch lieber hochwertiges Gedankenfutter.«

Sie lacht. Und ich stimme ein.

Am nächsten Tag ruft Johanna mich mittags aufgeregt an.

»Ich habe nur drei Stunden geschlafen, Miri.«

»Was? Ach, du liebes bisschen. Vielleicht solltest du endlich mal Felix' Angebot annehmen und dich in den Schlaf kuscheln lassen?«

»Nein, nein. Ich habe fast die ganze Nacht gelesen. Miri, das ist ja der Hammer. Warum ist mir diese Autorin nicht schon früher über den Weg gelaufen?«

Ich muss schmunzeln. Ein Volltreffer also, wie gut. »Vielleicht, weil du sie früher nicht gebraucht hast? Und jetzt war ich einfach ein kleiner Bote des Schicksals?«

»Von mir aus auch so. Aber ich habe noch etwas Tolles entdeckt. Wenn man sie googelt, findet man diese Affirmationssache auch auf Youtube. Ich hab mir Filme angesehen, in denen Louise Hay redet und diese Affirmationen quasi für mich mitspricht. Im Hintergrund dudelt so eine komische Pling-Plong-Musik. Aber das hat mich nicht gestört. Im Gegenteil. Es hat mich total entspannt. So sehr, dass ich irgendwann eingeschlafen bin – mit dem Kopfhörer auf den Ohren.«

Ich muss grinsen.

»Tja, Johanna, herzlich willkommen in der Welt der Meditation.«

Worte, die gesund machen –
Wege aus der Krise III

Aktiv werden

Eine unerwartete Krankheit führt meist dazu, dass die Betroffenen sich in ein Gefängnis der Fremdbestimmtheit gestoßen fühlen. Die Empfindung, Spielball eines schweren Schicksals zu sein, dem man sich kampf- und möglichst klaglos ergeben müsse, lähmt ungemein. Weder ist dieses Gefühl heilungsfördernd, noch entspricht es den Tatsachen. Auch wenn wir eine gemeine Diagnose erst einmal als Bestrafung wahrnehmen – ob wir wieder selbstbestimmt werden oder uns dem ominösen Schicksal ergeben, liegt allein an uns. Wir müssen die Entscheidung, unser Leben selbst in die Hand zu nehmen, nur aktiv treffen. Zum Beispiel, indem wir Sport treiben. Das tut gut und signalisiert mehr als alles andere: »Ich bin und bleibe dennoch fit. Ich kämpfe gegen die Schwäche, die die Krankheit mir verordnen will.« Die Wege sind vielfältig – finden Sie für sich heraus, welcher der beste für Sie ist.

Informationen sammeln

Beginnen Sie ein Medizinstudium in eigener Sache. Werden Sie zum absoluten Profi, zum »Arzt« und Analytiker Ihres eigenen Krankheitsbildes. Sich dieses Wissen anzueignen gibt Ihnen auch ein Stück Selbstbestimmtheit zurück. Das heißt nicht, dass dies die Besuche bei dem »richtigen« Arzt ersetzt. Auch sollten Sie die fachkundigen Hinweise nicht kategorisch in Frage stellen. Aber wenn Sie ein Stück weit mitreden können und Ihren Arzt mit eigenen Recherchen, mit aktuellen Studien und Entdeckungen konfrontieren können, dann kann man gemeinsam nach dem besten Weg suchen.

Wundern Sie sich nicht, wenn Sie mal mehr wissen als Ihr Arzt. Das ist normal. Kein noch so hochdekorierter Spezialist dieser Welt kann über jedes neue Detail Kenntnis haben.

Informationen können Sie über das Internet finden, aber auch über den Austausch mit anderen Patienten (positiv eingestellten, natürlich!), Selbsthilfegruppen oder Menschen, die mit Ihrem Thema vertraut sind. Wichtig hierbei ist allerdings, die bereits aufgestellten Regeln zu beachten: Nicht deprimieren lassen von Aussagen, die ausschließlich negativ sind. Die betreffenden Personen und ihre Motivation im Zweifel hinterfragen. Inhalte aus dem Internet auf Aktualität überprüfen. Nur neueste Erkenntnisse gelten lassen. Und diese, falls sie Ihnen nicht positiv genug sind, trotzdem hinterfragen. Bücher lesen, vor allem solche, die Ihnen Hoffnung vermitteln wollen. Machen Sie einen Bogen um Betroffenen-Biographien, die kein Happy End verheißen. Einige dieser Bücher sind sicher lesenswert – aber nicht in Ihrer Situation. Sie brauchen Kraftstoff.

Eigenverantwortung übernehmen

Es muss ein geistiger Wandel stattfinden. Das geht nicht von heute auf morgen. Und jeder Mensch braucht dafür verschieden lange Zeit. Dazu sind wir alle auf zu unterschiedliche Art und Weise erzogen worden. Vor allem die ältere Generation, aber nicht nur die, hat eine gewisse Medizinhörigkeit entwickelt: »Die Frau/der Herr Doktor macht mich gesund, deshalb mache ich alles, was sie/er sagt. Mehr kann ich sowieso nicht tun.« Und genau das stimmt nicht. Die Medizin hilft, ohne Frage. Gesund werden bzw. gesund werden wollen, also heilen, muss der Patient alleine. Aber diese Haltung ist vielen noch fremd. Das haben meine Umfragen ergeben. Dennoch ist sie – behaupte ich – die einzig wahre und hilfreiche.

Ganz besonders im Kampf ums eigene Überleben müssen wir Eigenverantwortung für uns und unsere Gesundheit übernehmen. Das setzt manchmal ein Umdenken voraus, und auch das geht nicht mit einem Mal. Aber es geht. Sie können so viel zu Ihrer Heilung beitragen. Das fängt mit einer positiven Einstellung an, einem guten, verantwortungsbewussten Lebenswandel und umfasst all die vielen kleinen Bausteine, die ich bis hierhin beschrieben habe (und im weiteren Verlauf noch beschreiben werde). All diese Bausteine sind maßgebend für eine erfolgreiche Gesundung.

Stimmung aufhellen

»Jetzt musst du aber endlich mal etwas nur für dich tun.« Diesen Satz werden Schwererkrankte womöglich häufig hören. Und vielleicht noch häufiger nicht so recht umzusetzen wissen. Denn nicht selten sind es diejenigen, die sich in ihrem bisherigen Leben vorwiegend um andere gekümmert haben, die dann von einer Krankheit in die Knie gezwungen werden. Wie soll ein so altruistisch veranlagter Mensch, der es verlernt hat, die eigenen Bedürfnisse zu erspüren, plötzlich gesunden Egoismus an den Tag legen?

Auch das geht nicht von einem Moment auf den anderen. Aber Sie können damit beginnen, indem Sie bewusst Dinge tun, die Ihnen gute Laune machen. Gärtnern, die Wohnung neu dekorieren, Fußball mit Freunden gucken, Heimwerken – was immer Ihnen Freude bereitet. Hobbies wieder aufgreifen, die Sie vielleicht zugunsten anderer schon viel zu lange vernachlässigt haben. Und: Treffen Sie sich mit Leuten, die Ihnen guttun. Die Sie am Ende des Besuches mit einem Lächeln verabschieden.

Und wenn all das (noch) zu kompliziert umzusetzen scheint: Lassen Sie sich wenigstens für einen kurzen Zeitraum stimmungsaufhellende Mittel geben. Die gibt es in natürlicher Form vom Heilpraktiker genauso wie in chemischer Form vom Schulmediziner. Wann, wenn nicht in einer sehr ernsten gesundheitlichen Situation, dürfen Sie sich aus diesem Topf bedienen – um nicht 24 Stunden am Tag zu verzweifeln.

Alltag beibehalten

So viel Normalität wie möglich – das ist mein Credo für herausfordernde Zeiten. So einfach das dahergesagt ist, so schwer ist es in die Tat umzusetzen. Denn natürlich drehen sich die Gedanken fast rund um die Uhr um die eigene, vertrackte Situation. Oft fehlt die Kraft, sich aufzuraffen, Dinge des Alltags in Angriff zu nehmen. Man fühlt sich überfordert, hat genug mit all den Arztterminen und Therapien zu tun. Dennoch: Lassen Sie sich nicht alles abnehmen, sofern Sie nicht zu geschwächt sind. Bauen Sie bewusst vertraute Tätigkeiten in Ihren täglichen Rhythmus ein, die ein wenig an das »alte, gesunde« Leben erinnern. Und seien es banale Dinge wie Einkäufe erledigen, Auto oder Wäsche waschen, mit Kindern oder Enkelkindern spielen, lesen … Das gibt Ihnen nicht nur eine gewisse Struktur, sondern hilft dabei, den Fokus zumindest für eine Weile von der Angst und Sorge, von der Krankheit wegzurücken. Wenn Sie zu geschwächt sind, um sich aus dem Bett zu bewegen, träumen Sie sich mit Hörbüchern oder schöner Musik in eine andere Welt. Eine, die nichts mit Ihrer gegenwärtigen, komplizierten und düsteren zu tun hat.

Seele erforschen

Es ist eine Erkenntnis, die immer noch nicht in der berühmten Mitte der Gesellschaft angekommen ist. Aber die Stimmen mehren sich glücklicherweise und werden lauter, die überzeugt sagen: »Jede – JEDE! – schwere körperliche Krankheit muss in einem ganzheitlichen Zusammenhang betrachtet werden. Dazu gehört auch, dass man sich Baustellen der Seele genauer ansieht.«

Selbst wenn Sie diese Auffassung (noch) nicht teilen oder ihr eher skeptisch gegenüberstehen, lesen Sie bitte weiter. Ich habe die Hoffnung, dass Sie vielleicht dennoch eine Anregung für sich finden.

Wenn unsere Seele leidet, weil wir alte, nicht ausgeheilte Verletzungen (aus der Kindheit und/oder danach) mit uns herumtragen, dann ist das ein ewiger Quell des oft unbewussten, tief sitzenden Schmerzes. Eine offene, immer wieder still und leise aufreißende Wunde. Diesen dauerhaften Schmerz könnte niemand aushalten, ohne daran verrückt zu werden. Also entwickelt unser Bewusstsein Mechanismen, diesen Schmerz zu verdrängen. Wir wiederum denken: Was wir nicht bewusst wahrnehmen, ist auch nicht da. Dabei sind diese seelischen Verletzungen nur in die alleruntere Schublade geschoben worden. Doch dann kommt der Moment, in dem die Seele keinen anderen Rat mehr weiß, als dem Körper zu sagen: »Mach was. Mir hört sie/er nicht zu. Du musst jetzt mal etwas Unordnung schaffen. Damit ich endlich wahrgenommen werde.«

Vielleicht ignorieren Sie kleine Krankheiten genauso wie den Seelenschmerz. Vielleicht kommt es dann irgendwann zur großen Katastrophe. Geben Sie sich bitte keine Schuld. Unsere Gesellschaft hat uns anerzogen, dass Seelenpein ein Zeichen von Schwäche ist. Deswegen haben wir uns antrainiert, diese Schwäche zu ignorieren. Wenn Sie allerdings sehr erkrankt sind, sollten Sie den Blick auf Ihr Innerstes wagen. Um von innen heraus auch zu heilen. Keine Angst. Einige wenige Fragen reichen für den Anfang: Wenn ich an mein bisheriges Leben denke, was fällt mir an Unschönem auf? Worüber ärgere ich mich/trauere ich heute noch? Was lässt mich auch nach vielen Jahren immer noch betrübt werden? Ich wette, Ihnen kommt das eine oder andere in den Sinn.

4 Zwei Schritte vor & einer zurück

»*Das* ist Meditation?« Johanna klingt sehr erstaunt.

»Ich denke schon. Ich weiß es doch auch nicht so genau. Aber in einer gewissen Weise ist es das schon, glaube ich zumindest. Konzentration auf eine Sache, Ausblenden der tausend Gedanken im Kopf, entspannen. Und aus der Entspannung die eigene Kraft bündeln.«

»Aha. Dann finde ich das gut.«

Ich erzähle Johanna von einer Wissenschaftssendung, die ich irgendwann einmal auf 3sat gesehen habe. Es ging um das Thema »Selbstheilung«. Eine Expertenrunde aus Medizinern und Psychologen schilderte ziemlich eindrucksvoll und an Beispielen aus ihrer Praxis, wie die Psyche biochemische Prozesse im Körper beeinflusst. Also wie unsere Gedanken den Organismus steuern. Positiv wie negativ.

Johanna unterbricht mich: »Das ist wie in diesem Buch über die intelligenten Zellen. Da steht, dass unsere Zellen quasi denken können. Und dass wir in der Lage sind, sie dabei zu lenken. Eben auch in eine Richtung, die wir gut finden. Erst recht, wenn sie den falschen Weg eingeschlagen haben. Psychoneuroimmunologie oder so wird dieser Forschungsbereich genannt.«

»Genau, Jo. Und Meditation ist ein Mittel, um diesen Lenkprozess zu fördern. Durch Entspannung und die reine Vorstellungskraft. Zum Beispiel, indem man sich den Kampf der guten Zellen gegen die doofen bildlich vorstellt. In der Sendung hatten sie so viele mutmachende Geschichten parat. Von Leuten, die noch viel schlimmer dran waren als du. Eine Frau, die auch sehr schwer an K. erkrankt war, hat ihre Metastasen mit Meditation ganz klein gekriegt, so klein, dass sie dann wegoperiert werden konnten. Und das, obwohl ihr alle prophezeit haben … na, du weißt schon, Exitus und so. Die Frau ist seit sieben Jahren quietschfidel.«

»Oh, Miri, das sollen meine Vorbilder sein. Ich fang noch heute an, das Meditieren zu lernen.« Sie macht eine Pause. »Wie mach ich das wohl?«

»Frag das Internet. Das weiß doch alles.«

Am nächsten Vormittag, Johanna hat das Internet den ganzen Abend lang erfolgreich um Meditationsstarthilfe gebeten, sitzt sie bei Dr. Michaelsen in der Praxis. Drei Mal pro Woche kommt sie zu ihm: für die Hyperthermie-Behandlung, das regelmäßige Status-Update, ein bisschen Seelenmassage und um mögliche neue Therapieansätze zu besprechen.

»Ob Meditation allein gesund macht, kann ich nicht sagen. Aber es hilft. Das ist verbrieft.«

»Ja, das habe ich auch schon gehört. Also ist das ein guter Weg?«

»Absolut, Frau Orly. Oder aber …« Er zwinkert ihr freundlich zu, »… Sie verlieben sich. Das ist ein wahrer Immun-Booster.«

»Ernsthaft?«

»Jawohl. Ich rate Ihnen ganz unverblümt: Verlieben Sie sich, und zwar so schnell wie möglich. Das macht gesund. Ganze Bücher wurden darüber geschrieben, wie sehr Verliebtheit die körpereigene Abwehr anschiebt. Klar, ›Einmal Liebe, bitte‹ kann ich Ihnen leider nicht auf das Rezept schreiben. Aber falls Sie die Liebe zu fassen kriegen sollten, halten Sie sie fest. Sie wird Ihnen enorm helfen.«

»Hm. Schön und gut. Aber wie soll ich das machen? Und wenn, ja … ach, Herr Michaelsen, meine Perücke, mein Gesamtzustand. Ich bin das Gegenteil von dem, was sich ein Mann wünscht.«

Dr. Michaelsen steht von seinem Schreibtischstuhl auf und geht um den schweren Eichentisch herum. Wortlos nimmt er Johanna in den Arm und drückt sie väterlich an sich.

»Ein Mann, der nicht sieht, was Sie sind – auch und gerade jetzt –, der ist es nicht wert.«

Er schiebt sie sanft von sich und umfasst ihre Schultern. Seine Stimme wird eindringlich.

»Sie sind großartig. Vergessen Sie das bloß nicht.«

Auf dem Nachhauseweg rattert es in Johannas Kopf. *Verlieben Sie sich. Das macht gesund. Verlieben Sie sich … Wie? Sagt mir, wie?*

Sie denkt unweigerlich an Felix. Das ist schon eine Art Liebe. Nicht die, die Dr. Michaelsen meint. Aber immerhin. Ungeliebt ist sie nicht.

Der Nachmittag gestaltet sich unaufgeregt. Johanna spielt mit der größten Liebe ihres Lebens – Leni – im Sandkasten, bereitet abends für beide Spaghetti mit Sauce zu und geht früh zu Bett. Sie liest weiter in Louise Hays Büchern. Aber sie kann sich nicht so recht auf die Sätze konzentrieren. Irgendwann schiebt sie die Lektüre beiseite und greift zu ihrem Handy. Es gibt da ein Online-Dating-Programm, das man kostenlos herunterladen kann. Sie zögert. Und dann klickt sie. »Ach, was soll's. Hallo, Männerwelt.«

Bevor Johanna auf heiße Flirts am Telefon hoffen kann, klingelt selbiges am nächsten Morgen in anderer Angelegenheit. Sie erkennt an der Nummer, dass es sich um Dr. Joachim handelt. Die Tumormarkerwerte sind anscheinend da. Jetzt wird es spannend.

»Frau Orly, ich sage es Ihnen direkt und empfinden Sie das bitte nicht als Rückschlag, aber wir stellen um. Die Werte haben ergeben, dass die Therapie bisher zwar gewirkt hat, aber längst nicht in dem Umfang, den wir uns erhofft hatten. Und erst recht nicht, wenn es Ihnen dabei so elend geht.«

Einen Moment lang ist Johanna deprimiert. All die Qualen,

der Haarverlust – für nichts? Warum ging es nicht direkt mit der neuen Arznei los? Diese Fragen schwirren nur kurz durch ihren Kopf. Dann erfasst sie so etwas wie Erleichterung.

»Das heißt, ich bekomme jetzt das neue Superzeug, ja? Haben Sie schon Erfahrungen damit?«

»Nun, noch nicht sehr viele. Es ist ja erst seit wenigen Monaten zugelassen. Doch bei einer von vier Patientinnen, die wir damit bereits behandeln, ist nichts mehr nachzuweisen.«

»Alles weg? Das ist ja phantastisch.«

»Ja. Beim nächsten Mal sind Sie dran. Bleiben Sie tapfer.«

Johanna legt lächelnd auf. Ein neues Mittel. Neue Haare bekommt sie. Und Hoffnung. Endlich wieder Hoffnung.

Das Leben ist Licht und Schatten, hell und dunkel zugleich. Einen weiteren Beleg dafür, wie nah Hoffnung und Verzweiflung beieinanderliegen, bekommt sie noch am selben Tag.

Am Abend erhält sie nämlich einen Anruf, der ihr einen ganzen Sack voll Wackersteine in den Bauch drückt. Und Angst macht. Ein guter Freund ist ebenfalls an Krebs erkrankt. Hautkrebs. Mit Metastasen bis ins Hirn. Und einer Ärzteprognose, die ihm nicht mehr viel Zeit lässt. Lukas klingt abwechselnd optimistisch, verzweifelt oder schlicht geschockt. Wie sollte es auch anders sein. Er ist Mitte dreißig. Ein Mann in der Blüte seines Lebens.

Nach dem ersten Schrecken findet Johanna viele Worte der Ermutigung. Sie verschickt eine Stunde nach dem Gespräch eine E-Mail mit Ärzte-Adressen, Buchtipps und vielen Ermunterungen. Sie will für Lukas da sein. Sie will stark sein. Dennoch spürt sie – zum ersten Mal in ihrem Leben –, dass etwas in ihr dagegen aufbegehrt. Ein Gefühl, das vielleicht immer schon da gewesen ist, das sie aber nicht zulassen wollte oder konnte. Aber jetzt ist es da. Und zwar klar und deutlich. Das Herz will helfen. Der Bauch sagt: *Nein. Das ist zu viel. Das kannst du jetzt nicht auch noch stemmen. Du musst dich um dich kümmern. Um dich und um deine Tochter.*

Kaum hat sie diese Gedanken zu Ende gedacht, kommen die Zweifel. Wenigstens macht sie das diesmal nicht nur mit sich allein aus. Sie ruft mich an. »Ich kann ihn doch nicht im Stich lassen, Miri. *Ich* bin schließlich die Krebserfahrene …«

Ich bin dankbar, dass sie sich gemeldet hat. Denn auch ich habe von der schrecklichen Diagnose unseres gemeinsamen Freundes gehört und ahnte, dass ihr das nicht verborgen bleiben würde. »Das bist du. Aber du hast auch eine Schlacht zu schlagen. Und dabei musst du deine Kraft und Energie klug einsetzen. Verzettel dich nicht. Und sei es nur durch Psycho-Emo-Zeug. Ich verstehe ja, warum und dass du für Lukas da sein willst. Aber nimm auch Rücksicht auf dich. Auf dich und deine Seele. Ich glaube, dass das wichtig ist. Meinst du nicht auch?«

»Ja. *Ja.* Aber, puh, nein. Am Telefon hat er so allein gewirkt. So allein in seiner Angst. Und ich verstehe ihn. Weißt du, was ich meine?«

»Das weiß ich. Trotzdem, überfordere dich nicht damit, ja?«

Nach unserem Gespräch rufe ich sofort Felix an. Der muss jetzt ran. Felix zögert keine Sekunde. Er packt seine Sachen und fährt zu Johanna. Sie lässt ihn herein. Und sie muss nicht einsam einschlafen. In dieser mit Sicherheit schweren Nacht. Ein Glück.

Es ist eine Mammutaufgabe, den Drahtseilakt zwischen Nähe und Distanz im Leben hinzubekommen. Und in dieser Situation ist es besonders schwer. Johanna will helfen, tut sich dabei aber selbst vermutlich keinen Gefallen. Vielleicht ist das jetzt eine weitere Herausforderung, die sie annehmen muss. Zu lernen, dass es wirklich wichtig ist, sich um das eigene Seelenwohl zu kümmern, bevor man für andere parat steht. Das ist neu für Johanna, die immer für alle da war. Selten für sich selbst.

Das ist nicht gesund, denke ich mir. Da steckt doch ein »inneres System« dahinter, wenn jemand sich vorwiegend darüber definiert, dass er gut ist zu anderen und für andere. Natürlich ist es wunderbar, dass es Menschen wie Johanna gibt. Aber Altruismus bis zur Selbstverleugnung oder zumindest Missachtung der eigenen Bedürfnisse, das scheint mir auch verkehrt. Dass da der eigene Körper plötzlich in die Meuterei, ja Selbstsabotage geht – irgendwie nicht verwunderlich.

Vielleicht fühlt sich Johanna nur dann wertvoll, wenn sie für andere da ist? Was bedeuten würde, dass sie aus sich heraus diesen Wert nicht schöpfen kann. Dass sie sich keine Selbstliebe gestattet. Sich nicht akzeptiert mit allen Fehlern und Macken. Nicht zu sich sagen kann: »Hey, ich bin zwar ein Setzkasten an Fehlbarkeiten, aber ich bin alles in allem okay.« Ha. Louise Hay und ihre Mission. Da ist sie wieder. Ich muss meine Gedanken Johanna unbedingt mitteilen. Nur heute vielleicht noch nicht.

Als Johanna das neue Mittel bekommt, ist sie regelrecht euphorisch. Sie textet aus der Chemo-Ambulanz eine frohlockende Nachricht nach der anderen. Ohne großen Inhalt. Sie freue sich einfach, dass es jetzt wieder losgeht mit dem Kampf, und zwar richtig. Ich bin dankbar und glücklich. Denn es schenkt auch mir als Freundin eine gewisse Leichtigkeit, Jo so unbeschwert zu erleben. Johanna scheint Informationen bekommen zu haben, die sie zu Recht ermutigen, dass mit dem neuen Medikament bald auch die Metastasen der Vergangenheit angehören werden. Das wäre ja was. Das wäre eine Sensation. Das würde aus der Prognose »unheilbar« plötzlich wieder ein »heilbar« machen.

Drei Wochen später, im April, werden Johannas Werte neu bestimmt. Sie juchzt, als sie mir davon erzählt.

»170, Miri! Ich hatte 400 davor. Und Anfang des Jahres 460. Das ist doch verrückt, oder etwa nicht?!«

Sie tanzt in ihrem Wohnzimmer herum, mit Leni auf dem Arm. Die lacht glucksend und brabbelt: »Mamaaa dannst. Mammaaa dannst.« Ich freue mich so sehr mit ihr.

»Noch weitere 150 Punkte weiter runter in der Skala, und ich bin wieder im normalen Bereich. Zwischen 0 und 30. Das wäre so großartig. Soooo grooooßartig.«

Johanna wirft ihren Kopf in den Nacken, dreht sich ein paar Mal, dann bleibt sie schnaufend stehen. Ich stehe auf und umarme beide – die nach Luft japsende Mutter und das fröhlich zappelnde Kind.

»Ich freue mich so, Jo. Das sind unglaublich schöne Nachrichten.«

Unweigerlich muss ich an Lukas denken. Daran, wie sehr wir auch ihm gute Nachrichten wünschen. Aber es sieht sehr düster aus für ihn. Und keiner kann etwas tun. Als könne Johanna meine Gedanken lesen, sagt sie plötzlich: »Wenn ich jetzt schnell wieder gesund werde, dann habe ich auch wieder Power für Lukas übrig. Der darf jetzt nicht gehen. Der muss leben. Und leben wollen. Ich schaffe das, glaub mir.«

Ich löse mich aus der Umarmung.

»Das ist ehrenwert von dir, Jo. Aber es sind wirklich viele Menschen für ihn da. Ich glaube, du darfst dir gestatten, diese Verantwortung nicht zu deiner zu machen.«

Verantwortung. Immer wieder Verantwortung. Das scheint Johannas großes Thema zu sein. Ich gehe durch die sternenklare Nacht nach Hause mit dem Wissen, sie wird heute sehr gut schlafen. Verantwortung hin oder her. Die Autos fahren über den nassen Asphalt. Licht spiegelt sich in der Nässe. Ich denke nach. Über unsere Leben, die Parallelen, die Unterschiede. Johanna geht noch nicht lang zu ihrer Psychotherapeutin. Sie hat sich immer geweigert, weil sie glaubte, ihre Alltagssorgen seien zu klein und zu unbedeutend, um sie von einem professionellen Seelenarzt betrachten zu lassen. Erst die Trennung von Markus hat sie an einen Punkt gebracht, an dem sie erkannt hat, dass sie mehr belastet als ein kleines Gemüts-Wehwehchen. Dass sie eine große Verzweiflung verspürt, dass der Liebeskummer und der Wunsch, Tag für Tag für Leni die perfekte Mama sein zu wollen, sie an ihre Grenzen bringt. Die perfekte Mama war und ist sie, wie ich finde. Immer. Ich habe oft genug gesehen, wie sie sich zum Weinen kurz ins Bad verzieht oder traurige Gefühle und Schwächemomente wegdrückt, weil sie denkt, sie müsse funktionieren und immer die starke Frau geben. Das macht einen auf Dauer kaputt. Daher hatte ich ihr die Profihilfe nahegelegt. Und die hat sie glücklicherweise dann auch angenommen.

Ich selbst hatte meine erste Begegnung mit Psychotherapeuten in meinem »herausfordernden« Jahr 2008. Ein schweres Seelen-Erdbeben – in meinem Fall hervorgerufen durch eine lebensbedrohliche Krankheit – verkraftet man nicht gut alleine. Und auch nicht ausschließlich und stets mit Hilfe der Lieben um einen herum. Auch wenn ich das lange Zeit dachte. Als ich dann bei der Therapeutin saß, war alles deutlich weniger schräg, als ich mir das ausgemalt hatte. Natürlich war ich nicht »verrückt« (wobei – was heißt das schon?) oder eine Gefahr für mich oder andere. Ich war einfach »nur« überfordert. Mit der Situation, der Aufgabe und dem ständigen Wechselbad der Gefühle zwischen heulendem Elend und »jetzt erst recht«. »Posttraumatische Belastungsstörung« heißt das im Arztdeutsch. Und ich sage Ihnen: Diese Diagnose erhalten deutlich mehr Menschen, als Sie glauben. Denn es ist »normal« geworden, dass wir das Leben manchmal nicht mehr alleine aushalten. Weil das Leben so herausfordernd ist?

Durch die Gespräche habe ich vieles gelernt. Mich zu öffnen und ehrlich zu mir selbst zu sein. Auch wenn dabei Gedanken und Gefühle hervorgekommen sind, die an meinem Selbstbild von der immer starken Miri heftig gekratzt haben. Und ich habe gelernt, meinen nach meinem eigenen Wertekatalog »unschönen Eigenschaften« ins Gesicht zu sehen. In meinen Dreißigern habe ich endlich kapiert, was uns die Weisen seit Jahrtausenden sagen: dass die größte Stärke ist, sich Schwäche einzugestehen. Und dass es helfen kann, all den Kopfquatsch einfach mal ungefiltert und unreflektiert loswerden zu können.

Bei einem Therapeuten, der, wenn er sein Handwerk einigermaßen versteht, nicht wertet und urteilt. Sondern nur zuhört und Werkzeuge liefert. Türen öffnet aus dem emotionalen Gefängnis. Soll heißen: Tipps gibt und Methoden aufzeigt, die mir zum Beispiel enorm dabei geholfen haben, mit Schmerz, Trauer, Wut oder Ohnmacht umzugehen. Diese Gefühle in den Griff zu bekommen und sich nicht umgekehrt von ihnen gefangen nehmen zu lassen. Oder gar von ihnen bedroht zu werden – durch eine schlimme Krankheit zum Beispiel.

Kurzum: Ich habe meinen Einstieg ins Therapie-Business nie bereut. Im Gegenteil. Ich konsultiere meine Therapeutin nach wie vor regelmäßig. Schlicht, um mich zu sortieren. Um mich selbst zu verstehen und weiter besser kennenzulernen. Um meinem ganzen Ich, dem Wie und dem Warum, auf liebevolle Art und Weise auf den Grund zu gehen. Ich habe keine Angst davor. Auch nicht davor, die eigentlich gut verschlossenen, dunklen Schubladen aufzumachen und wenigstens mal einen Blick hineinzuwerfen. Ich habe dabei die Erfahrung gemacht, dass das, was ich jahrelang für schlimm und unerträglich gehalten habe, in der Gegenwart gar keine Bedeutung mehr hat. Ich kann die Schublade wieder schließen mit dem Wissen, dass es sie gibt, aber in der Gewissheit, dass ihr Inhalt keinen Schaden mehr anrichten kann.

Oder ich betrachte die seelischen Wunden, die vor sich hin eitern und weh tun, auch wenn sie vermeintlich weggesperrt waren, und finde mit Hilfe der Therapeutin einen Weg, wie ich die Entzündung stoppen und heilen lassen kann. Für mich ist meine psychische »Gesundheit« genauso wichtig wie die körperliche. Auch weil ich glaube, dass das eine mit dem anderen untrennbar verknüpft ist. Wenn die Psyche aus dem Gleichgewicht gerät, kommt auch der Körper aus dem Tritt. Kümmern um die Seelenhygiene ist das Stichwort. Das ist einer der vielen Punkte, die mich am Älterwerden freuen, dass ich mehr verstehe. Von mir, aber auch von den Menschen in meiner Umgebung. Wenn man sich auseinandersetzt mit sich, Selbstreflexion betreibt, den Ursachen von bestimmten Verhaltensmustern auf den Grund geht, dann findet man auch Antworten. Und diese Antworten gefunden zu haben macht sehr gelassen und glücklich.

Jo steht meiner Vermutung nach noch auf einer anderen Position des Spielbrettes. Nämlich am Anfang. Sie braucht Unterstützung, um mit der akuten Situation umgehen zu können, um die Trennung zu verarbeiten und – noch viel dringlicher – beim Umgang mit der Krankheit. Ich bin dankbar, dass sie den Schritt zur Psychotherapie gewagt hat. Wenn ich geahnt hätte, welche Neuigkeiten auf meine Freundin in den kommenden Tagen einprasseln würden, ich hätte ihre Therapeutin mit Vorschuss-Blumensträußen bedacht. In der Hoffnung, dass wenigstens sie den Halt und die richtigen Worte findet für eine neue, schier unerträgliche Situation.

Erleichtert durch die grandiosen Untersuchungsergebnisse, verbringt Johanna die nächsten Tage ausnahmslos zuversichtlich. Keine Depri-Täler, noch nicht einmal kleine, durch die sie schreiten muss. Endlich ist alles richtig gut. Sonnenschein auf der Seele. Auch ihr Online-Dating nimmt langsam Fahrt auf. Sie hat über die Plattform zu einer Handvoll attraktiver Typen Kontakt aufgenommen. Nachrichten werden fleißig hin- und hergeschickt. Getroffen hat sie noch keinen. Aber das Flirten beflügelt sie sichtlich.

»Miri, das tut wirklich gut. Die sagen so süße Dinge. Was sie an mir spannend finden. Oder warum ich im angenehmen Sinne anders sei als manch andere Frau. Es sind nur Worte in einer SMS. Aber ich muss sehr oft schmunzeln.«

»Hervorragend, Jo. So soll das sein. Und willst du dich mit einem von denen auch mal treffen?«

Sie zögert kurz. »Ich weiß nicht so recht. Um ehrlich zu sein, reicht mir das schriftliche Süßholzraspeln. Das tut unheimlich gut. Vor einem echten Treffen habe ich ein wenig Bammel. Auch wegen, na ja, wegen meines Zustands.«

»Ach, Quatsch. Jemand, der dich nicht kennt, weiß nicht, dass du eine andere Frisur hast als sonst. Und der Rest von dir, liebste Jo, ist schön wie eh und je.«

»Mal sehen. Es wird sich nicht vermeiden lassen, irgendwann den nächsten Schritt zu gehen. Heute nicht. Vielleicht morgen.«

Sie lächelt. Da macht es wieder Pling in ihrem Handy. Vermutlich ist soeben die nächste Lieferung Süßholz eingetroffen.

Johannas Tage folgen seit ihrer Erkrankung einem sich wiederholenden Rhythmus. Sie wacht um 7 Uhr morgens mit Leni auf. Beide machen Unfug und Ulkereien im Bett. Die »heilige Zeit«, wie sie sagt. Zeit mit Leni. Morgens und nachmittags, bis sie ihr Kind zu Bett bringt. Um 8 Uhr wird gefrühstückt, und Leni geht in den Kindergarten. Danach fährt Jo entweder zu Dr. Michaelsen oder setzt sich direkt an ihren Schreibtisch. Ihrem Job als Graphikerin kann sie weiterhin nachgehen, auch wenn sie einige Aufträge absagen musste, weil sie durch die Therapien nicht mehr so viel Zeit hat. Das macht sich auf dem Konto zwar bemerkbar, aber zu sparen war ihr noch nie schwergefallen. Außerdem hat sie über die Jahre als Freiberuflerin einiges zur Seite gepackt – für Notzeiten. So eine Notzeit ist jetzt. Also muss das finanzielle Polster nun eben die Lücken schließen. All das klappt erstaunlich gut.

Unsere Einwände, ob das alles nicht etwas viel sei und ob sie sich nicht überarbeite und mehr Ruhe einkehren lassen müsse, wischt sie regelmäßig vom Tisch.

»Ich *muss* arbeiten. Sonst wird es zu knapp. Das würde mich noch mehr belasten. Und noch wichtiger, ich *will* auch arbeiten. Sonst dreht sich alles permanent um diesen Krebs. Und ich drehe irgendwann durch. Ich brauche diese Struktur.«

Das klingt so einleuchtend, dass wir, die Freunde und die Familie, schnell verstummen.

Gegen 16 Uhr beginnt die heilige Zeit Teil 2. Spielen mit Leni, spazieren gehen, Quatsch machen mit der Tochter und den Nachbarskindern. Nach 20 Uhr setzt sich Jo meistens wieder an ihren Schreibtisch, manchmal vor den Fernseher; nur selten legt sie sich zu früher Stunde schlafen. Wobei das vermutlich das Beste wäre. Die Müdigkeit sei viel größer als beim ersten Mal und auch irgendwie anders. Bleiern, schwer. Dauernd da. Sie erzählt mir, dass sie sich 2008 nach einem knappen halben Jahr Chemo oder während der Bestrahlungen nicht ansatzweise so schlapp gefühlt habe wie jetzt.

Wieder sprechen wir über die Auswirkungen der Psyche auf den Körper. Die schönen wie die doofen. Und damit auch über unsere, wenngleich unterschiedlich stark ausgeprägte Überzeugung, dass eine »gesunde« Seele auch den Körper gesund machen kann. Ich sage dazu: »Ja. Ja. Ja!«

Jo sagt: »Ja. Vielleicht. Vielleicht macht die Seele gesund. Dazu muss sie selbst aber ganz heile und blütenweiß sein.« Sie macht große Augen, zuckt mit den Schultern und fährt fort: »Wer kann das schon von seiner Seele behaupten, Miri? Jeder trägt irgendein Paket mit sich herum. Eines, das er schon während der Kindheit mitbekommen hat. Oder eines, weil ihm später Dinge widerfahren sind, die Schatten auf die Psyche werfen.«

»Na klar, das ist ja, was Louise Hay auch schreibt, wenn sie über die Versöhnung mit der Vergangenheit spricht. Auch unsere Eltern, wenn sie Fehler gemacht haben, sind mal schuldlose Kinder gewesen. Kinder von Eltern, die wiederum Kinder von Eltern waren. Und so weiter.«

»Ich weiß. Den Teil habe ich schon gelesen. Das hilft sicher, seinen Frieden mit dem zu machen, was war. Aber hilft das auch beim Frieden machen mit dem, was ist?«

Wir schweigen beide eine Weile. Ich für mich weiß, dass mein Frieden durch die Gesprächstherapie mit deutlich größerer Geschwindigkeit Einzug in mein Leben gehalten hat.

Johanna unterbricht die Stille.

»Spätestens in den Dreißigern darf man als Entschuldigung für verletzende Macken aber nicht mehr das vermeintliche

Versagen der Eltern ins Feld führen. Als Erklärung vielleicht. Aber nicht als Entschuldigung. Ich finde, es ist die Pflicht eines erwachsenen Menschen, daran zu arbeiten. Erst recht, wenn man merkt, dass man nicht nur anderen schadet. Sondern vor allem sich selbst.«

Ich frage mich, ob sie das eher zu sich sagt oder damit indirekt ihren Exfreund meint. Erst vor kurzem hatte sie mir gesagt, Markus habe früher nie genau in sich hineingehorcht, sich Problemen nicht gestellt und stattdessen immer eher Flucht als Option gewählt. Aber ich bin mir nicht ganz sicher, ob ich mit meiner Vermutung richtigliege. Daher versuche ich, meine Meinung dazu allgemein zu formulieren.

»Das stimmt sicher. Doch erstens kannst du diesen inneren Prozess nicht von außen forcieren oder erzwingen. Dazu gehört nicht nur Leidensdruck, sondern auch eine gewisse Selbsterkenntnis. Zweitens braucht es viel Mut, gerade wenn die Dämonen aus der Kindheit auch heute noch angsteinflößende Fratzen haben. Drittens ist das eben ein Etappenziel, das jeder selbst erreichen muss. Also das Wissen, dass nur wir mit uns glücklich werden können. Dass das Glück nicht im Gegenüber oder den Lebensumständen liegt. Viertens muss man sich, denke ich, damit abfinden, dass es Menschen gibt, die diesen Schritt niemals gehen werden oder wollen. Weil der Berg zu groß ist oder was auch immer. Und fünftens … Fünftens ist es jetzt schon spät. Oder?«

Wir verabschieden uns mit Küssen und Umarmungen.

Am nächsten Morgen, noch vor Sonnenaufgang, piepst mein Handy. Ich habe es seit Johannas Erkrankung immer an und neben dem Bett liegen. Ich sehe auf das Display. Die Nachricht kommt tatsächlich von meiner Freundin. Und sie besteht aus nur drei Wörtern: »Sie ist schwanger.«

Ich schlucke. Auch das noch. Insgeheim war uns allen klar, dass dieser Tag kommen würde. Für Johanna hatte ich gehofft, dass er nicht so bald kommen würde.

Jo liegt mit klopfendem Herzen, einer Menge verwirrender Fragen und Gefühlen in ihrem Bett und starrt ins Halbdunkel. Markus hat ihr eine SMS geschrieben, in wenigen, immerhin behutsam gewählten Worten die neue Situation geschildert. Sosehr sie sich dagegen sträubt, sie kann nicht umhin, den brennenden Schmerz zu realisieren, den sie augenblicklich fühlt. Gar nicht so sehr wegen der Tatsache, dass ihr Ex jetzt eine neue Familie gründet. Eine Familie, wie sie sich immer eine erträumt hatte. Übrig geblieben ist nur die halbe Besetzung – Mutter und Kind. Markus' neues Familienleben wäre Anlass genug für ihren Schmerz. Dennoch ist der Grund etwas anderes. Völlig unvermittelt erfasst sie die Sehnsucht nach einem zweiten Kind. Sie weiß, dass nichts in weiterer Ferne liegt als die Verwirklichung dieses Wunsches. Und dass nichts augenblicklich weniger Priorität hätte als ein zweites Kind. Aber das Gefühl ist da und – es tut einfach verdammt weh. Sie verkriecht sich unter der Decke, beißt in das kleine Kissen, das sie für solche Fälle immer neben sich liegen hat und schluchzt lautlos. Als alles aus ihr herausgeweint ist, was dieses furchtbare Weh verursacht hat, greift sie zum Handy. Sie schreibt eine Nachricht. Nicht an Markus, sondern an einen Oliver. Den Online-Oliver.

»Lieber Olli, ich wäre jetzt so weit. Meine Tochter ist bei ihrem Vater. Wie wäre es am Samstag? 19 Uhr 30 am Kino International? Kannst und magst du? Gruß, Jo.«

Worte, die gesund machen –
Wege aus der Krise IV

Meditation lernen

Es gibt viele Stufen und Stadien der Meditation – vom Zur-Ruhe-Kommen bis hin zu einem schlafähnlichen Trancezustand bei wachem Geist. Für den Anfang lege ich Ihnen das Meditieren vor allem als einfaches Mittel für einen naheliegenden Zweck ans Herz: zur Entspannung. Meditation entspannt Körper und Geist. Und nur ein entspannter Körper kann heilen, weil zu starke Angstgefühle nachweislich die Arbeit des Immunsystems behindern und sogar blockieren. Erwiesen ist übrigens auch, dass regelmäßiges Meditieren das Angstzentrum im Hirn ausschaltet. Ein Effekt, den wir im Zuge des Heilungsprozesses mehr als dringend brauchen.

Beim Meditieren gibt es kein Richtig oder Falsch. Jeder kann es lernen. Zu jedem Zeitpunkt. Sie können nichts verkehrt machen. Es geht vereinfacht ausgedrückt um das Beruhigen der inneren Wogen, aber auch ganz praktisch um das Lösen von Muskelknoten, um das Tanken von Kraft. Lassen Sie sich am Anfang von guten Coaches führen. Zum Beispiel durch Meditations-CDs oder Apps für das Handy. Ich empfehle Ihnen die von Maria Böttner http://duhastpause.com/mobile/. Im Internet finden Sie viele Videos/Audios, die Sie mit angenehmer Stimme, manchmal auch Musik, sanft in die Entspannung begleiten. 10 Minuten täglich sind ein guter Anfang. Sie können aber auch eine Stunde (oder länger) begleitet entspannen. Das Faszinierende ist, dass Sie bereits nach der ersten Meditation merken werden, dass es Ihnen deutlich bessergeht als vorher.

Aufgabe suchen

Vielleicht gehören Sie bereits zu denen, die sich sagen: »Ich möchte weiterarbeiten. Im Rahmen der Möglichkeiten. Ich will gebraucht werden. Trotz allem.« Wenn nicht, empfehle ich Ihnen sehr, sich nicht allzu stark von gewissen Routinen zurückzuziehen. Wenn es Ihre Kraft erlaubt, arbeiten Sie weiter. Das stärkt Ihr Selbstwertgefühl, weil Sie spüren, wozu Sie (immer noch) fähig sind. Es zieht Sie aus dem (Selbst-)Mitleid, falls Sie darin zu ertrinken drohen. Es stoppt das Gedankenkarussell, das sich nur um das Schwere dreht. Natürlich brauchen Sie Ruhe. Sie sollen sich nicht übernehmen, auf keinen Fall. Wenn die Arbeit zu fordernd ist, dann suchen Sie eine andere (schöne!) Aufgabe. Etwas Kleines, das Sie jeden Tag mit Freude tun: den Nachbarskindern eine Stunde lang vorlesen. Etwas Feines für andere stricken. Fotos endlich ausdrucken und einkleben. Erlernen Sie eine neue Fremdsprache im Selbststudium. Einmal pro Woche Briefe an die Lieben schreiben. Etwas, das Sie nach erledigter Arbeit mit Zufriedenheit erfüllt. Weil Sie etwas geschafft haben. Etwas, das ganz und gar nichts mit Ihrer Situation zu tun hat. Es tut gut. Auf ganz vielen emotionalen, aber besonders auch physiologischen Ebenen. Sie brauchen positive Erfahrungen. Und dazu können Sie selbst am allermeisten beitragen.

Kraftquellen identifizieren

Es kann gut sein, dass es eine ganze Weile dauert, bis Sie herausgefunden haben, was Ihnen wirklich Kraft gibt. Worte, Taten, Bücher, Menschen, Information, Ruhe, Sport? Eine Kraftquelle, die anderen guttut, muss nicht automatisch für Sie geeignet sein. Jeder ist anders. Dem einen hilft das Spazierengehen in der Natur. Dem anderen, schöne Musik zu hören. Für die Familie zu kochen. In Automagazinen zu blättern. Lustige Filme anzusehen. Meditation. Probieren Sie alles Mögliche aus. Folgen Sie durchaus den mit Sicherheit vielen Tipps und Ratschlägen Ihrer Liebsten. Aber streichen Sie genauso mutig all das wieder von Ihrer persönlichen Kraftquellen-Liste, wenn es Ihnen nicht wirklich hilft. Sie sind ein Unikat. Und nur Sie allein dürfen bestimmen, was Ihnen augenblicklich Energie und Stärke und Optimismus schenkt. Sobald Sie die Quellen dafür identifiziert haben, suchen Sie diese Quellen so oft es geht wieder auf. Denn das lädt Ihre strapazierten Energie-Batterien wieder auf.

Schutzwall aufbauen

Ich weiß nicht, wie nahe Sie sich selbst sind. Also, wie gut Sie in der Lage sind, eigene Bedürfnisse

a) zu erspüren und sie

b) auch zu äußern.

Ich möchte Ihnen kurz von mir erzählen. Ich glaubte jahrelang, sehr nahe an mir selbst dran zu sein. Reflektiert, bewusst und meine Gefühle in all ihrer Bandbreite wahrnehmend. Erst meine Erkrankung hat mir gezeigt, dass dem nicht so war. Überhaupt nicht! Nicht nur hatte ich über die Jahre verlernt, eigene Wünsche angstfrei zu äußern, ich hatte sogar verlernt, diese überhaupt zu erspüren. Mein Kopf hat meinem Herz vorgespielt, dass ja alles genau so sei, wie ich das wollte. Tatsächlich war das Gegenteil der Fall.

Im Zuge meiner wirklichen Entdeckungstour zu mir selbst habe ich auch gemerkt, wie ungeschützt ich mich in der Vergangenheit manchen Situationen ausgeliefert habe; Situationen, die mir am Ende nur weh taten. Mich verletzt, ausgelaugt oder emotional missbraucht zurückließen. Das hat mir klargemacht: »Du bist nicht bei dir. Du weißt nicht, was dich trifft. Und deswegen hast du keinen Schutz.« Nachdem ich das begriffen hatte, habe ich einen Schutzwall aufgebaut. Ein inneres »Ich möchte das nicht«. Manchmal habe ich es sogar geschafft, ein »Ich möchte das nicht (fühlen/hören/mit ansehen)« laut zu artikulieren. Bauen Sie eine Mauer um Ihr Innerstes. Lassen Sie nicht alles an sich heran. Das heißt auch ganz banal: Nachrichten, die Sie berühren oder in Sorge und Trauer versetzen – weg damit. Meiden Sie derartige Einflüsse auf Ihre Gefühlswelt. Distanzieren Sie sich von unguten Dingen und Menschen. Sie werden mittlerweile sicher spüren, was und wer das in Ihrem Leben ist.

Reden hilft

Hollywood ist (ausnahmsweise) ein glänzendes Vorbild. Jeder, der in der Traumfabrik etwas auf sich hält, hat in Los Angeles oder in anderen Großstädten Amerikas allgemein seinen »personal shrink« – seinen »persönlichen Psychodoktor«. Es gehört zum guten Ton, sich kontinuierlich der *Seelenhygiene* zu unterziehen. Sich psychisch zu reinigen, Altlasten loszuwerden. Selbst wenn es nicht viel zu erzählen gibt außer dem Alltag, an dem man hin und wieder scheitert. Nur weil jemand regelmäßig den Psychotherapeuten aufsucht, ist sie/er noch lange nicht »verrückt/geisteskrank/wahnsinnig«. Nein. Ein guter Therapeut (und Sie dürfen einige testen, bevor Sie sich verbindlich auf jemanden einlassen) hört Ihnen vor allen Dingen ganz wertfrei zu. Sie dürfen all die angenehmen und unangenehmen Geschichten Ihres Lebens loswerden. Sie dürfen weinen, schreien, still sein. Sie bekommen ein Feedback, manchmal auch Rat, aber immer ein offenes Ohr und eine professionelle Sichtweise auf Ihre Lage. Das löst vor allem alte Konflikte (Seelenwunden!), schenkt Antworten auf zu oft gestellte Fragen und inspiriert zu neuen, positiven Gedanken. Und positive Gedanke rufen neue (bessere) Gefühle hervor. Für mich sind die Besuche bei meiner Therapeutin, auch wenn sie nur noch unregelmäßig stattfinden, echte Highlights im Alltag. Ich kann ihr alles erzählen. Und bekomme dafür – egal, was ich berichte – niemals Schelte. Sondern immer Verständnis und/oder eine Erklärung. Und Hilfe.

5 Richtige Fragen & richtige Antworten

Am Freitag vor *dem* Samstag bekommt Johanna kalte Füße. Bestimmt zehnmal tippt sie eine Nachricht in ihr Telefon mit einer fadenscheinigen Ausrede, warum sie Oliver morgen doch nicht treffen kann. Keine der SMS sendet sie ab. Am Ende ist es ihre Psychotherapeutin, die sie beruhigt und ermutigt. Johanna ist froh, dass sie an diesem Tag noch eine Sitzung bekommen hat.

»Wissen Sie, Frau Wiener, zwei Dinge machen mir ein mulmiges Gefühl. Das eine ist die Sache mit den Haaren. Ich hab Angst, dass er das bemerkt. Ich will nicht gleich bei der ersten Verabredung meine Geschichte erzählen müssen. Das ist zu viel und zu früh. Und überdies vielleicht Unsinn, weil ich feststelle, dass ich den Mann gar nicht näher kennenlernen will. Außerdem ist das so wahnsinnig intim. Also, die Krankheit an sich – und dann auch noch Brustkrebs. Die Leute malen sich bei so etwas verständlicherweise immer dolle Dinge aus. Wie das aussieht und so weiter. Ach, und Leichtigkeit … es soll leicht und unbeschwert sein. Aber …«

»… aber es fühlt sich für Sie schwer an?«

»Ja. Auch wegen Felix. Ich komme mir fast vor wie eine Verräterin. Obwohl wir ja kein Paar mehr sind. Trotzdem habe ich Angst, seine Gefühle zu verletzen. Weil ich nicht weiß, ob es nicht doch gewisse Erwartungen gibt, die ich nicht erfüllen kann. Oder Sehnsüchte, die irgendwo in ihm schlummern und mit mir zu tun haben.«

»Haben Sie denn mit ihm darüber gesprochen?«

»Er sagt immer, dass das alles kein Problem sei. Und dass

er ja auch Frauen kennenlernt und dies und das, Sie wissen schon. Aber ich spüre so eine Verantwortung für seine Gefühlswelt. Ich will nicht fahrlässig damit umgehen. Nicht mit seinen Gefühlen. Und auch nicht mit den Gefühlen all der anderen, die mir lieb sind.«

Angelika Wiener sieht Johanna sanft, aber mit festem Blick an: »Verantwortung, Frau Orly. Die tragen Sie für sich. Sie sind 34 Jahre alt und Felix ...«

»37.«

»... 37 Jahre. Vertrauen Sie darauf, dass ein Mann in diesem Alter weiß – wissen sollte –, was er tut. Und wenn er sagt, dass das kein Problem für ihn ist, sollten Sie ihm das glauben. Spielen Sie mit offenen Karten. Reden Sie mit ihm über Ihre Bedenken, und wenn er Ihnen wieder sagt, dass es für ihn okay ist, so wie es ist, dann akzeptieren Sie das auch. Sie müssen keine diffusen Schuldgefühle haben. Stattdessen sollten Sie genießen, dass Sie so einen außergewöhnlichen, wunderbaren Freund haben, der Ihnen aus tiefer Verbundenheit Nähe schenkt, Ihnen gleichzeitig aber auch eine neue Liebe gönnt. Zumindest ein bisschen Herzenswärme.«

»Ich hoffe, dass ich das mit den Schuldgefühlen schaffe.«

Die Therapeutin streicht zart über Johannas Arm. »Loslassen, Sie müssen loslassen. Konzentrieren Sie sich auf sich.«

In den folgenden Tagen trifft sich Johanna dreimal mit Oliver. Am Samstag gehen sie ins Kino, Sonntag folgt ein kurzer Spaziergang an der Spree, Mittwoch ein Dinner in ihrem Viertel. An jenem Abend, es geht auf Mitternacht zu, ich liege bereits lesend im Bett, erhalte ich eine SMS: »Bist du noch wach? Wenn ja, wollen wir kurz sprechen? Keine Sorge. Alles gut.«

Meine Neugier ist geweckt. Und müde bin ich schlagartig auch nicht mehr. Ich wähle Jos Nummer. Noch bevor ich irgendetwas fragen kann, quietscht sie mir entgegen: »Ich bin eine tolle Küsserin. Wusstest du das?«

»Nein«, ich muss lachen, »natürlich nicht. Aber du wirst

mir sicher gleich erklären, wie du zu dieser Erkenntnis gekommen bist?«

»Ooooooh ja. Ooooooh jaaaaaa.«

Wie glücklich und aufgekratzt sie klingt.

»Johanna, du hast dich doch nicht etwa verliebt?«

»Papperlapapp. Ich habe geknutscht. Er hat mich nach unserem Date nach Hause gebracht. Es war total schön. Oliver ist ein schlauer, attraktiver Kerl. Aber es hat nicht gezündet, nicht gefunkt, weißt du? Egal. Jedenfalls ging es ihm genauso. Also, ich hab das angesprochen, dass ich denke, dass liebesmäßig nichts drin ist. Und er sah das auch so. Aber dann ...«

»Mach es nicht so spannend, Jo. Ich platze gleich!«

»... dann sagte er beim Abschied, dass ihn eine Sache nicht loslassen würde. Er habe sich die ganze Zeit vorgestellt, wie das wohl wäre, mich zu küssen. Weil er meinen Mund so schön findet.«

Wieder macht sie eine endlos lange Pause.

»Orrr, Jo. Los, was dann?«

»Ich hab nur gesagt: ›Na, dann finde es doch raus.‹ Und dann haben wir uns mindestens fünf Minuten lang geküsst.« Er bescheinigte ihr, eine ganz formidable Küsserin zu sein, dann hätten sie sich umarmt und anschließend gegenseitig viel Glück beim Suchen der großen Liebe gewünscht. Und das war es. Herzvoll, schmerzlos und unaufgeregt.

Ich bin erstaunt und erleichtert. Keine neuen Komplikationen, und seien es »nur« solche in Herzensangelegenheiten, stattdessen eine hörbar aufgekratzte Johanna.

Wir plaudern noch kurz, und dann entlasse ich sie dankbar für das, was sie erleben durfte, in ihre Bettruhe. Und mich in meine. Beim Einschlafen denke ich darüber nach, wann ich eigentlich das letzte Mal so richtig leidenschaftlich geküsst habe. Ich verscheuche den Gedanken grummelnd – nehme mir aber vor, Johanna demnächst noch einmal nach diesem Dating-Portal zu fragen ...

Wir haben uns für den darauffolgenden Tag zum Tee in der Stadt verabredet. Das Café, in dem wir uns treffen, hat diesen typischen Berlin-Look. Möbel vom Flohmarkt, liebevoll aufgearbeitet, jeder Sessel, jeder Tisch ein Unikat. Dazu Stehlampen mit vergilbten Lampenschirmen, die warmes Licht schenken. Alles in allem sehr gemütlich.

Als Johanna kommt, sieht sie irgendwie bedrückt aus.

»Welche Laus ist dir denn über die Leber gelaufen?«, will ich wissen.

»Keine Laus, eher schon eine Maus. Und die kann noch nicht mal was dafür.« Sie macht eine Pause und blickt mich an, bevor sie weitererzählt. »Das Kind kommt im November. Jetzt haben wir Mai. Das heißt, ich habe noch ein halbes Jahr, um mich an die neuen Umstände zu gewöhnen. Und mir zu überlegen, wie ich mit Lenis Halbgeschwisterchen, das ja nun das unschuldigste Wesen in dem ganzen Kuddelmuddel ist, in Zukunft umgehen soll.«

»Ich hoffe, ich kränke dich jetzt nicht, Jo. Aber mir wäre es fast lieber, du würdest deine Energie nicht in solche Gedanken stecken. Das tut doch nur noch mehr weh.«

»Das mag sein, Miri. Aber trotzdem komme ich nicht darum herum. Ich *muss* mich damit beschäftigen. Und sei es nur für Leni. Ich habe keine Wahl. Mal wieder.«

Ich nicke. Und verstehe es tatsächlich. Dennoch versuche ich, das Thema zu wechseln. Wie es ihr geht und was die Angst macht, frage ich sie. Sie antwortet nicht sofort und überlegt. Ich sehe aus dem Fenster. Draußen scheint die Sonne auf bunte Blüten und Knospen. In uns ist es eher, tja, November. Die Angst, das habe ich selbst erfahren, ist neben der bedrohlichen Krankheit der größte Feind. Nicht nur, weil es ein unbeschreibliches, schreckliches Gefühl ist, Todesangst ertragen zu müssen. Und das manchmal tagelang. Nein, Feind auch deswegen, weil Angst vor allem Unheil anrichtet. Zumindest dann, wenn wir nicht gerade in der Wildnis vor gefährlichen Tieren flüchten müssen und dann auf unsere Panikreflexe angewiesen sind. Angst knipst in unserem Körper das Notfall-programm an. Das Herz schlägt schneller, wir verbrauchen mehr Energie, die Muskeln spannen sich an, die Werte von Blutzucker und Blutfetten schnellen nach oben. Wir werden nervös und unruhig – um nur ein paar SOS-Aktivitäten zu nennen. Kurz: Angst setzt uns unter katastrophalen Dauer-stress. Und was Stress mit uns macht, darüber haben bedeu-tend klügere Menschen viele erfolgreiche Bücher geschrieben.

Bedauerlicherweise lauert die Angst im Leben eines K-Pa-tienten sprichwörtlich hinter jeder Ecke. Dabei kann sie ganz unterschiedliche Gestalt annehmen. Allein die Ungewissheit, was den Verlauf der Krankheit und damit den Ausgang der eigenen Geschichte angeht, macht schon unfassbar viel Angst. Nichts ist vorhersehbar, geschweige denn richtig planbar. Aber die Angst kommt noch in anderen Gewändern daher. Mal ist es die sorgenvolle Miene eines Arztes. Mitgefühl möchte er schenken – was bleibt ist: Angst. Dann wieder sind es merk-würdige Symptome (ob eingebildet oder nicht) im eigenen Körper. Wachsam möchte man sein – was bleibt ist: Angst. Manchmal reicht ein liebevoll gemeintes »Du hast es wirk-lich nicht leicht gerade«, um die Seele wieder auf den Kurs der Furcht zu bringen, statt sie für den Gegenschlag auszurüs-ten. Worte, die gedacht waren als Zuwendung – was bleibt ist: Angst.

Angst lässt sich nicht verhindern. Dieses Gefühl ist mächtig und unkontrollierbar. Trotzdem ist es heilsam, davon bin ich überzeugt, die Angst nicht zum Dauergast werden zu lassen. Wenn die Angst auf den Plan tritt, sollte sie möglichst schnell des Feldes verwiesen werden. Neben Liebe, Trost und Mut-zusprache gibt es vor allem einen phantastischen Widersacher gegen die Angst, und das ist: Wissen.

Aber auch hier ist Vorsicht geboten. Das modernste und am schnellsten verfügbare Lexikon dieser Welt ist das Internet. Und so hilfreich es ist, fix an die Daten heranzukommen, so gefährlich kann dies sein. Seiten, die Fachinformationen bie-

ten, sind oft nüchtern formuliert. Faktenorientiert. Studien-
hörig. Auf solchen Webseiten können sich sogar Angaben zur
geschätzten Überlebensdauer eines Patienten mit der Diagnose XY finden. Es versteht sich von selbst, dass es nicht wirklich
Hoffnung macht zu lesen, dass man mit großer Wahrscheinlichkeit in sechs Monaten oder zwei Jahren nicht mehr lebt.
Nur wer noch die Kraft und Zuversicht aufbringt, hinter die
kalten Statistiken zu blicken, kann sich selbst ermutigen. Weil
er weiß, es sind nur Zahlen. Der mathematische Mittelwert,
der nichts über den eigenen Krankheitsverlauf aussagt. Dennoch bleibt bei den meisten Betroffenen, die solche Statistiken
lesen, vor allem eines haften: Nur noch zwei Jahre. Was bleibt
ist – Angst.

Noch ein weiterer Punkt. Das Internet vergisst nie. Und
das ist ein Problem, besonders wenn die Ratsuchenden nicht
einen Blick auf das Erstellungsdatum der Seite werfen, aus der
sie ihre Informationen holen. Vieles von dem, was über die
Heilungschancen von schlimmen Krankheiten gesagt wird,
verliert mit jedem Monat, der ins Land zieht, seine Gültigkeit.
Gelöscht werden diese Informationen selten, aktualisiert werden sie auch nicht regelmäßig. Dabei werden im Monats- oder
Quartalsrhythmus neue Medikamente entwickelt, freigegeben
und neue Therapieansätze erfolgreich getestet und zugelassen.
Und damit werden natürlich auch die Überlebenschancen von
Patienten deutlich erhöht. Monat für Monat. So schnell, wie
die Forschung manchmal voranschreitet, können die Artikel
gar nicht korrigiert werden. Insofern gilt auch hier: Nichts ist
so alt wie die (Internet-)Zeitung von gestern. Das muss man
wissen

Ein Drittes bleibt noch anzumerken: Recherche in allen
Ehren, aber gewusst wie. Johanna hat da eine eigene Strategie
entwickelt.

»Ich bin schon richtig gut geworden, Miri. *Prognose* gebe
ich nicht mehr in die Suchmaschine ein. Oder, ähm, nur sehr
selten. Stattdessen lieber *Krebs und Heilung* oder *Positive*

Krebsgeschichten, Spontanheilungen oder *Krebs und Wunder.* Das Ergebnis ist sooo viel erfreulicher.«

»Apropos: Wie weit bist du mit den Büchern?«

»*Die intelligente Zelle* hab ich durch. Was für spannende Erkenntnisse. Gerade habe ich mit dem zweiten Buch von Louise Hay begonnen. Und auch die Lektüre tut so gut. Sie macht mir eine Menge Mut. Und Hoffnung.«

»Du sagst Bescheid, wenn du Nachschub in Sachen Proteinshakes fürs Köpfchen brauchst, ja?«

Sie lacht. Endlich bestellen wir unsere Getränke. Keine Eiweißdrinks, sondern Tee. Grünen natürlich.

Eine der vielen Lebensregeln besagt, dass nichts bleibt, wie es ist. Ich kann das nur doppelt und dreifach unterstreichen. Mit Ausrufezeichen am Ende. Dem Glück und der Freude im Leben geht irgendwann die Puste aus. Mal nur für kurze Zeit, mal etwas länger. Aber genauso gilt umgekehrt: Auch doofe Momente oder schwierige Zeiten halten nicht ewig an.

An diesem Abend gehe ich schlafen mit dem Wunsch, dass Johannas *ewiges Doof* morgen vorbei ist. Als wir am nächsten Mittag telefonieren, danke ich dem Universum für die prompte Erfüllung meines Wunsches.

»Die Wolken haben sich verzogen, Miri. Wirklich. Ich muss mich jetzt auf meinen Weg konzentrieren. Und das schaffe ich auch.«

»Natürlich schaffst du das, Jo. Bei dem, was du alles machst! Schulmedizin, Naturheilkunde, Psychotherapie. Ganzheitlicher kann man dem K. wohl kaum begegnen …«

Am anderen Ende der Leitung ist es kurz still.

»Jo?«

»Bin noch da. Ich habe nur gerade nachgedacht. Ich glaube, das, was ich alles tue, reicht noch nicht.«

»Wie meinst du das?«

»Ich muss ihm endlich zuhören, meinem Körper. Darauf kommt es an.«

Ich verstehe, was sie meint. Ein Thema, das mich sehr interessiert, für das Johanna bislang aber noch nicht so offen war. Ein Thema, das viel und kontrovers diskutiert wird, weil es ein wenig esoterisch daherkommt. Und Esoterik ist nun wirklich nicht jedermanns Sache. Ich war da lange Zeit keine Ausnahme.

Johanna erläutert mir ihre Gedanken: »Mein Körper *und* meine Seele wollen mir etwas sagen mit dieser Krankheit. Das ist ihre Art, mir etwas mitzuteilen. Ich muss verstehen, was sie mir sagen wollen. Ich muss den Krebs verstehen. Was es bedeutet, wenn sich meine eigenen Zellen gegen mich wenden. Wenn mich da etwas von innen auffressen will. Ich weiß noch nicht genau, wie ich das angehe. Aber ich bin mir sicher, wenn ich die Antwort habe oder zumindest auf dem richtigen Weg bin – dann werde ich bestimmt endlich geheilt. Hoffentlich.«

»Hm. Du weißt, dass ich den Ansatz grundsätzlich teile, Liebes. Aber musste es zwei Mal sein? Und jetzt so irre, irre ernst? Das finde ich ehrlich gesagt eine überflüssige Maßnahme des Schicksals, des Universums, von Gott oder von wem auch immer, den du für den Architekten unseres Seins hältst.«

»Ich habe nach 2008 schon einiges verändert. Das weißt du. *Wir beide* haben einiges verändert. Weniger Stress, mehr Ruhe. Noch bewusstere Ernährung, regelmäßig Sport. Die Klassiker eben. Aber das hat offenbar nicht gereicht. Ich muss dieses Mal tiefer buddeln, ans Eingemachte gehen. Tief in mich reinhören und meinem wahren Ich nachspüren. Ach herrje, wie ich klinge …« Sie kichert.

Ich runzele immer noch die Stirn. »Dennoch, Jo. Ich bin nicht damit einverstanden, dass erst dein Leben auf dem Spiel stehen muss, damit du zu dieser Erkenntnis kommst.«

Und dann sagt sie einen Satz, der mich verstummen lässt. Und sehr nachdenklich macht.

»Es musste wohl erst lebensbedrohlich werden, Miri. Mein

Körper musste mich erst regelrecht anschreien, sonst hätte ich wieder einmal nicht hingehört.«

Erneut entdecke ich Parallelen zwischen Johanna und mir. Was sie ausdrücken will mit diesem Nichtzuhören, ist mir mehr als vertraut. Sich nicht schonen, an Grenzen und darüber hinaus gehen. Immer funktionieren zu wollen, weil man glaubt, das würde erwartet. Konkret: Beim grippalen Infekt aus der Apotheke mit einer Einkaufstüte kommen, die randvoll ist mit Schmerz und Krankheit unterdrückenden Medikamenten zum Beispiel. Nur damit der Job oder andere Verpflichtungen nicht warten müssen. Ungesundes Pflichtgefühl. Oder die Sehnsucht, gar Sucht danach, gebraucht zu werden? Sich unentbehrlich zu machen? Koste es, was es wolle? Das war es jedenfalls bei mir seinerzeit. Dieses Muster versuche ich immer noch abzulegen. Wir beide haben unsere Leben entstresst. Auf eine gute Art verlangsamt. Die körperliche Überlastung allein kann es also nicht sein. Es muss sich um eine Seelenbaustelle handeln. Doch welche ist das bei ihr?

Anfang Juni sinkt die gerade mühevoll aufgebaute Motivation meiner lieben Freundin erdrutschartig in den Keller. Ihre Stimme klingt trocken und fast tonlos, als sie mich an diesem Nachmittag anruft.

»Die Werte steigen wieder, Miri.«

»Was? Das kann nicht sein. Das kann nicht sein!«

»Doch. 350. Verdoppelung in nur vier Wochen.«

»So eine Scheiße«, entfährt es mir. Ich bin geschockt. Und ziehe damit mit Johanna gleich.

»Ich konnte es auch nicht glauben. Ich hab gefragt, ob es ein Messfehler sein kann. Das hört man doch immer wieder.«

»Ja, stimmt. Entzündungen im Körper können die Werte verfälschen. Was sagt Dr. Joachim?«

»Ach, der. Erst einmal weitermachen wie bisher, sagt er. Und beobachten. Das Wasser in der Lunge, das ich aufgrund der blöden Zellen auf dem Rippenfell habe, wird weniger. Also wirkt dieses neue Zeug schon irgendwie. Aber offenkundig breitet sich da in mir an anderer Stelle etwas aus, was von der neuen Chemo weitestgehend unbeeindruckt ist.«

»O. k. Das Wasser geht zurück. Das sind doch schon mal gute Nachrichten. Was checkt ihr sonst noch?«

»Alles, was ohne großen Aufwand, also mit Ultraschall oder Angucken geht. Lunge, Leber und die Hautveränderungen. Wie es in den Knochen momentan aussieht, weiß ich nicht. Dafür müsste ich wieder in die Röhre.«

»Und was sagt er zum Rest?«

»Die Leber ist nach wie vor frei von Befall. Das wäre ja noch schöner. Mir reichen die drei anderen Brennpunkte.«

Sie klingt nicht gut. Überhaupt nicht gut. Und fängt leise an zu schluchzen.

»Ich kann keine schlechten Nachrichten mehr ertragen, Miri. Ich kann nicht mehr. Es reicht jetzt langsam mal.«

Ich versuche, zuversichtlich zu wirken: »Nicht verzagen, Liebes. Vielleicht ist bei der nächsten Untersuchung alles wieder im Lot. Ich komme auf jeden Fall nachher mal vorbei. Dann spielen die Kinder. Und dich halte ich einfach mal 17 Stunden fest. Okay?«

Als wir später zusammensitzen, ist Johanna deutlich gefestigter. Wir trinken Smoothies und reden leise. Unsere Kleinen stapeln Bauklötze oder hauen sich damit gegenseitig auf den Kopf. Nur um sich kurz darauf wieder in den Arm zu nehmen und miteinander zu kuscheln. Die beiden zu beobachten tut gut. Trotz regelmäßiger Schrei-Intervalle, durch die wir aus unserer Unterhaltung gerissen werden.

Johanna ist ratlos. Sie kann immer noch nicht begreifen, dass und wie es zu dieser Verschlechterung der Situation kommen konnte. Besonders, weil es sich in ihr so *anders* anfühlt. So gänzlich anders. An ihren besseren Tagen habe sie sogar den Eindruck, bereits ganz und gar gesund zu sein. Dermaßen vital und energiegeladen habe sie sich auch früher nur selten erlebt. »Ich verstehe es nicht, Miri. Ich verstehe es einfach nicht. Das Innen und das Außen widersprechen sich so sehr.«

»Dann halte dich an deinem Innen fest. Dein Körpergefühl wird richtiger sein als alle Laborzahlen.«

Am Innen festhalten. Wieder landen wir bei unserem aktuellen Lieblingsthema. Ich bin auf der Suche nach hilfreichen Informationen auf eine äußerst interessante Aussage gestoßen. Ein Satz aus akademischem Mund, der zum Nachdenken anregt. Und Johanna ermutigen soll, diese zeit- und kraftaufwendige Forschungsreise ins Ich, von der sie immer mal wieder spricht, wirklich anzutreten. Ich versuche, mich an den Wortlaut zu erinnern.

»Bei Spontanheilungen oder den sogenannten Wundern, die es immer wieder gibt, sei – so sagt es jedenfalls dieser Arzt oder Professor – *irgendwie auch eine spirituelle Lösung* dabei gewesen. Leider hat er nicht genauer erläutert, ob er damit Meditieren oder an Engel glauben meint. Aber dass mal ein kopfgesteuerter und faktenorientierter Schulmediziner einräumt, der Geist oder der Glaube könne doch Berge versetzen – das habe ich bis dahin noch nie gehört.«

Johanna nickt zustimmend. Wir diskutieren darüber, was Spiritualität eigentlich bedeutet. Letztlich fängt es schon mit einer stillen Auszeit und dem Besinnen auf das Hier und Jetzt an. Sich hinsetzen. Gar nichts machen. Möglichst wenig denken. Nur sein. Auch wenn genau das sauschwer ist. Ich selbst schaffe das nur selten, weil einen immer wieder Gedanken von gestern oder an morgen stören. Diese Form der Auszeit, wenn man sie professionalisieren möchte, mündet in Meditation. Der Glaube ist natürlich auch eine Spielart der Spiritualität. Ich habe selbst einen sehr starken. In Johanna erwächst gerade einer, das merke ich. In Formvollendung drückt sich Spiritualität vermutlich in noch etwas viel Größerem aus. Eine liebe Freundin aus der Schweiz, Maria, ist auf diesem Gebiet bewanderter, erfahrener und sicherer als ich. Sie kommuniziert, wenn sie meditiert, wortlos und aus der Ferne mit mir, ihrer

Umwelt oder dem Universum. Sie ist überzeugt, dass Gedanken Energien sind, die unser Leben beeinflussen. Das ist ein großes, mysteriöses Feld. Ich gebe zu, meine Skepsis ist es zurzeit auch noch. Also: groß.

Bei allen Zweifeln und Fragen stellt Johanna eines allerdings jetzt schon für sich fest: »Die Meditation – oder das, was ich dafür halte – hilft mir wirklich. Weil ich das Gefühl habe, aktiv etwas tun zu können. Das gibt mir ein weiteres Stück Selbstbestimmung zurück. Außerdem entspannt es mich. Ich fühle mich hinterher immer besser als vorher. Und ich habe gelesen, dass das ein guter Indikator dafür ist, es dann nicht ganz so verkehrt zu machen. Also dieses ommmm-inöse Meditieren.« Sie lacht laut.

»Ach, Jo. Das ist schön. Wusstest du, dass das auch ein enorm wirksames Mittel gegen die vermaledeite Angst ist? Das weiß ich von meiner Kopfkirmes-Frau. Denn, Achtung, Trommelwirbel: Ein entspannter Körper hat keine Angst. Gut, ne?«

Über fünf Monate sind ins Land gezogen, seit Johannas Leben so sehr auf den Kopf gestellt worden ist, wie ein Leben nur auf den Kopf gestellt werden kann: Sie lebt mit der Angst, viel, viel früher als gedacht sterben zu müssen. Glücklicherweise – und das ist ein Etappenerfolg dieses Wettlaufes zu einer unbekannten Ziellinie – verliert die Angst in diesen Tagen immer häufiger die Oberhand. Und das, obwohl ihr die jüngsten Untersuchungsergebnisse eigentlich wieder deutlich mehr Macht gegeben hatten.

Wie macht Johanna das? Wie schafft sie es, sich dieser Angst entgegenzustellen? Drückt sie die Angst nur weg, versucht sie, sie zu ignorieren? Oder hat sie einen Weg gefunden, sie aktiv zu bekämpfen? Mit all dem, was sie sich von der Medizin erhofft und mit dem großen Potential ihres Geistes? Also mit Hilfe all der Erkenntnisse und Methoden, die wir alle gemeinsam für sie und mit ihr entdeckt haben?

Vielleicht hilft ihr auch noch etwas ganz anderes. Denn so

sehr sie ihr persönliches Ziel der vollständigen Genesung vor Augen hat, so wenig definiert sie einen Zeitraum, wann es endlich so weit sein wird. Stattdessen konzentriert sie sich auf jeden einzelnen Tag. Überblickt Wochen. Nicht Monate. Philosophie der kleinen Schritte. Zum Vergleich: 2008 waren wir beide nach knapp einem halben Jahr durch mit Operation und Therapien. Das bedeutete, nur noch die ersehnte »Normalzustand«-Frisur zurückerwarten und das alte, neue gesunde Leben hatte uns wieder. Jetzt ist alles anders. Denn gefühlt und von den Ärzten oft genug geäußert ist die Krankheit: unendlich. Angeblich.

»Gibt es Neuigkeiten von der Liebesfront?«

Dr. Michaelsen grinst, als er Johanna am Ende ihres wöchentlichen Status-Gespräches nach den privaten Entwicklungen fragt. Johanna muss lachen.

»Das klingt ja geradezu, als sei das ein weiterer Kriegsschauplatz?!«

»Das vielleicht nicht. Aber ein Schauplatz ist es, Frau Orly. Schauen Sie mich an. Ich bin ein in die Jahre gekommener Mann. Sehr glücklich seit Jahrzehnten verheiratet, ja. Aber Sie haben nach Ihrer langen Beziehungszeit die einmalige Chance, noch einmal das zu erleben, wonach wir älteren Semester uns doch alle heimlich sehnen. Wohl wissend, dass frische Verliebtheit als Dauerzustand purer Stress für den Körper ist. Wenngleich positiver. Aber dieses Flirren im Bauch, der heiße Kopf, das noch heißere Herz ...«

Johanna lacht noch lauter.

»Dr. Michaelsen, Sie hören sich an wie meine Freundinnen. Vor allem wie die, die bereits vergeben sind. Alle wollen wissen, wie es läuft. Alle sind brennend an meinen Dating-Geschichten interessiert.«

»Wundert Sie das? Die beneiden Sie aufs Beste. Jeder Typ nervt irgendwann. Glauben Sie mir, ich weiß, wovon ich rede – ich bin selbst einer. Sie durchleben gerade für uns alle

noch einmal die Zeit des ersten Frühlings. Also, wie läuft's?«
Er lehnt sich schmunzelnd in seinem Sessel zurück.

Johanna erzählt. Dass sie sich zwar mit drei Männern getroffen und einen von ihnen sogar geküsst habe. Dass sie aber generell sehr vorsichtig sei, auch wegen der persönlichen »Umstände«. Sie berichtet von ihrem fast schon strategischen Vorgehen beim Kennenlernprozess. Zunächst schreibe man sich eine ganze Weile, weil das sehr aufschlussreich sei. Viel aufschlussreicher als vermutet. Wie formuliert jemand? Welche Fragen stellt er? Was gibt er von sich preis? Will er nur »das Eine« oder bei gegenseitiger Sympathie alles? Merkt er sich Dinge, die sie von sich berichtet hat, geht er darauf ein und so weiter. Über diese schriftliche Kommunikation baue sich mit der Zeit ein recht gutes Bild auf. Eines, das ein Gefühl dafür vermittelt, ob es intellektuell und von der Lebenseinstellung her passen würde oder nicht. Man dürfe nur nicht zu lange mit einem Treffen warten, weil dann möglicherweise die Vorstellungen schon so präzise seien, dass die Realität nur enttäuschen könne.

Dr. Michaelsen lauscht interessiert, lächelt immer wieder und sagt dann: »Ich wünschte, ich könnte Ihnen das Verliebtsein verordnen. Sie bekämen von mir einen ganzen Rezeptblock voll davon.«

»Das ist nett. Aber erzwingen kann ich es nicht. Das schriftliche Flirten allein macht ja schon Spaß. Es hebt mein Selbstwertgefühl. Das spüre ich.«

Dr. Michaelsen nickt. »Die Liebe heilt. Aber das habe ich Ihnen ja schon einmal gesagt.«

Johanna lächelt und denkt nach. Mr. Right, der Traumprinz auf dem Pferd, wird irgendwo da draußen auf sie warten. Dieses Urvertrauen hat sie sich zurückerobert. Doch bevor sich sein Schimmel weiterhin andauernd vergaloppiert, schenkt sie ihm lieber ein Navigationsgerät. Übersetzt heißt das: Noch am selben Abend meldet sie sich bei zwei weiteren Dating-Portalen an.

Worte, die gesund machen – Wege aus der Krise V

Selbstwertgefühl anschieben

Das Selbstwertgefühl nenne ich gerne in einem Atemzug mit Selbstliebe. Dabei ist nicht die unangenehme, egoistische, selbstgefällige Liebe gemeint (das ist keine Liebe) – sondern die, die der Ursprung ist für unser gesundes Sein. Wer liebt (= kümmert sich herzlich um) uns rund um die Uhr, wenn nicht wir selbst? Alle, die große Komplexe mit sich herumtragen, haben zu wenig Selbstliebe in und für sich. Das äußert sich zum Beispiel in übertriebenem Egoismus/Narzissmus (der Suche nach Bestätigung durch andere) oder destruktivem, unnatürlichem Selbsthass (auch ein Schrei nach Aufmerksamkeit). Oder aber in den mannigfaltigen anderen Formen von einem Gefühl der Minderwertigkeit.

Jedenfalls ist es dringend angeraten, die Liebe zu sich selbst ein wenig zu befeuern. Im positiven Sinn. Das kann durch Sport geschehen. Endorphin-Ausschüttungen und der Stolz darüber, dass man etwas Tolles geleistet hat – nämlich den inneren Schweinehund überwunden zu haben. Oder zwischenmenschliche Pusher. Flirten Sie, lächeln Sie wildfremde Menschen an – und erfreuen Sie sich an dem positiven Feedback. Rückschläge haken Sie ab. Ziehen Sie sich nur das Gute aus den Erfahrungen. Oder aber Sie meditieren zum Thema »Selbstliebe«. Da gibt es großartige geführte Sitzungen zu. Doch will ich Sie damit nicht überrollen.

Angst zulassen

Wir haben schon viel über Angst gesprochen. Auch darüber, dass es am besten wäre, sie ganz aus dem Alltag eines Menschen in der Krise zu verbannen. Gleichwohl wissen wir alle: Das ist unmöglich. Und daher an dieser Stelle ein Wort zu diesem ohnmächtig machenden Gefühl. Es bringt nichts, der Angst die Einreise zu verweigern. Sie kommt, wann sie möchte, und wenn man nichts gegen sie tut, bleibt sie auch immer so lang, wie es ihr beliebt. Wir sind ihr also nicht völlig hilflos ausgeliefert. Wenn wir über unsere Ängste sprechen (mit der Familie, den Freunden oder dem Psychotherapeuten), verliert sie an Kraft. Nicht nur, weil der Trost- und Mutzuspruch der Liebsten möglicherweise hilft oder weil der Therapeut ganz praktische (Körper-)Übungen kennt, die dagegen wirken. Allein das Verbalisieren der quälenden Gefühle nimmt ihnen die Wucht.

Das heißt: Lassen Sie Angst durchaus zu. Aber verweigern Sie ihr das Bleiberecht. Auch hier hilft, Sie werden es ahnen, Meditation. Oder der Fokus auf all das, was Ihnen Kraft schenkt, Freude macht und Hoffnung gibt. Seien Sie gnädig mit sich, wenn die Angst häufiger kommt, als Ihnen lieb ist. Aber verweisen Sie sie des Platzes. Mit welchen Werkzeugen auch immer.

Verantwortung abgeben

So sehr es wichtig ist, dass Sie Verantwortung für sich und Ihr Gesundwerden übernehmen, so sehr fordere ich Sie auf, alles andere loszulassen. Nicht die Verantwortung für Kind(er) oder Ihren Alltag. Natürlich nicht. Aber all die vielleicht übermäßige Verantwortung, die Sie sich sonst zugemutet haben.

Sie stecken in einer Krise. In einer wirklich elementaren Lebenskrise. Sie dürfen und müssen sich jetzt auf sich selbst fokussieren. Lassen Sie alles los, was nicht unbedingt sein muss. Ganz bewusst und ohne schlechtes Gewissen. Sie können all das wieder aufnehmen, wenn Sie wiederhergestellt sind in all Ihrer Kraft und Gesundheit. Jetzt geht es nur um Sie. Sie müssen abgeben, was Sie nicht leisten können. Was Sie zu sehr belastet. Selbst wenn Sie es wollen, weil es Ihnen ein gutes Gefühl gibt, für andere da zu sein (gebraucht werden! Selbstwert!). Stopp. Sie können nur für andere sinnvoll und hilfreich sein (in Zukunft), wenn Sie sich jetzt auf sich besinnen. Lassen Sie los. Lassen Sie alle überflüssige Verantwortung los. Lernen Sie, sich nicht über Ihre Verantwortlichkeit für andere(s) als kostbar zu definieren.

Konfliktherde reduzieren

Jeder von uns hat Dauerbrennerthemen in seinem Leben. Entweder auf beruflicher Ebene oder im privaten Umfeld. Entziehen Sie sich bewusst diesen Konfliktherden. Meiden Sie Diskussionen. Flüchten Sie aus Situationen, die nur Stress oder seelische Not für Sie bedeuten. Sie müssen niemanden verprellen oder vor den Kopf stoßen. Aber ein einfaches: »Ich hab dafür im Moment keine Energie. Lass uns das später besprechen« reicht vielleicht schon, um weiteres emotionales Aufreiben zu verhindern. Stattdessen konzentrieren Sie sich auf Entspannung, Gelassenheit und positive Gefühle in Ihrem Leben. Das alles tut Ihrer Seele, aber vor allem Ihrem Immunsystem gut. Und das brauchen Sie zurzeit mehr denn je.

Krankheit verstehen

Unglücklicherweise wird so eine Forderung von vielen Menschen mit einer »weltfremden« (weil eher esoterischen) Herangehensweise an Heilung verstanden. Viele Bücher, die die Thematik »Krankheit als Chance«, »Was will mir mein Körper, meine Seele sagen« und Ähnliches behandeln, wurden Weltbestseller. Aber sie haben es noch nicht geschafft, zum gesellschaftlich anerkannten, allgemeinen Gedankengut zu werden. Immer noch gehen die meisten davon aus, dass eine Krankheit eine Art *mechanischer Defekt* des Körpers ist, der durch ein *Medikament* oder *Ersatzteil* dauerhaft behoben ist. Dazu kann ich nur sagen: Warum gibt es Kettenraucher, die hundert Jahre alt werden? Warum erleiden rundum Gesunde mit Mitte zwanzig einen Schlaganfall? Warum heilen scheinbar Unheilbare plötzlich doch? Die Antwort ist einfach: Weil zu einer Krankheit (oder einem Gesundwerden und -bleiben) mehr gehört als nur das Drehen an diversen Schrauben unseres organischen und Herz-Kreislauf-Systems. Daher will ich Sie ermutigen, den (nicht physiologischen) Ursachen Ihrer Erkrankung auf den Grund zu gehen. Das gelingt am besten mit Recherche. Aber auch mit einem sachverständigen Therapeuten. Noch einmal: Ihr Körper ist das Sprachrohr der Seele. Und das ist eine wunderbare Erkenntnis. Denn wenn Sie der Seele rechtzeitig zuhören und Dinge verändern, kann sich eine noch so deprimierende medizinische Prognose zum Besseren wenden.

6 Sprechen Sie Arzt? Sprechen Sie Patient?

Johanna flirtet wie eine Weltmeisterin. Ich bin bass erstaunt, als sie mir an einem sonnigen Juninachmittag Auszüge aus ihren Chats mit potentiellen Liebeskandidaten vorliest. Ich muss ein ums andere Mal herzhaft lachen. »Wie lustig du schreibst. Du bist ja ein kleines Witze-Feuerwerk!«

»Haha. Tja, hab ich an mir wiederentdeckt. Weißt du, für Humor war in unserer Beziehung meinem Gefühl nach Markus zuständig. Im Vergleich mit ihm fand ich meine Pointen immer etwas schal. Irgendwann hab ich mich einfach nicht mehr getraut, auch mal einen Witz rauszuhauen. Jetzt, wo es nichts zu verlieren gibt, teste ich mich als Stimmungskanone aus. Und es funktioniert. Nicht immer. Aber oft. Und das fetzt sehr.«

»Gemeinsam lachen zu können ist irre gut und wichtig.«

»Ach, das konnten Markus und ich auch. Nur ist ihm irgendwann das Lachen vergangen. Aus welchen Gründen auch immer. Und ich habe mich dafür verantwortlich gemacht.«

Wir blödeln ordentlich herum an diesem Nachmittag. Johannas Männersuche und wie sie das anstellt bieten viel Anlass dazu. Sie zeigt mir ihre handschriftliche »TTT«. Nicht »Titel, Thesen, Temperamente« – hier geht es um Johannas »Top-Typen-Tabelle«, in die sie die Namen der Herren, ihre Eigenschaften und wichtige Informationen aus den Chats einträgt.

»Die habe ich gestern erst angelegt. Das musste sein, sonst verliere ich irgendwann den Überblick. Neulich habe ich Gregor fröhlich geschrieben, dass ich mich auf unser Treffen übermorgen freue. Und er fragte etwas irritiert, ob wir uns denn wirklich schon verabredet hätten. Ups. Gregor, Georg … Da kann man schon mal durcheinanderkommen.«

Sie kichert vergnügt.

»Oha. Und was hast du dann gemacht?«

»Ach, die Wahrheit gesagt. Dass ich ihn verwechselt habe. Er hat es sportlich genommen. Außerdem: Die Jungs daten doch auch alle doppelt und zehnfach.«

Sosehr das Suchen und Finden der Liebe Johanna beflügelt, die medizinische Situation holt sie in diesen Tagen häufig gewaltsam auf den Boden der Tatsachen zurück. Die gestiegenen Werte schaffen Unruhe und auch Verwirrung. Sie ist sich weniger sicher, als sie das zuletzt war, ob sie alles weiterhin richtig macht. Oder doch am Ende fatalerweise falsch. Hintergrund ist der, dass natürlich die diversen Mediziner um sie herum hellhörig oder sogar ein wenig nervös geworden sind ob der neuen Zahlen. Allerdings ist auch das Maß der Nervosität nicht einheitlich. Dr. Joachim bleibt weitestgehend cool und will die Therapie laufen lassen. Trotz der steigenden Marker. Dr. Michaelsen hingegen empfiehlt den Abbruch beziehungsweise eine Umstellung. Beide Ärzte sprechen miteinander und beraten sich. Aber die Entscheidung kann ihr keiner abnehmen.

»Ich fühle mich total überfordert, Miri. Ich weiß nicht, wessen Rat ich befolgen soll. Denn ich vertraue beiden Ärzten zu gleichen Teilen. Und ich habe Angst, dass meine Entscheidung schlimme Konsequenzen hat. Egal, in welche Richtung ich weitermarschiere. Angst, in die Sackgasse zu laufen. Ohne zu wissen, welcher Weg die Sackgasse ist.«

»Tja, das ist vermutlich die Crux daran, wenn man sich wie du ganzheitlich betreuen lässt. Irgendwie klar, dass es zu dem Punkt kommen musste, wo beide nicht mehr am selben Strang ziehen.«

»Das Irritierende ist: Beide Ärzte sind Onkologen. Auch Dr. Michaelsen hat ja die schulmedizinische Laufbahn hinter sich. Und dennoch hat er eine andere Vision für mich als Dr. Joachim. Ach, das ist so schwer …«

Wir sitzen eine Weile schweigend nebeneinander.

»Was sagt dein Bauchgefühl, Jo?«

»Erst einmal weitermachen und beobachten.«

»Dann machst du genau das. Denn dann ist das jetzt richtig.«

Es ist nicht leicht, zu einem mündigen, selbstverantwortlichen Patienten zu werden. Wenn wir an Ärzte denken, haben viele das Bild von Halbgöttern in Weiß vor Augen. Weil uns das so vermittelt wurde. Weil Ärzte gesellschaftlich eine hohe Anerkennung genießen. Weil man ganz automatisch erst einmal davon ausgeht, dass jemand, der viele Semester fleißig und gewissenhaft Heilkunde studiert hat, in der Lage ist, Menschen gesund zu machen.

Zum Zweiten gibt es Mediziner, die den Nimbus »Halbgott« dankend annehmen und sich dementsprechend verhalten. Die keine zweite Meinung dulden. Beleidigt reagieren, wenn der Patient auch noch andere Ärzte konsultiert. Doktoren, die sich wie Generäle verhalten und den Patienten Befehle erteilen, statt Empfehlungen auszusprechen. Kurz, die sich aufspielen, als seien sie vom Himmel bevollmächtigte Richter über Leben und Tod. Ich bin froh, dass ich mit dieser Spezies nur selten in Kontakt kam. Aber ich habe sie kennengelernt.

Was mein Bild von guten Ärzten und ihrer Rolle bei der kniffligen Sache der Genesung entscheidend geprägt hat, war eine Art Erweckungserlebnis. Es war 2008, gegen Ende des Therapieprogramms. Ich sprach mit einer meiner Ärztinnen über die Krankheit. Und über das Gesundwerden. Zum Abschluss sagte sie etwas, das lange in mir nachhallte: »Die Medizin kann Ihnen helfen. Mit allen Mitteln, die ihr zur Verfügung stehen. Aber gesund werden und wieder heilen wollen, das müssen Sie selbst leisten.«

Im ersten Moment war ich wie vor den Kopf gestoßen: *Wie*

jetzt? Die macht das Kaputte nicht alleine wieder ganz? Wofür hat die denn Medizin studiert?

Einige durchdachte Nächte später begriff ich, was sie mir hatte vermitteln wollen. Nämlich eine frohe Botschaft. Die, dass ich selbst einen bedeutenden Anteil an meiner Heilung habe. Was keine Bürde ist, sondern eine Aufgabe. Aber eigentlich ist es noch viel mehr, nämlich ein Geschenk. Weil es das Gegenteil ist von tatenlos zusehen und dem Schicksal wehrlos ausgeliefert sein.

Johanna bespricht sich mit ihren Ärzten am Telefon und schreibt ihnen E-Mails mit einer Menge Fragen. Sie liest sich einiges an und arbeitet die Anregungen und Informationen ihrer »Heilungshelfer« durch. Dabei kommt sie zu einer für sie völlig neuen, weil noch nie so bewusst überdachten Erkenntnis: Nicht alle Mediziner sind immer über alle Möglichkeiten informiert. Nicht jeder ist auf dem gleichen Wissensstand. Es gibt eben nicht nur die *eine* Ärztemeinung, auch nicht in so einem schweren Fall wie Krebs, sondern viele. Und vermutlich sind alle auf eine Art richtig. Denn sie gründen sich auf Gelerntes und Erlebtes. Es ist also nicht nur die Kür, sondern ihre absolute Pflicht, mitzumischen und etwas beizutragen. Selbstverantwortlich zu sein. Zumindest wenn man wie sie gesund werden möchte.

Sie berichtet mir einige Zeit danach von einem denkwürdigen Termin bei Dr. Joachim. »Wir haben versucht, eine Antwort zu finden auf die Frage nach dem *Warum*. Warum das Wundermittel bei mir nicht so toll wirkt wie bei den anderen Frauen. Warum dieser blöde Wert steigt und steigt, obwohl mein Körper doch signalisiert, dass es langsam, aber stetig besser wird. Auch Dr. Joachim hatte keine wirklich zufriedenstellende Erklärung. Oder er verschont mich damit. Was er sagt, ist, dass manchmal selbst ein stecknadelkopfkleines, doofes Etwas solche Anstiege bei den Tumormarkern verursachen kann.«

»Aber wir wollen so ein stecknadelkopfkleines, doofes Etwas nicht!«

»Nein, natürlich nicht, Miri. Aber es nimmt mir zumindest die Panik, dass ich gerade von innen systematisch zersetzt werde. Weißt du? Aber ich wollte auf etwas anderes hinaus …«

Sie erzählt, dass sie mit Dr. Joachim die unterschiedlichen Meinungen und Einschätzungen diskutiert habe. Und auch wissen wollte, wie es zu der Vielfalt an Meinungen kommt, die für Patienten eher verunsichernd ist. Er begründete seine Haltung mit seiner Erfahrung und der der hausinternen Kollegen. Man tausche sich regelmäßig bei den Tumorkonferenzen aus. Trotzdem hätten andere Ärzte andere Ansichten.

»Und dann hat er den alles verändernden Satz gesagt, Miri. Er meinte: ›Wissen Sie, Frau Orly, jeder Heilungsverlauf ist anders.‹ Wumms!« Sie macht eine bedeutungsschwangere Pause. »Verstehst du?«

Ich bin etwas träge im Kopf und folge nur langsam. Sie bemerkt es und hilft mir auf die Sprünge.

»Es gibt viele Erfahrungen und daher viele Meinungen. Viele Wege, die nach Rom führen. Das heißt aber auch, es gibt nicht nur eine, sondern viele Regeln für Krankheitsentwicklungen. Und wenn es viele Regeln gibt, dann gibt es doch noch mehr Ausnahmen, die diese Regel bestätigen. Oder auch nicht.«

Mein Kopf rattert. Ich versuche, die Gedanken zu sortieren: »Du meinst also, salopp gesagt, wenn sich schon die Profis so uneins sind, dann gibt es im Prinzip, ähm, keine Regel?«

»Exakt.«

»O. k. Und wenn jeder Heilungsverlauf selbst in schweren Fällen eine sehr individuelle Sache ist, dann …«

Johanna unterbricht mich aufgeregt: »Genau. Dann werde ich auch geheilt. Ganz und gar geheilt. Weil ich geheilt werden *will*, Miri. Trotz unheilbar. Das weiß ich jetzt.«

Mich schauert es, ich bekomme eine Gänsehaut. Tapfere Johanna.

Meine Abende sind seit nunmehr einem halben Jahr oft geprägt von den immer gleichen Tätigkeiten. Wenn mein Kind friedlich im Bettchen vor sich hin schlummert, arbeite ich noch ein wenig. Im Haus oder am Schreibtisch. Oder – und das nimmt viel Raum ein – ich lese, recherchiere und denke nach. Über das Leben. Über mich. Über Johanna. Und, so unangenehm das ist, auch über den Tod.

Wo steht Johanna gerade? Nüchtern betrachtet, funktioniert bereits die zweite Chemotherapie nicht wie gewünscht. Oder anders ausgedrückt: Sie wirkt auf einen Teil der K-Zellen augenscheinlich ganz gut. Aber da muss es ja noch eine andere Sorte geben, die sich von dem Wunderzeug nicht bezwingen lässt. Die Tumormarker zeigen jedenfalls an, dass in Johannas Körper womöglich irgendwo ein neuer Herd vor sich hin wuchert. Aktuell tut niemand etwas dagegen. Weil die Zahlen nicht allzu ernst genommen werden. Ich hoffe sehr, dass Johanna den Gedanken »Da ist noch mehr, was in mir rumwütet« fleißig verdrängt. Ich würde darüber wahnsinnig werden.

Nach einem halben Jahr Therapie ist also im Moment alles schlimmer als zu Beginn. Plus: Johanna muss sich loslösen von tausend Meinungen und sich ihre eigene bilden, um das weitere Vorgehen zu bestimmen. Was für eine Verantwortung. Und nicht nur das. Neben der Belastung, sich entscheiden zu müssen, ohne Rückversicherung, dass die gewählte Route zum Ziel führt, erleidet sie ständig neue Rückschläge. Und seien sie nur kommunikativer Natur. Demotivierendes, wo sie sich Motivation versprochen hat. Stille, wo sie auf eine Hoffnung verheißende Antwort gewartet hat.

Fakt ist nämlich, dass es nicht nur viele Meinungen zu einer und derselben Sache gibt. Nein, sie werden auch noch unterschiedlich gut transportiert. Sanft, empathisch, hoffnungsvoll oder polternd. Das ist etwas, was ich aus meiner eigenen Krankheitszeit bestens kenne. Falsche Worte zur falschen Zeit. Worte, die krank machen, sozusagen. Hier sind drei Geschichten, die sich genau so zugetragen haben. Johanna und ich kennen die Personen aus unserem gemeinsamen Jahr 2008, das wir zu einem großen Teil in Kliniken und Ambulanzen verbracht haben. In den Geschichten geht es noch nicht einmal um eine unmittelbare Lebensbedrohung oder gar das Sterben. Aber es sind Anekdoten, die zeigen, dass Ärzte und Patienten noch viel voneinander lernen können.

Martin L. (52) drückte die Hand seiner Frau Ursula fest. »Wir schaffen das. Egal, wie das Ergebnis des histologischen Befundes ausfällt.«

Ursula schluckte. Ihr Mann war bis jetzt so tapfer gewesen. Er hatte die Operation gut überstanden, der Tumor war aus seinem Körper entfernt worden. Aber noch schwebte die Chemotherapie wie ein Damoklesschwert über ihm. »Lieber Gott, lass diesen Kelch an uns vorüberziehen, bitte«, betete sie still. Da betrat der behandelnde Arzt das Zimmer.

Martin wirkte gefasst. »Und, Herr Doktor? Wie geht es jetzt weiter?«

»Nun, es tut mir sehr leid. Aber Sie kommen nicht drum herum.«

Ursula spürte einen Kloß im Hals. »Was heißt das? Ist der Krebs noch da?«

»Nein. Soweit wir wissen, nicht. Aber wir müssen Vorsichtsmaßnahmen ergreifen. Es gibt keinen anderen Weg als die Chemotherapie. Als lebensverlängernde Maßnahme.«

Martin legte den Arm um seine Frau, die bei den Worten des Arztes in sich zusammengesunken war. »Gut. Gut! Liebelein, wir packen das.«

Lebensverlängernde Maßnahme. Lebensverlängernde Maßnahme ... hämmerte es in Ursulas Kopf. Sie unterdrückte die Tränen, obwohl sie sich sicher war: Mein Mann stirbt mir unter den Händen weg.

Erst zwei Monate später, also nach vielen Wochen der Angst und Schlaflosigkeit, traute sich ihr Mann den Arzt zu fragen, ob es eine Chance gebe, wieder ganz gesund zu werden. Diese

Frage wurde sofort bejaht. Was für eine Nachricht. Martin würde also doch nicht so bald sterben. »Lebensverlängernde Maßnahme« – das war schlicht ein medizinischer Fachausdruck, der keineswegs das bedeutet, was beide so erschüttert hatte.

***

Petra K. (42) saß in einem Sprechzimmer der Radiologie. Hinter ihr lag eine halbe Stunde Lärm. Zwei Jahre nach ihrer bisher erfolgreich behandelten Krebserkrankung musste sie an diesem Tag turnusgemäß »in die Röhre«. Die Magnet-Resonanz-Tomographie sollte zeigen, ob der Krebs zurückgekehrt oder ob er gefälligst ein für alle Mal zu seinem Bestimmungsort gefahren war – zur Hölle. Die Auswertung der Bilder dauerte eine ganze Weile. Petra hockte nervös wippend auf dem Schoß ihres Freundes, der ebenfalls deutlich angespannt war.

»Hoffentlich ist da nichts«, wisperte sie kaum hörbar.

»Da wird nichts sein, Liebes.«

Maximilians Stimme klang stark. Und doch wusste niemand besser als Petra, dass ihr Freund mindestens so viel Angst hatte wie sie. Angst davor, dass der Schrecken noch nicht zu Ende war. Dass diese Tod verheißende Krankheit noch nicht aufgegeben hatte. Und dass Petra vielleicht bald wieder um ihr Leben würde kämpfen müssen.

Die Minuten verstrichen quälend langsam. Petra ließ ihren Blick schweifen. Was für geschmacklose Bilder an der Wand hingen. Und wie geschmacklos erst diese Lederstühle waren. Kalt und ungemütlich. Maximilian zog sie fester an sich heran. Da öffnete sich die Tür und ein ihnen unbekannter hochgewachsener Herr im weißen Kittel mit schütterem Haupthaar trat heraus. War das der Spezialist, der sich ihre Aufnahmen genau angesehen hatte?

»Oh. Ja. Also … Sie setzen sich mal auf den zweiten Stuhl hier. Ich hol mir noch einen. Bin gleich wieder da.«

Wie in Zeitlupe lösten sich beide aus ihrer Umarmung. Petras Herz pochte wild. Mit aufgerissenen Augen blickte sie zu Maximilian. Ihrem Liebsten war alle Farbe aus dem Gesicht gewichen. Was hatte das zu bedeuten? Warum sollten sie sich auf zwei Stühle setzen? Warum hatte der Arzt so einen sorgenvollen Blick?

Wieder verstrichen endlos lange Minuten. Schließlich gesellte sich der Mediziner zu ihnen, mit einem großen Kuvert unterm Arm, in dem sich vermutlich die Bilder und ein Befund befanden.

»Nun, so wie es aussieht, ist alles gut. Wir haben nichts gefunden.«

Petra und Maximilian sahen sich verwirrt an.

»Haben Sie noch Fragen?«

Maximilian fand seine Sprache als Erster wieder: »Nein. Doch. Also, Sie sagen, meine Freundin ist nach wie vor gesund?«

»Ja. Sagte ich ja bereits.«

Petra lachte erleichtert. Maximilian stieß einen lauten Seufzer aus. »Danke, Herr ...«

»Alles Gute Ihnen dann. Bis in einem Jahr.«

»Ja. Bis dann.«

Auf dem Weg nach Hause meinte Petra: »Warum hat er nicht einfach gesagt: ›Es ist alles gut. Ich hole mir einen Stuhl, und dann erläutere ich Ihnen die Details‹?«

Maximilian hatte nur eine Antwort: »Weil er ein Depp mit Kittel ist.«

***

Miriam P. (32) war an Brustkrebs erkrankt und hatte die Operation bereits hinter sich. An jenem Tag wollte sie einen renommierten Professor dazu befragen, ob auch er die vorgeschlagene Chemotherapie für sinnvoll hält. Eigentlich hatte sie sich schon entschieden. Es gab keine Alternative. Dennoch: Ein bisschen Bestärkung für den Weg, der ihr viel Kraft abverlangen würde, konnte nicht schaden.

»Was führt Sie denn zu mir?«, wollte er wissen.

»Ich würde gerne Ihre Meinung zu der mir bevorstehenden Chemotherapie hören.«

»Aha. Ja, gut. Wie geht es Ihnen denn?«

»Na ja, um ehrlich zu sein … ausgerechnet heute nicht ganz so gut wie sonst.« Ich merkte, wie mir die Tränen in die Augen stiegen.

»Hier wird nicht geheult. Verstanden?«

»Ich will ja auch gar nicht weinen, aber …«

»Sie müssen kämpfen. Kämpfen! Heulen bringt nichts. Verstanden?«

»Hören Sie bitte auf, mich so zu behandeln …«

»Haben Sie überhaupt eine Ahnung, was auf Sie zukommt?«

»Nein, ich …«

»Ich sage es Ihnen: Eine Chemotherapie in einer Dosis, da müssen Sie erst einmal durchkommen.«

»Das will ich doch auch. Ich …«

»Ach, ich kenne so Frauen wie Sie, die dann abbrechen, weil sie nicht mehr können.«

»Frauen wie ich? Also, das ist eine Unverschämtheit. Sie wissen doch überhaupt nichts von mir.«

»Ich weiß genug. Ich sage Ihnen: Nicht abbrechen. Die ersten beiden Mittel stecken Sie weg. Das letzte wird Sie umhauen. Und da geben dann *solche Frauen* auf. Haben Sie einen Partner?«

»Ja. Ich bin verheiratet.«

»Ich sag Ihnen eines: Dass Sie mir nicht Ihren Mann vernachlässigen in der ganzen Zeit.«

»Sie meinen, was unser … also Intimleben?«

»Sie sollen sich kümmern. Sonst ist der nämlich auch bald weg.«

»Ich finde, jetzt reicht es. Bei uns ist alles in Ordnung …«

Er wird noch lauter: »Sie sind ja zurzeit wegen Ihrer Eizellensache auch bis unter die Schädeldecke vollgepumpt mit Hormonen. Kein Wunder, dass es gerade läuft.«

Miriam P. stand auf und ging. Bei diesem Gespräch war alles falsch gelaufen. Aber vor allen Dingen wurde sie das Gefühl nicht los, dass der Herr Professor – Koryphäe hin oder her – der Falsche war für seinen Job.

Die hier aufgeführten »Verhaltensfehler« haben relativ geringen Schaden angerichtet, mal abgesehen von Martins und Ursulas schlaflosen Nächten und meiner Frustration über die psychische Demontage durch den Professor. Alle Krankheitsgeschichten hatten ein Happy End.

Heikler sind die Folgen im Umgang mit Patienten wie Johanna und Lukas, also mit Menschen, denen man die Diagnose »unheilbar« übermitteln muss. Im Fall von Lukas noch dazu gepaart mit offen geäußerten, wenig positiven Aussichten. Weil ich an Johanna sehen kann, wie sehr ihr Hoffnung hilft, wie sehr sie sie stärkt und motiviert, will ich die Gesprächssituation zwischen Arzt und Patient unter dem Aspekt Hoffnung/Verzweiflung etwas genauer beleuchten. Das sind die Ergebnisse, die meine Befragungen von etlichen Ärzten ergeben hat.

Wie sage ich es meinem Patienten?
Das ist die große Frage. Dazu muss man wissen: Das Thema Kommunikation steht erst seit verhältnismäßig kurzer Zeit auf dem Stundenplan der Medizinstudenten. Das bedeutet umgekehrt: Die meisten Spezialisten, Koryphäen, Chefärzte und medizinischen Leiter haben ihr Studium lange vor dieser Ära abgeschlossen. Sie haben also in Sachen gefühlvoller Gesprächsführung nur etwas gelernt, wenn sie sich auf diesem Gebiet haben weiterbilden lassen.

Es gibt natürlich Ärzte, die von Natur aus viel Empathie in den Beruf mitbringen. Meiner Erfahrung nach lassen sich ironischerweise ausgerechnet diejenigen in Kommunikation schulen, die ohnehin schon recht gut wissen, wie sie mit den Patienten umgehen sollen. Die emotionalen Panzer aber unter den Ärzten sind dermaßen von sich überzeugt, dass sie gewisse Schwächen in ihrer Leistung gar nicht mehr sehen. Panzer eben. Dagegen lässt sich wenig ausrichten. Außer durch Rebellion von mündigen Patienten.

Darüber hinaus beklagen Mediziner in Bezug auf den Berufsalltag vor allem eines: Zeitmangel wegen Kostendruck. Konkret haben die Befragten sehr oft gesagt, dass sie sich mehr Muße für die Patienten wünschen. Und mehr Verständnis der Wartenden, wenn mal ein Gespräch länger dauert – eben weil der Arzt sich Zeit nimmt für einen »betreuungsintensiven Fall«. Die Arbeitsdichte in den Kliniken hat in den vergangenen Jahren enorm zugenommen, die Klinikleitungen gucken auf die Zahlen, nicht auf Einzelschicksale oder gar auf so etwas wie Gefühle. Das klingt hart, ist aber Alltag im Gesundheitswesen. Die meisten Ärzte, mit denen ich gesprochen habe, halten sich glücklicherweise nicht daran:

> »Das Wichtigste für mich ist, dass ich nachvollziehen kann, was der Patient von mir erwartet oder möchte. Dann kann ich am allerbesten darauf eingehen. (…) Die Kunst ist es, nach dem Job Distanz aufzubauen, ohne die Nähe zu den Patienten zu verlieren.«
> *Chirurg und Chefarzt aus Düsseldorf, 1200 Patienten pro Jahr*

Anders als man erwarten könnte – auch die Mediziner haben einen kritischen Blick auf sich selbst:

> »Das Schreckliche an meinem Beruf ist, dass ich manchmal eine Patientin aus der Sprechstunde entlasse und hinterher Bauchschmerzen habe. Weil ich denke, das hättest du besser machen können.«
> *Ärztin aus Berlin, 2000 Patienten pro Jahr*

Trotz jahrzehntelanger Übung im Überbringen schwieriger Nachrichten fällt es manchen immer noch schwer, Job und Privatleben zu trennen:

> »Die Hoffnungslosigkeit und Ängste der Patienten machen mir zu schaffen. Das wird niemals zur Routine.«
> *Chirurgin und Chefärztin aus Berlin, 500 Patienten pro Jahr*

Da kommt mir sofort eine Frage in den Sinn: Macht es einen Arzt weniger einfühlsam, wenn er den Spagat zwischen Mitgefühl und Abstand zum Praxis- oder Klinikalltag hinbekommt? Die Antwort lautet meines Erachtens: Nein, natürlich nicht. Im Gegenteil: Das ist wohl die gesündeste Form des Umgangs, wenn man in der Onkologie arbeitet. Oder in Bereichen, in denen immer wieder »Schweres« auf der Tagesordnung steht. Aber dieser Spagat gelingt nicht allen einfach so. Wie auch.

Regelmäßige Supervision wünschen sich einige, um gerade die kommunikativ und emotional herausfordernden Situationen zu besprechen, nachzuspielen und einzuüben. Und auch, um selbst besser damit klarzukommen. Das erlaubt der Klinikalltag nur selten. Nicht nur die vielen Patienten sollen »abgearbeitet«, auch noch jede Menge Papierkram muss erledigt werden. Und kaum eine profitorientierte Geschäftsführung schenkt Zeit, geschweige denn Geld für so eine »Gefühlsduselei« wie Seminare in Sachen Empathie und Kommunikation. Die, die darunter leiden, sind die Ärzte. Sofern sie einmal angetreten sind, dem Menschen und seiner Gesundheit zu dienen. Und das sind wohl die meisten. Aber auch die Kollegen untereinander betrachten sich nicht als unantastbare Riege der Unfehlbaren:

> »Wenn einer feststellt, dass er für den Patientenkontakt nicht so geeignet ist, dann soll er einen anderen Bereich

der Medizin wählen, in dem er nicht unmittelbar mit den Leidtragenden zu tun hat.«
Arzt aus Düsseldorf, siehe oben

Sein Wort in Gottes Ohr. Leider erkennt nur nicht jeder, dass er mit der richtigen Ausbildung am falschen Einsatzort tätig ist. Ganz abgesehen davon vergessen wir – die Patienten – in SOS-Momenten vor allem gerne eines: nämlich dass Ärzte auch nur Menschen sind und eben keine Götter in Weiß. Auch ein Arzt kann mal schlecht schlafen. Auch ein Arzt hat mal Stress zu Hause. Auch ein Arzt kann von einer dramatischen Diagnose in seiner Familie erfahren, während er dennoch versucht, seinem Patienten gegenüber gute Miene zum bösen Spiel zu machen.

So, und jetzt kommen wir: die Patienten. Auch wir sind logischerweise nicht einer wie der andere. Fünf Grundtypen, die ich nur oberflächlich skizzieren kann, wissen Ärzte im Wesentlichen zu unterscheiden. Wobei ich mich selbst als eine Mischung aus zwei (emotional/sachlich), Johanna gar als eine Mischung aus drei Kategorien (emotional/sachlich/verdrängend) beschreiben würde. Die folgende Einteilung ist ebenfalls mit Hilfe einer Umfrage unter Medizinern entstanden.

Am einfachsten ist die Kommunikation mit dem aufgeschlossenen, informierten und interessierten Patienten. Eine furchtbare Diagnose ist natürlich auch für den *sachlichen Typ* ein Schock ohnegleichen. Dennoch gelingt es ihm häufig recht schnell – Stunden oder Tage später – Sicherheit, Kraft und vielleicht sogar Optimismus zurückzugewinnen.

Der eher ängstliche, *emotionale Mensch* zeigt seine Gefühle auch in der Arztpraxis. Er lässt Tränen, Wut und Verzweiflung freien Lauf. Dadurch ist er womöglich in Situationen, in denen es Ernstes zu besprechen gibt, nicht mehr wirklich aufnahmefähig, auch erreichen ihn schlechte Nachrichten nur schwer. Die Seele schaltet dann auf dumpf und macht die Luken dicht.

Formulierungen, Gesten und Mimik des Arztes wertet er darüber hinaus viel intensiver als beispielsweise *der Verdränger*. Während des Besprechungstermins redet oder fragt dieser Typus kaum etwas, stattdessen nimmt er jede Menge Sorgen mit nach Hause. Das hinterlässt den Behandler nicht selten mit dem Gefühl zurück, einen schockierten, unwissenden Patienten in angstvolle Tage zu entlassen.

Das Gegenteil von diesem Wesen ist *der Besserwisser*. Er ist nicht nur gut, sondern überinformiert und stellt nicht selten jede ärztliche Maßnahme oder Empfehlung in Frage. Diese Haltung ist letztlich auch nur eine weitere Ausdrucksform von Angst. Aber sie erschwert es den Medizinern, Zugang zum Patienten zu gewinnen und Vertrauen aufzubauen.

Der Besserwisser in extremer Ausprägung und der von fast allen befragten Ärzten einheitlich als der am schwierigsten zu beratende Fall ist der *aggressive Abwehrer*. Ihm erscheint nichts richtig und zielführend. Er verteufelt den Arzt, verschließt sich jedem Vorschlag und kommuniziert seinerseits eher destruktiv als konstruktiv.

Was alle Patienten im Angesicht einer lebensbedrohlichen Diagnose aber vereint, egal, wie sie (aus-)ticken, ist: Sie haben Angst.

Und hier sitzen nun in der Sprechstunde: der Patient mit seinem ganz eigenen Wesen und (Nicht-)Wissen auf der einen und der Arzt mit seinem Wesen und den Herausforderungen des Berufsalltags auf der anderen Seite. So betrachtet, erscheint die gelungene Kommunikation zwischen Arzt und Patient wie eine Aufgabe, die niemals zufriedenstellend gelöst werden kann. Aber so ist es nicht. Zentral scheint mir zu sein, dass Arzt und auch Patient verstehen müssen, wie elementar wichtig, ja, wie überlebenswichtig Hoffnung als Gegenspieler zur Angst ist. Egal, welchen Patiententypen der Arzt vor sich hat: Zehn hoffnungsvolle Tage fördern die Genesung stärker als zehn Tage in Todesangst. Das ist wissenschaftlich bewiesen.

Sie erinnern sich an den Professor auf dem Podium? »Wir dürfen nicht zu viel Hoffnung machen.« Genau so sollte man es *nicht* tun. Mit solchen Worten geht dem Arzt der tapferste und bedeutendste Mitstreiter im Kampf gegen eine schwere Erkrankung verloren: der Patient selbst.

Damit ich nicht falsch verstanden werde: Vielen Medizinern gelingt es ganz hervorragend, individuell auf die emotionalen Bedürfnisse ihrer Patienten einzugehen. Sie finden die richtigen Worte zur rechten Zeit, berühren sie sanft, wenn es angebracht ist, sagen Mutmachendes zum Abschied. Ich habe das sehr oft erleben dürfen und bin voller Bewunderung für solche Ärzte, die trotz Krankenhausalltag, Routine und großem Stress übermenschlich menschlich geblieben sind. Sie sind wahre Lichtgestalten und großartige Beispiele ihrer Zunft. Wenn Sie so jemanden gefunden haben, halten Sie ihn fest!

»Manche können es einfach nicht.« Dr. Wieners Worte stehen im Raum wie eine Überschrift. Johanna sitzt in ihrer wöchentlichen Psychotherapiestunde und hat gerade darüber geklagt, wie unfähig viele Ärzte in der Patientenkommunikation sind. Immer dann, wenn sie Sätze sagen, die verletzen und verzweifelt machen. Sie hat von Erfahrungen erzählt, die Lukas machen musste, aber auch von eigenen schiefgelaufenen Dialogen – sogar mit Ärzten, denen sie sehr vertraut, die sie sehr mag und die sie für enorm kompetent hält.

»Kann das sein, dass jemand fachlich ein Superstar und menschlich einwandfrei ist, aber es dennoch nicht schafft, Dinge angemessen rüberzubringen?«

»Natürlich. Ein Beispiel: Stellen Sie sich einen empathischen, also wirklich mitfühlenden Arzt vor, dem Ihre Situation womöglich nähergeht, als sie ihm qua Berufsstand gehen dürfte. Bevor er Ihnen aus Versehen etwas Unpassendes erwidert, weil er nicht weiß oder fühlt, was Ihnen gerade fehlt und was Sie brauchen, schweigt er lieber. In der Hoffnung, nichts falsch zu machen. Und dieses Schweigen gibt Ihnen wiederum alle Möglichkeiten zur Interpretation. Das ahnt der Arzt in diesem Moment aber nicht. Wenn Sie ängstlich sind, werden Sie das Schweigen als Signal der Hoffnungslosigkeit werten. Wenn Sie kraftvoll sind, tun Sie es als Hilflosigkeit des Arztes ab. Individuell adäquat zu kommunizieren ist eine eigene Kunst. Eine durchaus zu erlernende, schwierige Kunst. Außerdem kommt es, wie bei jedem Menschen, auf die Tagesform an. Aber manche können es einfach nicht und werden es auch nicht mehr lernen.«

»Aber wer, wenn nicht der Arzt, der Insider, der Super-Prof und Krebs-Checker könnte der Überbringer der Hoffnungsnachrichten sein?«

»Ich glaube, Sie haben die Antwort längst gefunden, Frau Orly.«

Dr. Wiener lächelt. »Wir können es ja gemeinsam versuchen, Sie zu einem wichtigen Hoffnungsträger für sich selbst zu machen. Sie wissen, ich begleite Sie gerne. Ist das eine Idee?«

Johanna nickt. Ähnlich wie nach jeder Meditation verlässt sie eine halbe Stunde später Dr. Wieners Praxis deutlich gelöster und entspannter, als sie sie betreten hat. Und Sie trägt wieder eine strahlende, fast glitzernde Ladung Optimismus im Rucksack. Nicht ahnend, dass sie diese bald händeringend brauchen würde.

Der Juli hält wolkig und schwül Einzug. Es regnet mehr, als es das laut meteorologischer Statistik tun dürfte. Und wieder passt das Wetter zur Gemütslage. Johanna hat die neuen Blutwerte erhalten. Das Ergebnis ist niederschmetternd. Die Tumormarker sind weiter gestiegen. Um etwa hundert Indizienpunkte. Das ist nicht dramatisch viel. Aber es ist ein Anstieg. Johannas seelischer Absturz scheint vorprogrammiert.

»Ich verstehe es nicht, Miri. Ich verstehe es einfach nicht. Dass Dr. Michaelsen jetzt noch mehr auf eine Umstellung der

Mittel pochen wird, ist klar, oder?« Sie stützt den Kopf in die Hände. »Ich will nicht zum Testballon für das Therapie-Lotto werden. Mittel 1 hat mich runtergerockt. Mittel 2, das Wunderzeug, hat zunächst gewirkt, jetzt wirkt es anscheinend nicht mehr. Oder nur halb. Soll jetzt Nummer 3 ausprobiert werden und dann 4 und dann Ich-weiß-nicht-was-noch? Außerdem: Chemo schön und gut. Aber irgendwann hat mein Immunsystem bestimmt keine Lust mehr auf die Dauervergiftung. Und wenn das dann auch noch kollabiert, können wir mir einen Grabstein aussuchen. Ach, Scheiße …« Sie macht eine Pause und wischt sich mit dem Handrücken kleine Tränen weg. »Und das, wo mir gerade die Haare wieder wachsen …«, flüstert sie und streicht sich über den Flaum.

Ich versuche, sie aufmunternd anzusehen, und nehme ihre Hand in meine. Ich spüre, dass zumindest die Sache mit den Haaren ihre Laune etwas hebt. Bald wird man ihr das Kranksein nicht mehr ansehen. Bald kann sie die Perücke endlich verstauen. Oder, wie wir es mal überlegt hatten, feierlich verbrennen. Bald wird wenigstens optisch wieder alles normal sein. Ich weiß, wie wichtig ihr das ist. Denn nicht nur der Krebs an sich, vor allem seine Begleiterscheinungen sind schwer auszuhalten. Mitleidige, verstörte Blicke von Passanten oder tuschelnde Supermarktverkäufer, die das Zweithaar als solches erkennen. Oder aber Situationen wie die bei der Kosmetikerin neulich. Die Dame trägt während der Gesichtsbehandlung das Peeling auf, und als ihr klarwird, dass sie die Frisur der Kundin (Johanna) problemlos hin- und herschieben kann, verstummt die bis dahin harmlose, plätschernde Plauderei schlagartig. Für den Rest der verbleibenden sechzig Minuten. Umso besser, wenn Johanna den sichtbaren Hauch des Todes loswird. Die Aussicht darauf macht sie froh. Das sagt sie immer wieder.

Leider nehmen die schlechten Nachrichten an diesem Tag kein Ende. Lukas geht es zunehmend elender. Er hat stark abgenommen, und es sieht nicht mehr sonderlich hoffnungs-voll aus. Die Therapien schlagen auch nicht so stark an wie gewünscht. Es bleiben kaum noch (schul-)medizinische Mög-lichkeiten. Endstation in Sichtweite.

»Ich wollte es dir nicht erzählen, Miri. Weil du nicht be-geistert sein wirst ...«

Sie zögert.

»Ich habe Lukas angerufen. Und ich habe lange mit ihm te-lefoniert. Danach habe ich ihm auch noch mal eine vermutlich viel zu überladene E-Mail mit all meinen Tipps und unseren Erkenntnissen und Literaturempfehlungen und Meditations-videos geschickt.«

Sie beginnt zu weinen und schimpft: »Wie soll ein Mensch auch Lebensmut und Kampfgeist entwickeln, wenn er solche Ärzte hat wie Lukas.«

»Was meinst du?«

»Seine Freundin hat mir erzählt, dass man ihm ziemlich schnell nach der Diagnose mitgeteilt hat, er habe nur noch wenige Monate zu leben. Er solle schleunigst seine Sachen re-geln und so weiter. Die haben ihm ernsthaft ins Gesicht gesagt, dass sein Lebensende naht. Diese Idioten ...«

Es ist eine Gratwanderung, denke ich. Johanna und ich sind grundsätzlich keine Fans davon, dass Endlichkeitsansagen gemacht werden. Wunder gibt es. Immer wieder. Oder sind das nur Märchen, an die wir alle glauben wollen? Nein. Das Internet und das Leben sind voll damit. Wenn es hingegen schon so aussichtslos um jemanden bestellt ist, darf das ver-schwiegen werden? Oder nimmt man ihm dann wirklich die Chance, noch »Sachen zu regeln«? Andererseits: Will und muss jemand noch Dinge klären im Angesicht des eigenen Todes? Mein Hirn läuft heiß. Kann man die Wahrheit, wenn sie schon so bitter ist, nicht ein wenig kaschieren – um Hoff-nung zu schenken? Und mit der Hoffnung Kraft. Wenigstens für ein paar Monate mehr?

Johanna umklammert zitternd ihre Teetasse. »Ich glaube,

er kann es nicht. Das ist mein Eindruck. Er schafft das nicht. Oder nicht mehr. Also diese alternativen Waffen in die Hand zu nehmen und es dennoch zu versuchen.«

Ich weiß nicht, was ich darauf sagen soll. Und das ist gerade jetzt ein entsetzliches Gefühl.

Die Tränen fließen in Bächen ihr Gesicht hinunter. Sie schluchzt und spricht: »Ich kann nicht zulassen, dass er stirbt. Ich will nicht, dass er stirbt. Weil ich ihn liebhabe. Und weil ich dann denke, dass ich auch sterbe. Dann ist der Tod so nah. So nah an mir, mir … einem doch eigentlich noch jungen Menschen.«

Ich nehme sie in den Arm.

»Ich kann das nicht zulassen«, wispert sie immer wieder.

»Wir wollen das alle nicht zulassen, Jo. Aber du … du musst loslassen. Bitte. Lass ihn los.« Ich ziehe sie noch ein wenig fester an mich heran.

Wir beschließen den Tag mit drei Aufgaben. Loslassen. Weitermachen. Anrufen. Heißt: Johanna muss Lukas, so gut es geht, gedanklich loslassen. Beten kann sie für ihn. Aber sie darf sich auch ein wenig schützen. Außerdem wird Johanna, wie Dr. Joachim es geraten hat, weitermachen mit der bisherigen Therapie. Die entmutigenden Werte kriegen den Stempel *nicht aussagekräftig* verpasst. Immer wieder liest man doch von irrtümlich falschen Markerzahlen. Und zu guter Letzt soll sie Felix anrufen. Heute Nacht werden seine bunt tätowierten, kräftigen Arme gebraucht. Dringend.

Zwanzig Minuten später sind diese Arme bereits im Einsatz.

Worte, die gesund machen –
Wege aus der Krise VI

Abstand gewinnen

Es ist ein Drahtseilakt, zu dem ich Sie ermutigen möchte: Sie sollten einen gesunden Abstand einnehmen zu dem, was Ärzte sagen und raten. Das scheint mir ein probates Mittel, um selbst in düstersten Momenten nicht resignieren zu müssen.

Ich verstehe jeden, der mir nicht so recht folgen kann. Denn was sind sie, die Ärzte, in unserer Wahrnehmung? Gesundmacher, Fachkräfte der Rettung, Heilsbringer. Gerade Letzteres ist recht nah dran an »Gott (in Weiß)«. Und wie gerne würden wir glauben, dass der Arzt allmächtig ist und uns wieder gesund macht. Wem sollen wir unser Vertrauen sonst schenken und auf wen all unsere verzweifelten Hoffnungsschimmer projizieren, wenn nicht auf den Arzt?

Das ist einerseits richtig. Und funktioniert in vielen Fällen auch. In manchen jedoch nicht. Denn – wie schon erwähnt – auch ein Arzt weiß nicht immer alles, schätzt nicht immer alles richtig ein, trifft nicht immer die richtigen Entscheidungen. Soll heißen: Behalten Sie Ihr Vertrauen, aber treten Sie immer mal wieder auch einen Schritt zurück und hinterfragen Sie nicht nur Aussagen, auch Gesten, Halbsätze und Gesichtsausdrücke. Manchmal sind diese lediglich eine Reaktion auf einen allzu hektischen Tag und haben gar nichts mit Ihnen zu tun. Wir hatten das Thema schon. Aber verstehen Sie dies bitte als eine Lektion Nummer 2. Trotz Vertrauen und Zugewandtheit dürfen Sie Sie selbst bleiben. Mit Ihrer Hoffnung und Ihrer Kraft. Auch wenn der Arzt aus Versehen und nicht in böser Absicht beides durch *das Gespräch gerade eben* zerstört haben könnte.

Statistiken verstehen

Zahlen und Fakten sind das täglich Brot derer, die in welcher Wissenschaft auch immer tätig sind. Für uns Laien kann das mal ermutigend, mal sehr destruktiv sein. Meiner Erfahrung nach machen nackte Zahlen immer eher Angst. Weil Überleben und Sterben in Ziffern diskutiert werden, die jede Individualität unberücksichtigt lassen. Sollten Sie wie ich den Fehler begangen haben, nach so etwas wie »Überlebenszeit« zu forschen, dann werden Sie im Falle einer schweren Erkrankung vermutlich nur deprimierende Angaben zu lesen bekommen haben. Sie dürfen eines nie vergessen: Wenn da Monate oder Jahre stehen, dann bildet das, wie ich bereits an anderer Stelle gesagt habe, nur den Durchschnitt ab. Einer schafft es Jahrzehnte, eine düstere Prognose zu überleben. Einen anderen trifft es viel früher, und die dauerhaft Überlebenden sind in solchen Statistiken gar nicht erst erfasst. Denn wenn jemand spontan heilt, dann wird die Akte hierzulande meist leise und unkommentiert geschlossen. Zu wenig wird nach den Gründen für diese überraschende Wende geforscht. Glücklicherweise mehren sich die Stimmen der Mediziner, die genau dies fordern. Nicht zuletzt deswegen, weil jeder Heilungsverlauf anders ist und nicht zwangsläufig der Statistik folgt. Herauszufinden, ob es bei den glücklichen Patienten Gemeinsamkeiten gibt, ist aus meiner Sicht eine der wichtigsten Aufgaben der Medizin.

Patiententyp erkennen

Ich habe bisher viel an den Medizinern herumkritisiert und ihre Unzulänglichkeiten ins Zentrum gerückt, was ein wenig unfair ist. Denn bei allem wissenschaftlichen Know-how sind auch Ärzte nur Menschen, die mit uns Patienten, Menschen unterschiedlichster Art, umgehen müssen und wollen. Finden Sie für sich heraus, zu welchem Patiententyp Sie gehören. Was Sie »brauchen«. Was Sie leisten oder nicht leisten können. Und: Sagen Sie es dem Arzt Ihres Vertrauens. Finden Sie den Mut, sich ganz zu öffnen. Mit Ihren Ängsten, die Sie sonst verschweigen. Oder auch mit Ihrem Zorn. Je offener Sie sind, umso besser kann ein Arzt Sie einschätzen, verstehen und damit auch begreifen, was Ihnen hilft und was nicht. Wenn der Arzt nicht darauf eingehen kann, dann rufen Sie sich ins Gedächtnis, was ich schon mehrfach erwähnt habe: Gewinnen Sie Abstand. Aber es ist einen Versuch wert, sich Ihrem Behandler in all Ihren Unzulänglichkeiten zu offenbaren. Sie geben ihm dadurch die Chance, noch besser auf Sie einzugehen. Und Sie selbst haben dabei nichts zu verlieren. Im Gegenteil – Sie können nur gewinnen.

Kommunikation analysieren

Vielleicht haben Sie alle Tipps zur optimierten Arzt-Patienten-Kommunikation bis hierhin bereits ausprobiert. Vielleicht haben Sie mehrfach das Gespräch mit dem Arzt Ihres Vertrauens gesucht. Vielleicht haben Sie Ihrem Behandler immer wieder die positivsten Aussagen in den Mund gelegt, und selbst auf die hat er nicht wohlwollend reagiert. Vielleicht haben Sie von sich so viel preisgegeben wie zuvor noch nie in Ihrem Leben. Vielleicht hat das alles nicht funktioniert, und Sie verlassen das Besprechungszimmer wieder niedergeschlagen, unzufrieden und voller Angst. Ich wünsche Ihnen das nicht. Gottlob habe ich so etwas noch nicht erlebt, aber Menschen aus meinem nahen Umfeld haben mir ziemlich detailliert davon berichtet.

Halten Sie sich bei solchen »Miss«-Begegnungen mit Ärzten eines vor Augen: Das hat nichts mit Ihnen zu tun. Manche können es eben nicht. Sie können einfach nicht positiv kommunizieren, empathisch sein, Ihre Bedürfnisse erkennen. Egal, wie viele gute Vorlagen Sie ihnen auch liefern. Die, die es einfach nicht können, sind die »Ja, aber«-Ärzte. Deren Angst, Unsicherheit und Vorsicht helfen niemandem. Und von diesen Ärzten müssen Sie sich innerlich distanzieren.

Loslassen professionalisieren

Nicht umsonst wird Heilung oft in einem Atemzug mit »Loslassen« genannt. Egal, ob es um alte, ungesunde Lebensstile geht oder um das psychische Loslassen – von Konflikten, Verbitterung, Schmerz. Letztlich heißt »loslassen« nicht nur, Dinge aus seinem Leben zu verbannen, die nicht guttun (Stressfaktoren, »giftige« Menschen). Loslassen heißt gleichermaßen auch annehmen. Aufhören, mit dem Schicksal zu hadern. Es bringt nichts, das »Was wäre, wenn«-Spiel zu spielen. Es bringt nichts, im Selbstmitleid zu versinken und sich mit der Frage zu quälen: »Warum ich und warum jetzt?« Das verändert nichts an Ihrer Situation. Außer dass Sie sich noch mehr peinigen, seelisch und körperlich. Die fortgeschrittene Lektion des Loslassens heißt: sich mit dem Status quo abfinden. »So ist es jetzt. Ich muss das akzeptieren. Ohne Wenn und Aber.« Haben Sie die Situation einmal als Ist-Zustand angenommen, können Sie die Kraft, die Sie bis jetzt in den Blick nach hinten oder ins Hadern gesteckt haben, bündeln und nach vorne richten. Pläne schmieden, Kraft schöpfen dafür, wie es von hier aus weitergeht. Wenn Sie wollen, dass es weitergeht, dann packen Sie es an – für Ihr Allerbestes.

Hilfe annehmen

Ich kenne fast ausschließlich Menschen, die liebend gern bereit sind zu helfen, wann immer sie gebraucht werden. Zum einen, weil es in der Natur einer liebenden Menschenseele liegt, bedingungslos und ohne Erwartungen zu helfen, wenn Not herrscht. Zum anderen aber auch – und da erkenne ich mich ehrlicherweise selbst wieder –, weil das Helfen und das Für-andere-da-Sein auch wohltuend für das eigene Ego ist. Ich werde gebraucht. Ich kann da sein. Ich bin sinnvoll, weil ich helfe. Das soll hier nicht gewertet werden. Denn jede Motivation eines Helfenden ist richtig, besonders für den Hilfsbedürftigen. Die Kunst ist es, diese Hilfe auch anzunehmen. Können Sie das? Ohne schlechtes Gewissen? Ohne auf der inneren Liste einen Punkt niederzuschreiben, der besagt: »Dem schulde ich noch eine Wiedergutmachung«?

Ich gebe zu, ich konnte das lange nicht gut. Ich habe erst mit den Jahren gelernt, Liebe und Hilfe anzunehmen ohne Rückzahlpflicht oder -datum. Ein Mensch, der Sie aufrichtig liebt – partnerschaftlich, freundschaftlich oder familiär –, hilft aus genau diesem Grund: Liebe. Und das Liebeskonto kennt kein Guthaben – aber auch vor allem kein Soll.

7 Das Leben der anderen – und meines

Am nächsten Morgen wird Johanna von einem zarten Kuss in den Nacken wach. Sie schlägt langsam die Augen auf. Sie registriert die Arme, die um sie geschlungen sind, und dass auch ihre sonst so kalten Füße wunderbar warm sind, weil eng an ein anderes Paar Füße geschmiegt. Ohne sich zu bewegen, mit dem Gesicht zur Schlafzimmerwand, flüstert sie: »Weißt du eigentlich, was es mir bedeutet, dass du da bist? Trotz allem …«

Felix schmiegt sich an ihren Rücken und murmelt leise zurück: »Wegen allem. Nicht trotz. Und: Ja, weiß ich, was dir das bedeutet. Gern geschehen.«

Johanna dreht sich vorsichtig um und blickt in Felix' Augen. »Ich kenne niemanden, der das für seine Exfreundin tun würde. Und das könnte. Und dann auch noch so aufgeladen mit … mit … so viel Liebe.«

»Das ist nicht schwer, Jo. Ich glaube, wir lieben uns auf eine Art immer noch. Auch wenn wir wissen, dass es in diesem Leben nichts mehr werden wird mit uns zweien. Insofern ist die Aufgabe, ehrlich gesagt, ziemlich leicht. Solange du mich nicht zum Notfall-Einsatz rufst, während ich gerade … ähm … (er lacht) … anderweitig beschäftigt bin. Du weißt schon, was ich meine …«

Johanna lacht und drückt einen Kuss auf seinen Arm. »Ich werde meine Tiefs demnächst mit deinem Dating-Kalender abstimmen. Deal?«

»Deal!«

Es ist noch früh am Morgen. So früh, dass selbst die kleine Lerche Leni noch schlummert. Johanna ist erstaunlicherweise nicht mehr sonderlich müde und erlaubt sich halbwaches Rumdenken. Markus hätte ihr auch beigestanden. Er hatte es zumindest angeboten. Irgendwie muss ihm aber auch von Anfang an klar gewesen sein, dass das eine lieb gemeinte Idee und dennoch ein unmöglich umzusetzender Plan war. Johanna wollte das nicht. Außerdem hätte Markus selbst bei größter Kraftanstrengung und Disziplin nicht das geben können, was Felix ihr nun schenkte. Weil Markus Johanna nicht mehr liebte. Und Felix? Vielleicht war er der falsche Mann für die Liebe. Aber zu hundert Prozent der goldrichtige für ihr Leben jetzt. Da hatte der Himmel ganze Arbeit geleistet in der Fürsorgeplanung.

Goldrichtige Menschen hat Johanna einige in ihrem Umfeld. Eine Armada an emotional oder ganz praktisch unterstützenden Mitstreitern.

Seit einiger Zeit bekümmert sie nur die Situation mit einer Freundin, bei der *goldrichtig* derzeit etwas verblasst.

Johanna erschrickt innerlich. Zum ersten Mal in ihrem Leben schießt ihr in den Sinn, dass es in ihrem Leben auch *nicht* richtige Menschen geben könnte. Zur falschen Zeit am falschen Ort. Also: nicht grundverkehrte Persönlichkeiten, vielleicht nur in der Zeit jetzt.

Es geht um Nele. Sie denkt an ihre eigentlich nahe Freundin und wird ein wenig traurig. Dieses Gefühl der Entfremdung hat sie noch nie so empfunden, nie gespürt, wenn es um ihren engen Freundeskreis ging. Oder hat sie es sich einfach nicht gestattet? Das Eingeständnis, dass auf einmal nicht mehr passt, was einst so gut passte.

Johanna lässt die vergangenen Wochen, in denen sich dieses mulmige, diffuse Gefühl angebahnt hat, Revue passieren. Wann fing es an, komisch zu werden?

Rückblick: Nele und Johanna haben eine solide gewachsene Freundinnengeschichte. Nele ist zwar keine der Handvoll an

Sandkasten- oder Jahrzehnteverbündeten. Aber auf sieben Jahre gemeinsames Freundschaftsleben, Lieben und Leiden haben sie es schon gebracht. Johanna und sie haben gemeinsame Höhen und Tiefen erlebt – wort- und tränenreich. Sich gehalten und liebgehabt. Kurz: Sie haben wichtige Ereignisse und Themen ihres Alltags geteilt und sie zusammen gemeistert. Bis vor einigen Wochen.

Es begann damit, dass Nele Freunde zu Ausflügen und Aktivitäten einlud und Johanna merkwürdigerweise nicht fragte, ob sie dabei sein wolle. Zunächst hatte sich Johanna nichts dabei gedacht. Schnell war ihr eine logische Erklärung gekommen: ihr Zustand. Sicher wollte Nele sie nicht überfordern oder dachte, das sei Johanna zu viel. Dass das vielleicht nicht die ganze Wahrheit war, erfuhr sie von Felix.

»Ich habe Nele gesagt, dass wir dich doch auch fragen könnten. Dass du sicher Freude an Zerstreuung hättest. Sie ist kaum darauf eingegangen und hat meinen Vorschlag mit wenigen Worten vom Tisch gewischt. Das hat mich stutzig gemacht. War das jetzt doof, dass ich dir das gesagt habe?«

Johanna schluckt vergeblich gegen den Kloß im Hals an. »Nein, nein. Das ist schon okay. Ich verstehe nur gerade nicht … warum werde ich jetzt plötzlich ausgeschlossen? Selbst wenn ich manchmal zu schlapp bin – sie hätte mich doch auch der Geste halber wenigstens mit einbeziehen können. Oder bin ich gerade sehr empfindlich?«

»Ich finde nicht. Keiner von uns versteht das so recht, Jo. Das musst du sie vermutlich selbst fragen. Ich nehme an den Gruppensitzungen um Nele jedenfalls nicht mehr teil. Da komm ich lieber zu dir und gehe dir mit meinen Ungehobeltheiten auf die Nerven.«

Johanna lächelt. Wenn auch ein wenig gequält. Hatte sich ihre Freundschaft zu Nele verändert? Und wenn ja, wann? Und vor allem, warum?

Vielleicht hatte die Krankheit damit zu tun. Andererseits hatte diese doch auch keinen Einfluss auf die Qualität der

Beziehungen zu ihren besten, langjährigen Freundinnen. Im Gegenteil, sie alle waren irgendwie näher zusammengerückt. Familie und Freunde. Noch herzlicher und liebevoller miteinander, noch regelmäßiger in Kontakt als ohnehin schon. Was war schiefgelaufen?

Diese Frage stellte ihr einige Tage darauf auch die Fachfrau für Emotionales.

»Ich weiß es nicht, Frau Wiener. Ich weiß es wirklich nicht. Sosehr ich auch grabe und wühle und suche, ich finde den Punkt nicht, an dem es auseinandergedriftet ist.«

»Vielleicht gibt es den gar nicht, Frau Orly.«

»Wie meinen Sie das?«

»Vielleicht hat es keinen Vorfall oder Anlass gegeben. Vielleicht verhält sich Nele gerade einfach nicht freundschaftlich.«

»Ach, nein. Ich glaube eher, dass ich das überbewerte und vermutlich hypersensibel bin.«

Dr. Wiener zieht die Augenbrauen hoch. »Sie hätte Sie wenigstens fragen sollen. Oder Ihnen zumindest erklären sollen, warum sie Sie nicht dabeihaben wollte. Haben Sie sie denn darauf angesprochen?«

»Nein. Habe ich nicht. Noch nicht.«

»Warum nicht?«

»Weil ich ein wenig Angst vor der Antwort habe, weil sie mir, egal, wie sie ausfällt, weh tut. Außerdem würde mich das dann wahrscheinlich mehrere Wochen beschäftigen. Dafür habe ich gerade einfach keine Energie.«

Dr. Wiener bestätigt Johanna darin, auf ihre innere Stimme zu hören, sprich: den Fokus auf das Positive zu legen und die Belastung außen vor zu lassen. Selbst wenn dies bedeutet, dass der Konflikt vorerst unausgesprochen bleibt. Sollte es allerdings zu sehr an ihr nagen, sei ein Gespräch angebracht.

Johanna zögert. Ihr fällt es sichtlich schwer, sich mit diesem Gedanken anzufreunden. »Wenn es so weit ist, Frau Wiener, dann sage ich Ihnen Bescheid, und wir üben das dann, ja?«

Dr. Wiener lacht. »So machen wir das.«

Johanna lässt ihr persönliches Nele-Gate also ruhen und besinnt sich stattdessen auf die unkomplizierteren Beziehungen. Seit Januar schreibt sie alle drei bis vier Wochen eine E-Mail mit einem detaillierten Status-quo-Bericht an Familienmitglieder und Freunde. Eigentlich entspricht es nicht ihrer Natur, sich derart offen mitzuteilen. Besonders wenn es um schwer verdauliche Kost geht. Aber sie hat in diesen schwierigen Monaten die Erfahrung gemacht, dass es sinnvoll ist, diesen kleinen Kreis vertrauter Menschen mit einzubeziehen. Zum einen, weil die Liebsten, die mitfühlen und sich natürlich auch sorgen, so ihre Entwicklungen mitbekommen. Selbst wenn es in jüngster Zeit nur wenig Erfreuliches zu berichten gab. Zum anderen trägt sie mit einer Nachricht an alle auch ihrem Grundbedürfnis Rechnung, jeden, der mitfiebert und gute Gedanken sendet, teilhaben zu lassen. Haken hinter diesen Punkt der Verantwortung. Außerdem bekommt sie auf ihre Mails immer einiges an Feedback. Ausschließlich Mutmachendes, denn das war ja die Bitte. Entweder erreicht sie persönlicher Kraftzuspruch per E-Mail. Oder sie erhält Links zu Internetseiten, auf denen Hoffnungsvolles steht. Oder aber der eine oder andere greift zum Telefon und päppelt sie so ein wenig auf. Alle Rückmeldungen haben eine unausgesprochene, aber unglaublich wichtige Botschaft: »Du bist nicht allein.«

Abends liest sie sich die Power-Post noch einmal durch. Fast immer muss sie lächeln, manchmal gerührt weinen. Was für wunderbare Weggefährten sie hat. Schlaue, einfühlsame Herzensmenschen.

Ich werde liebgehabt, denkt sie eines Abends, nachdem sie sich gerade noch einmal durch die Mails geklickt hat. Was der Kopf rational erfasst, dringt erst in diesen Wochen zum Herzen vor. Warum? Nun, weil Johanna bisher genug Gründe fand, die dagegensprachen. Weil sie für ihre eigenen Maßstäbe nicht perfekt genug war. Dass man das nicht sein muss, um geliebt zu werden – diese Lektion lernt sie jetzt gerade.

»Ich stehe allerdings noch am Anfang, Miri. Da sitzt der

große Teufel Selbstzweifel noch zu fest im Sattel auf der linken Schulter. Der kleine Engel Selbstliebe rechts spricht auch noch in zu leisen Tönen mit mir. Aber ich möchte das gerne hinkriegen. Das Mich-Lieben und das Mich-lieben-Lassen.«

»Kannst du die Felix-Liebe denn annehmen?«

»Es ist merkwürdig. Aber er ist der Einzige, von meinen Eltern vielleicht mal abgesehen, dem ich abnehme, dass es da eine gewisse Bedingungslosigkeit in seinem Gefühl zu mir gibt. Komisch, oder?«

»Egal. Ich liebe Felix dafür, Jo.«

»Ja. Er ist ein Guter.«

Der August ist eine einzige Enttäuschung. Weniger, was den zu erwartenden Hochsommer angeht. Der gibt sich die Ehre und Mühe. Kein Grund zu meckern. Nein, vielmehr weil Johanna dieser Tage immer wieder daran denken muss, was sie zu Anfang des Jahres im Kopf als Motivation formuliert hat: Die Kacke ist zwar am Dampfen. Aber im Hochsommer, da dampfen nur noch die anderen. Mit anderen Worten: Anfang des Jahres sah sich Johanna im August gesund und krebsfrei. Ähnlich wie 2008 – ein halbes Jahr tapfer sein, dann war es das mit Herrn K. Auch wenn die Ärzte diese Meinung nicht geteilt hatten. Im Gegenteil: Alle haben auf den Ernst der Lage verwiesen. Und nicht auf die Hoffnung, nicht auf die Chancen – und seien sie noch so klein – geblickt. Nun ist es genau so gekommen, wie die Ärzte das vorhergesagt haben.

»Wir müssen in Halbjahresschritten denken.«

Ein widerlicher Satz. Weil er sich nach Endlichkeit anhört. Aber ein halbes Jahr reiht sich an ein halbes Jahr und an ein weiteres halbes Jahr und so weiter … Damit kann und will Johanna leben. Und ein noch größerer innerlicher Erfolg: Was sie vor einem halben Jahr noch zutiefst geschockt hat (dieser Satz!), lässt sie heute nur noch milde lächeln.

»Miri, weißt du? Ich habe mich angefreundet mit dem sogenannten *open end*. Es macht gar keinen Sinn, dieses Waswäre-wenn-Spiel andauernd durchzukauen. Damit würde ich heute gedanklich ausschließlich in einer Zukunft leben, von der ich nicht weiß, wie sie sein wird. Und dabei verpasse ich das Wichtigste, nämlich die Gegenwart. Und die ist trotz allem ganz schön.«

»Wow. Das klingt nach einem Meilenstein deiner persönlichen Weiterbildung zur Alltagsphilosophin.«

»Davon bin ich weiter entfernt als der Mars vom Jupiter. Oder sind das gar Nachbarn? Egal. Da ist ordentlich Wegstrecke zwischen den beiden. Und bis zu meiner Weisheit ist es noch weiter …«

Wir kichern beide. Ich zupfe verschwörerisch mit dem Zeigefinger an meinem Unterlid.

»Aber, Jo, bis zum nächsten Date ist der Weg nicht mehr allzu weit. Wenn ich deine SMS von gestern richtig deute?«

Und dann erzählt sie mir von der jüngsten Eroberung aus ihrer Online-Liebeswelt. Zum ersten Mal sei sie so etwas wie textverliebt. Wie er schreibe, wie er frage, was er sage, wie er kommuniziere. Ja, sie hätten auch schon mehrfach telefoniert. Stundenlang. Nein, gesehen hätten sie sich noch nicht. Aber er habe sogar auf ein Foto von ihr mit raspelkurzem Haar reagiert und geschrieben, wie »supersexy« er das fände.

»Ja, aber was hält dich denn davon ab, ihn zu treffen, Jo?«

»Ach, Miri. Das ist der Erste, der Allererste, der etwas in mir bewegt, was sich nach dem richtigen Kribbeln anfühlt. Stell dir vor, ich finde den dann in echt auch noch so superdupergut. Stell dir vor, es wäre umgekehrt genauso. Die nächsten Schritte sind dann irgendwie unausweichlich … und … und ich mag meinen Körper, die Haut an der Brust … ich mag das niemandem zumuten. Ich trau mich einfach nicht.«

»Hm. Das verstehe ich. Aber wäre es nicht einen Versuch wert? Also wenn es das berühmte *Krawumms* macht beim Kennenlernen, dann wäre alles andere ziemlich egal … oder?«

»Vielleicht, ja.«

Johanna seufzt. Und lächelt. Lass sie es versuchen, unbekannter Mann, denke ich. Du tust ihr augenscheinlich gut. Aber an diesem Abend sage ich nichts mehr.

Es kommt nicht zum Versuch. Es kommt auch nicht zur Anbahnung von irgendetwas. Weil die nächste Katastrophe dazwischenkommt.

Zwei Wochen später sitzen wir in größerer Freundesrunde bei Johanna und spielen lustige Gesellschaftsspiele. Rate- und Scharade-Aktionen, die eigentlich dauernd damit enden, dass wir uns vor Lachen die Bäuche halten. Es ist wundervoll, Johanna so unbeschwert zu sehen. Sie gluckst und macht Witze auf unsere oder ihre Kosten. Wir sind glücklich, alle miteinander. Ein Abend, den wir bald wiederholen müssen, denke ich noch. Da klingelt Johannas Handy. Kichernd von der letzten verunglückten Pantomime eines Teammitspielers schiebt sie ihren Stuhl vom Esstisch zurück und geht in die kleine, offene Küche. Wir warten.

»Hallo?«

Ihr Kichern verstummt.

Endlose Pause.

»Wann?«

Stille.

»Wie, also wie …?«

Stille. Lange, sehr lange anhaltende Stille. Ich sehe, wie sich Johannas Gesichtszüge verändern, Tränen fließen. Als sie wieder spricht, ist ihre Stimme leise, aber klar.

»Danke, dass du es mir gesagt hast.«

Wieder Stille.

»Nein, nein. Ich will so etwas wissen, ich hätte es ohnehin mitbekommen. Danke, dass du mich angerufen hast.«

Sie legt auf, hält einen Moment inne und kommt in Zeitlupe zurück an den Tisch. Eine böse, traurige Ahnung erfasst mich. Ich blicke in die Gesichter der anderen. Einige scheinen bereits Bescheid zu wissen, so jedenfalls deute ich ihre Mienen.

Okay. Da ist etwas passiert, über das ich noch nicht informiert wurde. Aber es kann nur um einen gehen …

»Lukas ist für immer eingeschlafen.«

Johanna klingt tonlos, als sie sich zu uns setzt. Jule reagiert prompt. Sie steht auf, knipst das Deckenlicht aus und entzündet sämtliche Teelichter und Kerzen, die in Johannas Zimmer stehen. Gute Idee, denke ich. Das flackernde Licht macht die Situation weicher und wohliger, als sie gerade ist. Keiner von uns sagt etwas. Alle sehen auf eine Art erwartungsvoll zu Johanna. Sie spürt unsere Blicke und richtet sich auf.

»Das war Richie eben. Richard … einer seiner engsten Freunde. Mit dem Lukas auch die Agentur hatte, für die ich oft arbeite.«

»Mir hat Richie heute Mittag erzählt, was passiert ist.« Phil hat das Wort ergriffen. Und er scheint eine Botschaft zu haben, denn er fährt, ohne auf Johannas Reaktion zu waren, fort: »Du darfst dir das nicht so zu Herzen gehen lassen, Jo. Du darfst und sollst trauern, ja. Aber das hat nichts mit dir und deinem Fall zu tun. Lukas … Lukas war anders. Seine Erkrankung war anders. Das ist nicht das Gleiche, hörst du? Du hast Chancen. Und Möglichkeiten …«

Jule kommt ihm zu Hilfe: »Und du hast *uns*, Jo. Du hast eine Menge Menschen um dich, die dich lieben. Die dir helfen wollen und helfen können. Und du bist inzwischen ja schon recht gut darin geworden, uns zu sagen, wie.«

Während ich noch immer schockstarr neben Johanna sitze, reden die anderen durcheinander: »Er ist jetzt an einem für ihn besseren Ort.« – »Er hatte keine Kraft mehr. Lass ihn los.« – »Du wirst das schaffen, weil du so kämpfst.« – »Sei traurig, aber nicht verzweifelt.« – »…«

Johanna hört zu und lächelt hin und wieder. Und dann sagt sie etwas, das ich von ihr nie erwartet hätte.

»Ich möchte für ihn beten. Jetzt. Mit euch allen. Egal, ob euch das etwas bedeutet oder nicht. Ich möchte ihm eine Botschaft nach oben schicken. Macht ihr mit?«

Keiner widerspricht. Und wir alle beten für Lukas, der in viel zu jungen Jahren den Kampf gegen den Krebs verloren hat.

In den folgenden Tagen lenkt sich Johanna bewusst ab. Sie empfängt Besuch, unternimmt Ausflüge mit Leni oder lädt Nachbarskinder zum gemeinsamen Backen ein. Felix übernachtet drei Mal hintereinander bei ihr. Und sie vereinbart gleich mehrere, neue Termine bei Dr. Wiener. Zerstreuung und ein Stück weit Verdrängung heißen die Mechanismen, mit denen sie versucht, Abstand zwischen sich und der belastenden Nachricht zu schaffen.

Abstand hat sie auch immer noch zu Nele. Johanna merkt, wie gut ihr das tut und dass es sie weniger schmerzt als angenommen. Sie kann zwar nicht exakt definieren, was genau ihr »nicht mehr fehlt«. Aber es fehlt ihr jedenfalls nichts, was von Nele kommen könnte. Das Einzige, was ihr noch einen Stich versetzt, sind die Gemeinschaftsaktivitäten, die Nele nach wie vor ohne Johanna plant und durchführt. Aber da geht es um Ausgeschlossensein, das per se ein doofes Gefühl hervorruft. Und nicht direkt um Nele und sie. Eines Tages vielleicht. Nicht jetzt. Eines Tages wird sie mit ihr darüber reden. Zurzeit jedenfalls hat sie keinen Nele-Bedarf. Zu viele andere sind um sie herum und für sie da. Kein Mangel an Liebe und Nähe.

Der schwerste Schritt im Abstandhalten steht ihr allerdings noch bevor. Der irdische Abschied von Lukas. Johanna ist innerlich zerrissen.

»Ich kann nicht *nicht* hingehen, Miri. Erst recht nicht nach Richies so persönlicher Einladung.«

»Die hat er dir geschickt, weil du die Chance haben solltest, Lebewohl zu sagen. Und du dich nicht einmal mehr durch überbordenden Beschützerinstinkt ausgegrenzt fühlst. Er hat dir aber nicht Bescheid gegeben, weil irgendjemand erwartet oder gar verlangt, dass du kommst.«

»Meinst du?«

»Das meine ich nicht nur, das weiß ich. Wir haben darüber gesprochen. Auch Lukas' Freundin hat vollstes Verständnis, wenn du das nicht schaffst, Jo. Keiner nimmt dir das übel.«

»Ich möchte aber. Auf eine Art. Ich habe nur schreckliche Angst davor.«

Wir schweigen ein paar Minuten. Ich räuspere mich. »Nimm mal deine Verbundenheit zu Lukas und dein Pflichtgefühl. Und schieb beides zur Seite. Was bleibt da übrig?«

Johanna zögert kurz und blickt mich dann mit großen Augen an. »Ganz ehrlich? Angst.«

»Dann tu dir das nicht an.«

Am Tag des Abschieds von Lukas ist Johanna angespannt. Dennoch hat sie ihren Frieden damit gemacht, dem Freund nur im Geiste »Adieu!« zu sagen. Ihr Exfreund Markus wird auch in ihrem Namen einen Gruß auf der schweren Holzkiste hinterlassen, mit der Lukas nun auf eine neue Reise geht. Das hat er ihr zugesichert.

Nach den Feierlichkeiten ruft er kurz an, fragt sie, ob sie etwas dazu wissen möchte. Johanna bejaht. Verhältnismäßig sachlich und mit nicht mehr Details als nötig berichtet Markus von der Zeremonie und der irgendwie friedvollen Stimmung trotz aller Traurigkeit. Natürlich hat er sein Versprechen gehalten. Und er endet mit den Worten: »Es war gut, dass du nicht da warst. Es war gut so.«

Worte, die gesund machen –
Wege aus der Krise VII

Umfeld »entmüllen«

Gehören Sie zu den Menschen, deren Arme immer weit ge-
öffnet sind, sobald Sie jemanden wild fuchtelnd auf sich zu-
rennen sehen? Ja? Dann willkommen in meinem Leben.
Diese Herzensoffenheit ist grundsätzlich eine wunderbare
Eigenschaft. Nicht falsch verstehen, ich finde es schön, wenn
Menschen bereit sind, andere mit all ihren Ecken und Kanten
an- oder aufzunehmen. Ihnen liebenden, freundschaftlichen
Schutz und Herberge zu geben. Dennoch ist die Phase der
Krankheit, in der Sie oder ein naher Mensch gerade stecken/
steckt, nicht gemacht für diese Offenheit auf allen Ebenen. Soll
heißen: Räumen Sie Ihr Umfeld etwas auf. Verzichten Sie auf
die Menschen, die Ihnen zu viel abverlangen. Sie müssen nicht
direkt Freundschaften kündigen, wenn Sie feststellen, dass
eine Person mehr nimmt als gibt, mehr Sorge verbreitet als
Zuversicht, mehr auf Eigennutz achtet als auf Selbstlosigkeit.
Stellen Sie innerlich Sortiereimer auf. Freunde »für immer«,
Freunde für »gute Zeiten«, Freunde für … »ach, irgendwie
nicht so«. Letztere sollten Sie meiden. Für eine gewisse Zeit
jedenfalls.

Alles auf den Prüfstein stellen

Machen Sie den TÜV mit sich selbst. Wagen Sie sich an die
großen Fragen. Wann, wenn nicht jetzt! Wer und wie sind
Sie? Sind Sie so, wie Sie sich das vor zwanzig Jahren vorgestellt

haben? Oder anders? Sind Sie zufrieden mit sich? Oder wollen Sie eigentlich anders sein? Wenn ja, ändern Sie es. Jetzt. Es liegt in Ihrer Hand, die Weichen umzustellen.

Anders denken heißt sofort auch anders fühlen. Anders fühlen kann bedeuten, von einem Moment zum anderen keine Schuld, kein schlechtes Gewissen, keinen Zorn oder keine Verbitterung mehr zu spüren. Wie befreiend das ist. Wie leicht Sie werden. Wie unbeschwert und glücklich. Probieren Sie es aus. Gestützt von einer Therapie oder, ja, ich wiederhole mich: von Meditation. »Loslassen« ist das Stichwort. Sich Trennen von Altem, Ungeliebtem, Störendem, Zerstörerischem. Wenn Sie losgelassen haben, kommt das Glück auf Sie zugerannt – mit wild fuchtelnden Armen. Und das dürfen Sie dann gerne in Ihre Arme schließen.

Unangenehmes aufschieben

Sie sind ein pflichtbewusster Mensch? Erfüllen Sie jede Aufgabe pünktlich? Denken und fühlen Sie für andere/mit anderen, selbst wenn Sie das nicht müssten?

Ab heute nicht mehr. Schieben Sie Unangenehmes auf! Ganz bewusst. Setzen Sie sich keiner nervenaufreibenden Aufgabe aus. Umgehen Sie Konfliktgespräche, sie bringen Ihnen im Zweifel nichts – außer Einschlafproblemen. Drängen Sie ganz bewusst alles, ALLES, was Ihnen ein leichtes Ziehen in der Magengegend bereitet, in den Hintergrund. Wenn Sie arbeiten (was ich empfehlen würde), dann geben Sie die nicht schönen Aufgaben ab. Sagen Sie, dass Sie augenblicklich nicht dazu imstande sind. Jeder wird das verstehen. Wer es nicht versteht, ist nicht Ihr Freund und wird es auch nicht werden. Distanzieren Sie sich von allem, was Seelenpein verursacht. Sie brauchen Kraft und positive Energie.

Auch im Privaten sollten Sie alles Unangenehme mit »Ich

kann gerade nicht.« kommentieren. Wenn jemand darauf verstimmt reagiert, lassen Sie ihn lächelnd ziehen. Der Kontakt war dann ohnehin nicht gut für Sie.

Nähe suchen

Menschen fällt es unterschiedlich leicht oder schwer, Nähe zuzulassen. Körperliche wie emotionale. Dabei ist genau das etwas, das kranke und schwerkranke Menschen dringend brauchen. Nähe, Wärme, Zuwendung. Konzentrieren Sie sich auf die Menschen in Ihrem Leben, die Ihnen bedingungslose Nähe schenken. Suchen Sie sie regelmäßig auf. Lassen Sie sie dicht an sich heran, auch wenn Ihnen das schwerfällt. Denn Nähe schenkt Selbstwert. Schenkt Wohlgefühl. Schenkt Liebe. Schenkt Ihrem Körper und Ihrer Seele die Kraft, die Sie gerade brauchen, um durchzuhalten. Ein Immunsystem-Pusher sind Nähe und Liebe obendrein.

Kreisel werden

Wenn Sie eine Krankheit haben, bei der sich der eigene Körper gewissermaßen gegen sich selbst richtet (Rheuma, alle Autoimmunerkrankungen, Krebs etc.), dann wird Ihnen diese Aufforderung vermutlich etwas merkwürdig vorkommen. Und das nicht ohne Grund. Sie haben wahrscheinlich nicht oder nicht gut genug gelernt, dass es sehr gesund ist, um sich selbst zu kreiseln, sprich: sich um sich selbst zu kümmern. Das kann keiner so gut und gewissenhaft wie Sie – wenn Sie es denn tun. Gestatten Sie es sich, Ihre körperlichen und psychischen Bedürfnisse zu betrachten. Dieses Um-sich-selbst-Kreiseln bedeutet keineswegs, dass Sie zum Egomanen mutieren werden. Nein. Betrachten Sie sich und Ihre Sehnsüchte. Nehmen Sie sie wahr und handeln Sie danach. Es macht Sie stärker. In allem.

Gegenwärtig sein

Das ist eine Langstreckenaufgabe, die Sie am besten in kleine Etappen unterteilen. Niemandem gelingt es, aus dem Stand »gegenwärtig« zu sein. Was heißt das überhaupt? Nun: Letztlich Ihre Gedanken und damit Ihre Gefühle, die sich aus der Vergangenheit speisen oder auf die Zukunft richten, abzuschalten. All diese Gedanken und Gefühle mögen berechtigt sein – aber sie haben im Hier & Heute keine Bedeutung. Und genau um das Ankommen im Hier & Heute geht es.

Wenn es Ihnen gerade jetzt rundum okay bis gut geht, halten Sie dieses Gefühl fest. Freuen Sie sich darüber. Genießen Sie es, nehmen Sie die Leichtigkeit dieses Augenblicks in Ihr Herz. Auf dass der Keim dort aufblüht und immer größer und stärker wird. Und Sie in schwierigen Momenten daran erinnert, dass es auch wieder anders wird. Erfreuen Sie sich an kleinen Dingen. »Ich lese und atme entspannt. Es ist gut.« Ist alles gerade, in diesem Augenblick, gut? Oder wenigstens okay? Verfestigen Sie das in sich. »Okay« ist schon mehr, als viele sonst erleben. Okay ist sehr okay.

8 Im Hier & Jetzt

Der September naht und mit ihm Johannas drittliebste Jahreszeit. Früher fand sie vor allem den Sommer aufregend. Mit seiner schweren Hitze, dem Kribbeln im Körper, wenn die Sonne einen Tag lang mit ihren glühenden Strahlen die Haut küsst. Dann gesellte sich der Frühling zu den Favoriten. Das neu erwachende Pflanzenleben. Die Knospen an den Ästen, die nach jedem finsteren Winter ein Versprechen auf atemberaubenden Blütenzauber und Buntheit sind. Und das Erwachen der Seele aus dem Winterschlaf. Den Herbst hat sie erst mit der Zeit zu schätzen gelernt. Für seine phantastischen Farbenspiele an den Bäumen. Für die lauen Abende, an denen ein frisches Lüftchen für mehr Sanftheit sorgt als die Schwüle des Sommers. Nur mit dem Winter kann sie nicht sonderlich viel anfangen. Erst recht nicht mit dem grauen Winter in Berlin. Wenn der goldglitzernde, rot beschleifte Dezember nicht wäre, weil er Weihnachten beheimatet – könnte man den Winter für Johanna ersatzlos streichen. So weit ist es noch nicht. Kein Schnee in Sicht. Noch nicht.

Der nächste Termin zur Verlaufskontrolle allerdings steht an.

»Ich hätte Ihnen so gerne etwas anderes mitgeteilt. Der Wert ist weiter gestiegen. Wir sind jetzt bei knapp 900, Frau Orly.« Dr. Joachim ist ehrlich betroffen und streicht vorsichtig über Johannas Hand. Sie lässt es wortlos geschehen. Einige Minuten vergehen still.

»Ich verstehe das nicht. Ich begreife nicht, warum sich mein Körpergefühl so sehr von den messbaren Werten unterscheidet. Mir geht es blendend. Von den regelmäßigen Psychotiefs mal abgesehen. Ich fühle mich … gesund. So komisch das klingen mag. Wo soll da etwas in mir wachsen? Wo? Und warum sehen wir das nicht?«

»Manchmal kann ein stecknadelkopfkleines Etwas …«

»Ja, das sagten Sie bereits. Aber wie können wir das entdecken?«

»Ich würde Ihnen noch einmal ein PET-CT empfehlen …«

»Wieder in die Röhre.« Johanna seufzt. »Das kann auch nicht gesund sein.«

»… damit wir sehen, wo da möglicherweise etwas ist. Ansonsten können wir momentan nicht viel tun, außer weiterzumachen wie bisher. Sind Sie damit einverstanden?«

»Gut, aber dann nehmen wir keine Werte mehr. Die machen mir nur dauernd unfassbar schlechte Laune.«

»Wenn Sie das möchten, verzichten wir darauf.«

Dr. Joachim macht einen entsprechenden Eintrag im Patientenbogen. Er vereinbart telefonisch einen Termin für Johanna im Röhren-Zentrum. Dass er in den kommenden Wochen dennoch weiter die Tumormarker bestimmen lassen würde, ahnt Johanna nicht.

Als sie mir von ihrem Nachmittag beim Arzt und den erneut doofen Nachrichten berichtet, bin ich einmal mehr geschockt. Das kann doch alles nicht wahr sein. Johanna tut so viel gegen diese vermaledeite Krankheit, setzt sich mit allem so intensiv auseinander. Sollen die ganzen Anstrengungen, die Qualen, das Durchhalten während der vergangenen Monate für die Katz gewesen sein? Ich bin fassungslos. Und wütend, dass Johannas Kämpfergeist offenbar nicht belohnt wird. Außerdem bekomme ich langsam Angst. Was, wenn sie es doch nicht schafft? Wenn das K-Ding wirklich stärker ist als sie? Ich trete diesen schrecklichen Fragen im Geiste in den Allerwertesten. Denn ich möchte an ihre Genesung glauben. Und wenn es ein Wunder geben muss dafür.

Am Abend telefonieren wir noch einmal. »Vielleicht hat dir die Sache mit Lukas doch mehr zugesetzt, als du dir eingestehen willst. Vielleicht könnte das den K-Zellen einen Schub gegeben haben. Und vielleicht würdest du die Zellen mit besserer Stimmung in den kommenden Monaten wieder in den Griff bekommen. Was meinst du, Jo?«

»Der Lukas-Ansatz ist gar nicht so abwegig, Miri. Allerdings hat das Ansteigen der Werte schon Wochen vor seinem Tod begonnen.«

»Das stimmt. Aber seine ganze Leidensgeschichte hast du ziemlich intensiv verfolgt und ihn auch ein wenig begleitet. Das muss in dir genagt haben. Ich will dir damit keine Schuld zuweisen, aber …«

»Ja, ja, ich verstehe schon. Nein, eine Schuld an den schlechten Werten gebe ich mir in dieser Hinsicht auch keine. Zumal ich durch das Meditieren recht gut mit meinen Ängsten klarkomme, sie loslassen und manchmal sogar auflösen kann. Mein Gedanke ist ein anderer …«

»Und der wäre?«

»Was, wenn mein Unterbewusstsein – also der Teil, den ich nicht mit dem Verstand analysieren und kontrollieren kann –, was, wenn dieses Unterbewusstsein *nicht* gesund werden will?«

»Das klingt absurd, Jo. Du verabscheust die Krankheit. Mit jeder gesunden Zelle deines Körpers, würde ich behaupten. Du *willst* leben, und das sieht man auch. Das sprießt aus jeder Pore deiner Haut. Deswegen siehst du ja auch aus wie die Eisprinzessin-Barbie.«

Johanna geht nicht auf meine Bemerkung ein. »Ich denke über den sekundären Krankheitsgewinn nach. Das, was Patienten heimlich unheimlich guttut. Ärzte kümmern sich, Familie und Freunde wenden sich einem noch liebevoller als sonst zu, man wird umsorgt. Vielleicht gibt es einen Teil in mir, der davon bisher zu wenig abbekommen hat. Oder Aufmerksamkeit und Liebe nicht zugelassen hat. Und der deswegen die ganze professionelle Betreuung und private Intensivfürsorge in dieser Situation eben auch irgendwie … genießt. Und Angst hat, dass das später alles wieder wegfällt. Verstehst du?«

»Hm. Ich weiß nicht.«

Aus meiner Sicht ist Johanna so gar kein Sekundärer-Krankheitsgewinn-Typ. Wir haben beide 2008 einige dieses Schlages erleben dürfen. Patienten, die regelrecht aufblühen in ihrem Elend, ihre Krankheit fast schon feiern. Mit Sicherheit stecken da genau die unbewussten Beweggründe dahinter, die Johanna eben skizziert hat. Aber sie, die so nahe dran ist an sich selbst, ehrlich und wach – das geht für mich mit sekundärem Krankheitsgewinn nicht zusammen.

»Ich verstehe, was du meinst. Aber es fällt mir schwer, dich bei dieser Spezies von Menschen einzusortieren.«

»Mir doch auch, Miri! Dennoch will ich meinem Unterbewusstsein die Möglichkeit einräumen, mir damit etwas zu sagen.«

Sie hat sich darüber offenkundig bereits den Kopf zerbrochen. Konkret bedeutet dies für sie, dass sie jetzt schon Vorbereitungen treffen will für das Leben *danach*, also für die Zeit, wenn sie wieder gesund ist. Und da soll dann insbesondere ihre Seele nicht zu kurz kommen. Freundschaftspflege, Austausch mit anderen über Gefühle (nicht nur in guten, sondern eben auch besonders in schlechten Zeiten), mehr Zeit mit der geliebten Familie. Das alles hat sie jetzt, weil sie häufig Besuch bekommt, der ihr hilft und sie entlastet. Das möchte sie auch in Zukunft aufrechterhalten. Über ihr »Schicksal« sind alle, sie, ihre Eltern und Verwandten, ihre Freunde näher zusammengerückt. Und diese Liebe, die sie von allen bekommt, wird – das weiß sie – mit Sicherheit auch über die jetzige Lebensphase hinaus Bestand haben. Dazu will sie auch ihren Beitrag leisten. Sie möchte dieses Wohlgefühl, das die vielen Menschen, die sich um sie kümmern, in ihr auslösen, aufrechterhalten und zurückgeben. Indem sie sich um andere kümmert: nicht mehr übertrieben verantwortlich, sondern liebend freiwillig. Weil es ein angenehmes Gefühl hinterlässt, für andere da zu sein.

Zum Schluss sagt sie: »Genau damit will ich mich heute beschäftigen, damit mein Unterbewusstsein morgen ganz entspannt gesund werden kann. Denn das Gute aus der bösen Zeit wird bleiben.«

»Das klingt tatsächlich ziemlich nachvollziehbar. Kann ich bei irgendetwas behilflich sein?«

»Haha, nun, du solltest später genauso für mich da sein wie jetzt. Aber ich bin es dann umgekehrt auch wieder für dich, Miri. Ausgeglichene Waagschale.«

»Leichte Übung, Jo. Leichteste Übung.«

»Außerdem konzentriere ich mich im Moment auch auf anderes als nur auf den Krebs. Ich schreibe zum Beispiel gerade eine Menge Dinge auf für dein Buch. Vielleicht kannst du etwas damit anfangen. Jedenfalls macht das Spaß, es fühlt sich sinnvoll an. Darüber hinaus glaube ich: Je mehr Dinge ich vorhabe, die bewusst nichts mit der Krankheit zu tun haben, umso freier fühle ich mich.«

»Als da wären?«

»Ach, ein neues Date wäre mal wieder ganz schön.«

Am darauffolgenden Tag malt Johanna ein großes Plakat und hängt es an die Wand in ihrem Schlafzimmer. »Weinen aus Freude« ist da zu lesen. Und »Ferienhaus am Wasser«. Aber auch: »neue Liebe«. »Gesundheit« steht ganz oben. Darunter »ein Fahrrad«. Dieses Plakat ist ihr Vision-Board. Ihre Visionen, die ihr gute Laune machen. Außerdem pinnt sie ein großes Bild von sich daneben, aus der Zeit, als sie mit Leni hochschwanger war. Sehr runder, wunderschöner Bauch, das T-Shirt darüber hochgezogen, Jeans, Leuchten im Gesicht. Die Schwangerschaft – das war ihre bislang glücklichste Zeit.

Louise Hay schreibt in ihren Büchern, dass man sich positiv programmieren soll und auf diese Weise jedes erträumte Ziel auch erreichen kann. So weit denkt Johanna noch nicht. Also:

an die tatsächliche Erfüllung ihrer Herzenswünsche. Aber sie ist auf dem richtigen Weg, denn sie merkt, dass sie allein beim täglichen Anblick von Plakat und Foto lächeln muss. Ein warmes Gefühl durchströmt sie, und dieses Gefühl ist Gold wert. Sie will es festhalten, jeden Tag ein bisschen länger. Ins Hier & Jetzt mitnehmen. Und es in Momenten der größten Dunkelheit wiederaufleben lassen.

Zum PET-CT laufen wir dieses Mal im Dreiergespann auf: Felix, Johanna und ich. Johanna hat sich in den vergangenen Wochen dermaßen stoisch auf die Gesundheit konzentriert, dass ihr Optimismus fast schon ein wenig hysterisch wirkt.

»Da wird nichts sein. Nichts, nicht die kleinste Winzigkeit. Ich weiß das, weil ich mich gesund fühle. Und ich glaube sogar daran, dass die Knochenmetastasen weg sind. Ich glaube wirklich daran.«

Felix und ich bestärken sie, auch wenn ich in mir dunkle Zweifel spüre, die ich tunlichst für mich behalte. Für Johanna ist es beschlossene Sache, den Tumormarkern keine Bedeutung mehr beizumessen. So hängen diese dämlichen Zahlen in meinem Kopf über der Situation wie ein Damoklesschwert. Mir gelingt es augenscheinlich deutlich schlechter als Johanna, das beiseitezuschieben.

Als wir auf Professor Luskowitz warten, merke ich, dass auch Johanna hibbeliger wird. Wie auch anders. Positive Programmierung hin oder her, sie ist auch nur ein Mensch mit Gefühlen.

Als wir in den Besprechungsraum gerufen werden, habe ich das Gefühl, vor innerer Anspannung fast zu platzen, und denke nur: Raus mit der Sprache, Herr Professor. Aber schnell.

Johanna klingt fröhlich, als sie fragt: »Und, wie sieht es aus?«

Der Professor nimmt die Unterlagen zur Hand. »Nun, ganz ehrlich …«

Wir halten alle die Luft an.

»… das hätte ich Anfang des Jahres nicht für möglich gehalten. Wir haben hier eine schöne Regression.«

Ich drücke Johannas Hand.

»Was heißt das genau, Herr Luskowitz? Was ist mit den Metastasen?«

Er überfliegt die Auflistung und murmelt vor sich hin: »Also, im Wirbel X – die ist weg. Darunter, im Wirbel Y – die ist auch weg. Dann war da noch … nein, auch weg. Die nächste … weg. Und diese hier, auch weg. Diese Metastase ist deutlich kleiner geworden. Und die hier … weg, weg, weg …«

Johanna sieht uns strahlend an. Keiner von uns kann die Tränen der Erleichterung zurückhalten.

Danke, lieber Gott, danke! Danke!

»Ich wusste es. ICH WUSSTE ES!« Johanna springt unvermittelt auf, umarmt den etwas überforderten Professor und drückt ihm überschwänglich einen Schmatz auf die Wange.

Er lächelt und sagt: »Das ist eine sehr, sehr gute Entwicklung. Aber noch haben Sie es nicht geschafft, das wissen Sie ja.«

»Natürlich, das weiß ich. Aber das sind endlich mal richtig gute Nachrichten.«

Sehr beschwingt gehen wir noch einen Kaffee trinken und lassen den Vormittag immer und immer wieder Revue passieren. Johanna strahlt über das ganze Gesicht. »Den Rest schaffe ich jetzt auch noch. Zur Hölle mit dir, Krebs.«

Dann greifen wir uns den Untersuchungsbericht und lesen ihn gemeinsam durch. Wobei von lesen nicht wirklich die Rede sein kann. Das ist Arbeit. Eine echte Herausforderung für medizinische Laien. Es wimmelt nur so von Fachbegriffen. Johanna lässt sich davon nicht abschrecken, sie will alles ganz genau wissen. Felix googelt, was wir nicht verstehen, und so ackern wir uns Absatz für Absatz durch das Dokument.

Der Terminus »Regression«, also Rückschritt der Absiedelungen (Metastasen), findet sich erfreulich oft darin. Zwei Entdeckungen lassen uns kurz stutzig werden. Aber sie schaffen es nicht, die Stimmung ernsthaft zu trüben. Eine Metastasen-Stelle, die diversen Knubbel auf der Haut, ist in Progression, also fortschreitend im Vergleich zum PET-CT davor. Und ein neuer, wenn auch noch kleiner Herd wurde entdeckt.

»Wisst ihr, das entsetzt mich gar nicht so sehr, wie ich gedacht hätte. Irgendeine Erklärung für die hohen Tumormarker musste es ja geben. Was mich viel mehr beschäftigt, sind die Hautveränderungen. Warum gehen die durch die Hyperthermie nicht richtig weg? Den Eindruck habe ich ja schon länger, dass es stagniert. Oder sogar sich langsam wieder etwas ausbreitet.«

Davon hatte sie mir bis dahin gar nichts erzählt. Also trägt sie trotz ihrer Vorsätze und entgegen all ihren jüngsten Erkenntnissen doch noch Dinge unausgesprochen mit sich herum. Ich will gerade zärtlich mit ihr schimpfen, bremse mich aber, weil eines klar ist: Selbst bei größtem Willen zu persönlicher Veränderung – es geht nicht über Nacht. Und so weit sie auf ihrer Reise zu sich schon gekommen ist, jede Metamorphose braucht ihre Zeit. Auch Johannas. Ich werfe stattdessen Rechercheergebnisse in den Raum.

»Ich habe neulich wieder etwas Interessantes gelesen, Jo. In dem Artikel ging es um unsere Körperteile und Organe. Darum, für was sie stehen im Leben. Die Haut ist unsere physische Schutzhülle. Logisch, oder? Aber gleichermaßen symbolisiert sie auch die psychische Schutzhülle. Wenn also an der Haut etwas erkrankt, soll man sich auch fragen, wie es um den Seelenschutzwall bestellt ist. Ich finde, das klingt einleuchtend.«

»Darüber habe ich auch schon viel nachgedacht, Miri. Aber ich schaffe doch schon Distanz zu Momenten oder Menschen, die kein psychischer Balsam sind. Nele zum Beispiel ... es geht mir deutlich besser, weil sie derzeit nicht um mich ist. Das war zunächst ein Schock, mir das einzugestehen – sie war doch so lange *meine Freundin*. Das heißt ja nicht, dass wir uns nicht eines Tages wieder annähern. Aber im Moment ist es richtig so, wie es ist.«

Felix hat die ganze Zeit zugehört, ohne etwas zu sagen. Jetzt meldet er sich zu Wort: »Ich glaube, du brauchst noch mehr Distanz. Noch viel, viel mehr Distanz.«

Johanna macht große Augen.

»Zu wem zum Beispiel?«

»Weniger Markus, Jo. Meiner Meinung nach viel, viel weniger Markus.«

Markus spielt in Johannas Herzenswelt schon seit langem keine Rolle mehr. Sie will ihn nicht mehr zurück. Den Loslösungsprozess habe ich selbst miterlebt. Im vergangenen Herbst war sie noch nicht vollständig an diesem Punkt angekommen. Da gab es immer noch, wenngleich selten, kurze Momente des Zurücksehnens. Heute fühlt sie keine schmerzende Liebe mehr, wenn sie an ihn denkt oder ihn sieht. Es ist vorbei. Wie sagte sie neulich: »Meine wunderschöne Zeit mit ihm habe ich, bildlich gesprochen, in einem Schatzkästchen verstaut. Wenn ich es aufmache, leuchtet es mir golden entgegen. Es sind angenehme Gefühle wie Liebe, Vertrauen und Bedingungslosigkeit, die ich dann sehe, aber ich spüre sie nicht mehr. Dieses Kapitel ist abgeschlossen. Respekt und freundschaftliche Verbundenheit möchte ich ihm entgegenbringen können. Und das werde ich auch hinbekommen. Vielleicht braucht es dafür nur etwas Zeit.«

Sie hat mich davon überzeugt, dass ihr Herz geheilt ist. Trotzdem ist und bleibt Markus präsenter Bestandteil ihres Lebens durch die gemeinsame Tochter Leni. Johanna kann ihn nicht aus ihrem Alltag verbannen, auch wenn das vielleicht entspannter wäre. Die Kind-Übergaben verlaufen in der Regel reibungslos. Dennoch gibt Markus Johanna immer mal wieder Anlass, sich gründlich zu ärgern. Umgekehrt vermutlich genauso. Es sind zwar Nichtigkeiten, aber an den Nerven zehrende Nichtigkeiten. Bei allem Erfolg, den Johanna in Sachen Verarbeitung verspürt, sind die alten Muster noch nicht gänzlich durchbrochen.

Wir überlegen, wie man die Situation verbessern könnte. Jemand anderes könnte Leni von A nach B transportieren, wenn das Mädchen seine Papa-Zeit hat. Johanna legt sofort Einspruch ein:

»Wir kommunizieren ausschließlich wegen Leni. Wir sehen uns nur, wenn er sie abholt oder ich sie bringe. Ich finde, es ist wichtig, dass Leni uns gemeinsam erlebt. Und mein oberstes Ziel ist es, diese kurzen Momente zwischen Tür und Angel harmonisch und fröhlich zu gestalten. Leni spürt alles, da bin ich mir sicher. Sie soll sich keine Sorgen machen müssen. Oder sich irgendwann selbst die Schuld für unser Scheitern geben. Das kommt ja bei Trennungskindern so oft vor.«

Das leuchtet ein. Mit funkelnden Augen erzählt sie anschließend von ihrer innerlichen Erkundungstour. Dabei wird sie nicht nur von Louise Hay begleitet, sondern auch von den vielen anderen Lehrern weltweit, die sich mit den Themen Optimismus, Glück und innere Heilung beschäftigen. Innere Heilung deswegen, weil man nur in der Lage ist, ein erfülltes, zufriedenes Leben zu führen, wenn die Seele geheilt ist. Die körperliche Heilung, so diese Meister, folgt dann der psychischen. Deswegen hört und liest Johanna seit einiger Zeit mit so viel Feuereifer Sätze zur meditativen Entspannung.

»Es geht um Liebe. Immer nur um Liebe. In erster Linie Liebe zu sich selbst. Darüber haben wir ja oft gesprochen. Und ich weiß auch, dass das der Schlüssel ist. Aber auch um die Liebe zu anderen. Besonders zu denen, die uns verletzt haben. Keinen Zorn mehr fühlen, sondern ihnen vergeben. Und nur Liebe übrig lassen. Allerdings reicht es nicht, mir das tausend Mal zu sagen. Ich muss es glauben und spüren. Dann sackt die Erkenntnis irgendwann ins Herz. Und ins Unterbewusstsein.«

Felix schaut etwas skeptisch drein. Auch Johanna hat seine Zurückhaltung wahrgenommen.

»Für dich bin ich doch eh schon die Eso-Ursel, oder?«

»Ach, Jo. Und wenn schon. Hauptsache, es hilft. Und irgendwie tut es das ja.«

»Genau. Nicht nur irgendwie, sondern sehr konkret.«

Täglich eine halbe, manchmal eine Stunde lang hört Johanna Audio-Meditationen. Es sind sogenannte Affirmationen, Selbstbestätigungssätze: *Ich bin geliebt. – Ich bin sicher und beschützt. – Ich bin gesund in Körper & Seele. – Das Leben unterstützt mich mit all seinen Möglichkeiten. – Alles ist gut in meiner Welt.* Danach, sagt sie, ginge es ihr viel besser.

Johanna kommt in Fahrt. Ich merke, wie viel Kraft sie aus den Meditationen schöpft: »Wisst ihr, für mich sind das wirklich Worte, die gesund machen. Ich höre die Sätze, ich spreche sie einmal, zweimal, dreimal laut nach – und habe ein Lächeln im Gesicht. Wenn ich lächele, dann fühle ich mich gut. Und dann muss doch auch auf biochemischer Ebene in meinem Körper so viel Gesundes und Stärkendes passieren, dass das nur zu einer Heilung führen kann.«

Felix ist mittlerweile gedanklich ausgestiegen und spielt an seinem Handy herum. Uns stört das nicht. Außerdem sind wir ja ohnehin bei einem von Johannas und meinen Topthemen. Aber Johanna hat mich, glaube ich, mittlerweile rechts überholt.

»Diese Affirmationen verbessern dein persönliches Befinden. Schön und gut. Aber wie soll das mit der Liebe zu denen funktionieren, mit denen du nicht so Schönes verbindest? Die dir dolle weh getan haben? Ich kann mir schwer vorstellen, wie das gehen soll.«

»Zwei Sachen sagt Louise Hay dazu. Man muss die Verletzung, den Schmerz und die Verbitterung loslassen. Denn das sind alles Gefühle der Vergangenheit. Ausgelöst durch vergangene Ereignisse. Und dann soll man die Menschen so annehmen, wie sie sind. Ich kann nichts in den anderen bewegen, was sie nicht bewegt haben wollen. Also lieber alles hinnehmen, statt verbissen das Zornmonster in mir zu füttern – mit den immer wieder gleichen und am Ende nur mich zerstörenden Gedanken.«

»Und das kriegst du hin?«

»Das funktioniert nicht von heute auf morgen. Es ist ein Lernprozess. Ich muss umdenken, anders an die Dinge herangehen als in den letzten 34 Jahren meines Lebens. Die ganze festgefahrene, gelernte Gefühlsroutine muss durchgerüttelt werden. Das dauert, aber ich werde immer besser darin.«

Johanna zeichnet das Bild vom steten Tropfen, der den Stein höhlt. Das ständige Wiederholen der Affirmationen, das Sich-immer-wieder-darauf-Besinnen, langsam, aber sicher den Wandel herbeiführen. Weil die Aussagen mit der Zeit ins Unterbewusstsein eindringen und sich dort als tiefe Überzeugung und persönliche Lebensweisheit verankern. Gelassenheit mit sich selbst und den eigenen anstrengenden, weil negativen (!) Gefühlen wie Ungeduld, Genervtheit und Ärger übe sie im Alltag. An der Supermarktkasse, wenn sie wie immer in der Schlange stehe, die am langsamsten vorwärts kommt. *Einatmen. Ausatmen. Das ist jetzt eben so. Ich kann nichts daran ändern. Abkassiert werde ich trotzdem mit Sicherheit noch vor Weihnachten.* Oder unter Zeitdruck in einem Unfallstau stehen. *Einatmen. Ausatmen. Das ist jetzt eben so. Ich kann nichts daran ändern. Aber ich kann eine SMS schicken, dass ich mich unverschuldet verspäten werde.* Was unterscheidet solch eine Haltung von ihrem früheren »Ich«? Wie wirkt sich das auf ihr Gefühl aus? Ganz einfach: Sie ist entspannt. Und nicht mehr gestresst.

»Weißt du, Miri, ich kriege das mittlerweile so gut hin, dass mich fast nichts mehr wirklich nervt. Oder wenn, dann nur noch sehr kurze Zeit. Ist das nicht krass? Wie viel zufriedener und ausgeglichener das macht, das finde ich schon irre. Ich fühle mich daher ganz gut mit mir zurzeit. Jetzt muss ich diese Gelassenheit nur noch in Bezug auf Markus hinbekommen …«

»Wenn ich dich so höre, dann bin ich mir sicher: Frau Hay hält dir weiterhin die Hand dabei.«

An einem sonnigen Vormittag im Oktober klingelt es an der Tür. Markus steht davor, nicht unangekündigt, sondern mit freundlicher Vorwarnung per SMS. Johanna ist mental bestens vorbereitet und glücklich-gelöst. Sie fühlt sich gewappnet für diese seltene 1:1-Begegnung. Außerdem gibt es keine offenen Konfliktpunkte. Was soll also passieren?

Markus hat Leni in die Kita gebracht und will Johanna nur noch schnell ein paar Kindersachen in die Hand drücken. Zunächst unterhalten sie sich höflich. »Wie geht es? Wie läuft es? Alle gesund und munter?« Oberflächliches, Small Talk. Dann gibt es an irgendeiner Stelle eine Meinungsverschiedenheit. Sie diskutieren. Die Diskussion wird zu einem kleinen Streit. Nicht laut, aber mit Sticheleien. Und aus Johannas Perspektive mal wieder mit jeder Menge falscher Vorwürfe. Sie atmet tief durch und besinnt sich auf das, was sie dank der Psychotherapie mittlerweile weiß: *Es hat nichts mit mir zu tun. Das ist sein Problem. Ich lasse das nicht an mich heran, dieses Mal nicht.*

Sie bleibt zunächst ruhig. Die Diskussion wird heftiger. Ein Wort gibt das andere. Johanna fühlt brennende Hitze in sich aufsteigen und plötzlich auch wieder Wut. *Hör auf mit diesen Ungerechtigkeiten. Das ist deine Sicht der Dinge. Nicht meine. Das ist deine Wahrheit. Nicht meine. Hör auf.* Sie argumentiert nun nicht mehr so sachlich wie eben noch. Aber immerhin bleibt sie in den Formulierungen bei sich und macht ihm keine Vorwürfe. Kein »*Du machst immer ... du tust dieses ... du willst jenes ...*« mehr wie früher, sondern ein »*Ich empfinde das ... für mich ist das ... meiner Wahrnehmung nach ...*«. Sie hört sich selbst beim Reden zu. Und ist ein klein wenig stolz. Gegen das Gefühl, durch seine Worte verletzt worden zu sein, kommt sie zwar nicht an. Noch nicht. Aber immerhin hat sie erstmals nicht mehr wild zurückgebissen. Und das ist ein Meilenstein. Die Veränderung ihres Wesens hat begonnen. Gerade erfolgreich getestet am schwierigsten, weil historisch am meisten belasteten Kandidaten.

Doch Markus setzt noch einen drauf. Es fallen Sätze wie:

»Papperlapapp. Ich kenne dich … Du warst schon immer so … Früher hast du auch … Du tust doch nur gerade so, als ob …«

Wumms. Das sitzt. Wie kann er so etwas sagen? Er kennt sie eben nicht mehr. Sie ist schon seit langem innerlich eine neue Johanna. Mit vielen neuen Eigenschaften, die ihr selbst an ihr gefallen. Die sich aber erst jetzt entfalten konnten, weil sie das zugelassen, diesen Eigenschaften Raum gegeben hat.

Johanna widerspricht ihm. Und sie hat dabei ihre Fassung zurückgewonnen. »Ich finde unfair, was du sagst. Ich habe mich verändert, Markus. Das bekommst du natürlich nicht mehr so nah mit. Aber ich wandle mich gerade und meine Sicht auf Dinge. Auch auf uns.«

»Ich kenne dich wie kein Zweiter, Jo. Also hör auf, so einen Quatsch zu erzählen.«

Jetzt muss Johanna lachen. »Ich kannte mich ja selbst bis vor kurzem kaum. Wie soll dir das dann gelungen sein? Es wäre schön für mich, wenn du mit deinen Gefühlen mal in der Gegenwart ankommst, Markus. Statt in unserer emotionalen Vergangenheit verhaftet zu bleiben. Du tust ja gerade so, als wären wir noch ein Paar. Oder warum knallst du mir die alten Sätze um die Ohren? Außerdem glaubst du zu wissen, wie ich ticke. Aber das weißt du nicht. Nicht mehr. Noch mal: Ich verändere mich gerade. Nimm das bitte an.«

Ob die Botschaft angekommen ist oder nicht, kann Johanna nicht einschätzen. Jedenfalls ist Markus so irritiert, dass er nichts mehr sagt. Oder aber er tut ihre Worte innerlich als gefühlsduseligen Psycho-Quatsch ab. Wie dem auch sei – ihr Schluss-Monolog hat zur Deeskalation beigetragen, sein Groll scheint sich zu legen. Er nimmt sie zum Abschied sogar kurz in den Arm und huscht dann zu seinem Auto.

Johanna schließt die Tür. Und lässt sich mit dem Rücken an der Wand zu Boden gleiten. *Das muss besser werden. Das war noch keine formvollendete Glanzleistung des neuen Ichs*, kommt es ihr in den Sinn. Aber genau wie bei der Bewältigung der

Angst gilt auch hier: gnädig und geduldig mit sich selbst sein. Rückschläge passieren, sie gehören zum Lernprozess dazu. Sie atmet ein paar Mal tief durch und denkt sich: *Weniger Markus. Viel, viel weniger Markus.*

Worte, die gesund machen –
Wege aus der Krise VIII

Krankheit entthronen

Wer über viele Monate mit einem großen gesundheitlichen Problem zu tun hat, wird Ermüdungserscheinungen an sich feststellen. Psychischer und physischer Natur. Die Therapien sind anstrengend. Das häufige Angsthaben und Sorgenmachen auch. Gleichzeitig tritt aber oft noch ein anderer Effekt auf. Patient und Krankheit gewöhnen sich aneinander. Das Leben mit einer (womöglich auf dem Papier unheilbaren) Krankheit wird ein bisschen gewöhnlicher, als es das in den ersten Wochen nach der Diagnose war. Vielleicht wird sogar die Furcht vor dem Widersacher im Körper kleiner. Das bedeutet nicht, dass der Patient den Ernst der Lage verkennt oder seinen Status quo beschönigt. Nein, aber sich mit der Krankheitssituation zu arrangieren kann auch etwas sehr Positives haben. Denn indem man die Herausforderung angenommen hat, nimmt man ihr trotz aller Gefahr etwas von ihrem Schrecken. Die Übermacht der Krankheit und die anfängliche Lähmung nach der Diagnose schwinden. Angst verwandelt sich in die kleine Schwester Respekt. Und das ist gut so. Denn das macht Sie wieder stark.

Wenn sich dieser Prozess bei Ihnen noch nicht vollzogen haben sollte, können Sie ihn durch bewusstes »Entmachten« in Gang setzen. Mit Affirmationen zum Beispiel: »Ich nehme die Situation an.« – »Ich spüre Respekt, aber keine Angst.« – »Ich bin dankbar für die schönen Dinge in meinem Leben.« Oder was auch immer Ihnen positiv erscheint für Sie und Ihre Lage.

Details erkunden

In der asiatischen Heilkunde, besonders der Traditionellen Chinesischen Medizin (TCM), gilt die Überzeugung, dass wir nicht ohne Grund an etwas erkranken. Und dass es immer ein Zusammenspiel von Psyche und Physis gibt. Wer sein Leben lang viel raucht, hat mit hoher Wahrscheinlichkeit gereizte, entzündete Atemwege oder bekommt irgendwann ernsthaftere Probleme mit der Lunge oder dem Herz-Kreislauf-System. Hier ist das Zusammenspiel von Ursache und Wirkung klar. Bei anderen Erkrankungen ist es auf den ersten Blick vielleicht nicht so offensichtlich.

Die Haut wird zum Beispiel mit »Abgrenzung« und »Selbstschutz« in Verbindung gebracht. Verständlich, ist sie doch unsere äußere Schutzhülle und zugleich unser größtes Organ. Hautkrankheiten können auf Distanzierungs- und Selbstbehauptungsschwierigkeiten hinweisen. Die weibliche Brust symbolisiert Verantwortung, Mütterlichkeit und Liebe. Wenn man sich dauerhaft zu viel Verantwortung aufbürdet, sich immer wieder abgelehnt fühlt, kann dies zu einer Erkrankung dieses Körperteils führen. Rheumatische Leiden verbinden die TCMler häufig mit schweren Schuldgefühlen. Schuld ruft nach Strafe. Selbstbestrafung! Schmerz ist Strafe. Rheuma ist chronischer Schmerz. Wer Wut, regelrechten Zorn, lange Zeit unterdrückt und unausgesprochen lässt, kann irgendwann mit seiner Leber zu tun bekommen. Im Internet werden Sie vielfach fündig, wenn Sie nach der Begriffskombination »Organe + Emotionen« suchen. Wagen Sie auch einen solchen Blick auf Ihre Erkrankung. Ich bin sicher, Sie werden Zusammenhänge erkennen, und Ihr Verhalten beziehungsweise Ihre Gefühle in bestimmten Momenten entsprechend ändern können, wenn Sie das wollen.

Glück erkennen

Jeder von uns definiert Glück anders. Und manche Menschen definieren es meiner Ansicht nach grundlegend falsch. Glück hat nichts mit Geld, Einfluss oder Status zu tun. Auch wenn wir uns darüber profilieren und meinen, deswegen rundum zufrieden zu sein. Glück kann man nicht mit Geld kaufen, es ist kostenlos. Es findet sich in einem Sonnenstrahl, in einer Blume, einem Lachen, und es hat viel mit dem Erkennen des Schönen in Kleinigkeiten zu tun.

Ich bin auf meiner Suche nach dem Glück (ganz besonders in glücklosen Zeiten) auf etwas gestoßen, das mein Leben nachhaltig verändert hat. Für immer. Es war die zufällige Lektüre des Buches *Leben im Jetzt* von Eckhart Tolle[4]. Ich versuche, die Grundidee zusammenzufassen: Ein sehr gegenwärtiges Leben, also eines im Jetzt, ermöglicht es uns, Glück sofort zu erkennen – und Sorgen und Ängste zu verbannen. Denn was quält uns in der Regel? Schmerzhafte Gedanken und Gefühle, die wir mit der Vergangenheit verbinden. Oder Sorgen, wenn wir in die Zukunft blicken. Wir vergessen dabei, dass wir die Vergangenheit nicht ungeschehen machen können – also sollten wir sie ziehen lassen. Die Zukunft können wir nicht vorhersehen – also sollten wir auch keine Katastrophen hineinprojizieren. Schauen Sie sich das Hier & Jetzt an und fokussieren Sie sich auf das Gute. Da gibt es immer etwas. Lassen Sie zu, dass dieses Gute Sie zufrieden und gelassen macht. Natürlich müssen wir als verantwortungsbewusste Menschen den Tag, die Wochen und Monate planen. Inhaltlich, wirtschaftlich. Aber das sollte unsere Gedanken und Gefühle nicht beherrschen. Wann immer Sie es schaffen, die

---

4   Eckhart Tolle: Leben im Jetzt. Das Praxisbuch, Goldmann, München 2014; auch Die Kraft der Gegenwart, Kamphausen Verlag, Ort 2010, desselben Autors ist zu empfehlen.

Gegenwart als kostbarsten Moment zu zelebrieren, werden Sie ehrliches, tiefes Glück empfinden. Probieren Sie es aus.

Selbstliebe lernen

Wir verbieten uns »Selbstliebe« oft, weil sie gefühlt so dicht dran ist an Narzissmus und Egoismus. Echte Selbstliebe hat aber nichts damit zu tun, sie ist schlicht eine Grundvoraussetzung für ein gesundes Leben. Sich um sich selbst kümmern, sich und seine Bedürfnisse wahr- und ernst nehmen. Innerlich heilen. All die Wunden, die sich über ein Leben hinweg ansammeln. Heilung im Innern hat viel mit Vergebung zu tun. Sich selbst und den gemachten Fehlern. Anderen für Verletzungen. Heilung im Innern geht oft einher mit dem Schaffen von Distanz. Zu Dingen, Geschichten und Menschen. Schließen Sie Frieden mit sich, mit dem, wie Sie sind. Verlassen Sie alle Kriegsschauplätze Ihrer Geschichte. Die selbst- oder fremdverursachten. Dann heilen Sie. Und erlangen eine innere Ruhe und Gelassenheit, die nur noch Platz für (fast immer) positive Gefühle lässt. Louise Hay ist eine großartige Mentorin auf diesem Weg. Ihre Affirmationen und Meditationen werden Ihr Leben verändern. Wenn Sie sich darauf einlassen, verspreche ich Ihnen den größten Erfolg. Und ein Leben, so wie Sie es sich immer erträumt haben. Es wir nur zu Ihrem Besten.

9 Hoffnung & Optimismus

Viel Optimismus. Viel, viel mehr Optimismus. Das ist Johannas Credo dieser Tage.

»Ich bin fast schon besessen von dieser positiven Programmierung, Miri.«

Sie zieht geräuschvoll an ihrem Strohhalm. Wir sitzen bei mir im Garten, blicken auf Herbstastern und Dahlien und trinken selbstgemachte Holunderblüten-Limonade. Johanna nimmt sie ohne Zucker. Ist besser für den Kampf, meint sie. Denn Krebs frisst Zucker liebend gern. Wir plaudern über positives Denken und Fühlen. So sehr sich Johanna nur darauf fokussieren will, so sehr weiß sie auch, dass das nicht mit einem Fingerschnips geht. Und auch nicht mit Fleißarbeit und massig Literatur. Es ist ein Prozess. Eine Entwicklung. Die man befördern kann, der man aber auch Raum und Zeit geben muss.

Im Jahr 2008 wurde ich oft während meiner Krankheit gefragt, wo ich die Kraft und die Hoffnung und eben den Optimismus hernehme. Ich habe die Frage nie so recht verstanden. Für mich gab es nur diese eine Möglichkeit, dem K-Ding mit positiver Power entgegenzutreten. Mit Energie und mit Kampfgeist. Deswegen bin ich – langsam zwar, aber immerhin – gejoggt wie eine Irre, trotz bleischwerer Beine dank Chemotherapie. Deswegen habe ich abends gedanklich immer den Mittelfinger Richtung Herrn K. gestreckt. *Der kriegt mich nicht klein, der nicht.*

Habe ich gedacht. Und erst nach der 17. Frage danach, woher diese Stärke kommt, habe ich versucht, dem genauer nachzuspüren. Mein damaliger Mann fiel mir natürlich als Erstes ein. Er war eine Kraft- und Liebesquelle sondergleichen, auch wenn er selbst Höllenqualen der Angst gelitten haben muss. Er hat mir seine Schwäche nie gezeigt. Kurzum: Er war mein schönstes und bestes Medikament. Unsere beiden Familien und unsere Freunde haben mit ihrer Unterstützung ebenfalls meine Energiespeicher aufgefüllt. Und zu guter Letzt habe auch ich etwas dazu beigetragen. Indem ich mir immer wieder gesagt habe: »Ich *will* dagegenhalten. Ich habe doch keine andere Wahl, wenn ich leben will.« Hätte mich jemand zehn Jahre vor meiner Erkrankung mit dem Schicksal konfrontiert, das auf mich wartete, ich hätte niemals gedacht, dass ich so kämpferisch sein kann. Ich hätte vorausgesagt, dass mich allein die Diagnose zu Wüstenstaub zerfallen lässt. Insofern war ich selbst ein wenig überrascht von mir. Aber es war eine Erfahrung, die viele Patienten so oder so ähnlich machten: Sie erkannten, dass viel mehr Kraft in ihnen steckt als jemals vermutet. Dafür braucht es offenbar eine solche extreme Situation, wobei meine eigene 2008 nur halb so heftig war wie die von Johanna jetzt. Umso mehr ziehe ich den Hut vor ihr und ihrer Motivation, sich dem K. mit aller Macht entgegenzustemmen. Zumal ich weiß, dass ihr eine positive Sicht auf die Dinge nicht gerade in die Wiege gelegt worden ist.

Es ist ein Stück weit Prägung, ob wir das Glas eher als halbleer oder als halbvoll betrachten. Ist das Elternhaus oder das persönliche Umfeld eher negativ, klagend, problemorientiert eingestellt, grenzt es schon an ein Wunder, wenn man sich selbst zum Hoffnungsträger und Kraftparolen-Verkünder entwickelt. Ein weitgehend angstfreies Großwerden, selbstverständlich umgeben sein von tonnenweise Liebe halte ich für enorm gesund. Weil es zu einem sturmfesten Selbstvertrauen führt. Das erspart Heranwachsenden nicht die pubertären Selbstzweifel und Dramen. Aber es gibt ihnen ein tief verwurzeltes Urvertrauen mit auf den Weg, eine feste Basis, auf die man im Zweifel viele Jahrzehnte später gut aufbauen kann. Ich habe dankenswerterweise ein solches Fundament aus Liebe und Selbstvertrauen mitbekommen. Und ich habe einen Glauben. Ich denke, alles hat irgendwie geholfen.

Wie gesagt: Erst durch die vielen interessierten Nachfragen habe ich angefangen, mich überhaupt damit auseinanderzusetzen, warum ich so war, wie ich war. Für mich war es das Natürlichste der Welt. Für andere: außergewöhnlich. Bitte nicht falsch verstehen. Ich möchte mich auf gar keinen Fall herausheben. Ich habe nur getan, was ich in dieser Zeit für richtig hielt. Und ich habe nicht darüber nachgedacht. Punkt. Später schon. Vor allem darüber, ob man das trainieren kann. Ob man Optimismus und eine positive Lebenseinstellung erlernen kann – oder ob das allein gottgegeben oder genetisch bedingt ist. Meine Antwort lautet: Ja, jeder kann das lernen. Und nein, da steckt nicht die DNA oder nur eine höhere Macht dahinter.

Johanna hat sich nicht nur vorgenommen, positiver zu werden. Sie will nicht nur ihr Leben ändern, sondern gleich ihre Persönlichkeit. Und diese Aufgabe geht sie mit vollem Körper-, Seelen- und Zeiteinsatz an.

»Weißt du, Miri, die Therapien laufen, und das ist auch gut so. Aber je länger ich darüber nachdenke, umso mehr kommen sie mir wie Beiwerk vor. Notwendiges und sicher sinnvolles medizinisches Beiwerk. Ich glaube, entscheidend für meine vollständige Gesundung ist allerdings die innere Heilung. Und sich von jahrzehntelang geformten, festen und festgefahrenen Denk- und Fühlweisen zu lösen, das dauert.«

»Meinst du nicht, dass du da schon große Schritte gemacht hast?«

»Hm. Vielleicht bin ich ja längst heile in Sachen Seele. Und nur der Körper muss jetzt noch nachziehen. Jedenfalls brauche ich Geduld. Auch wenn mir das manchmal schwerfällt.«

Sie lächelt. Ganz sanft. Ein Anblick, der mir warm ums Herz werden lässt.

Wir blicken zurück auf den Beginn ihrer Reise zum Ich. Angefangen hat es ganz klassisch mit Psychotherapie. Die Seele säubern, aufräumen im Gefühlshaushalt. Genau hinsehen. Verstehen, warum man so ist, wie man ist. Werkzeuge an die Hand bekommen, um Unliebsames verändern zu können. Parallel dazu hat sich Johanna in Bücher vertieft. Keine spirituelle Literatur, sondern wissenschaftliche Werke über den (positiven) Einfluss der Psyche auf den Körper. Ein noch verhältnismäßig junges Feld, das aber immer intensiver beackert wird. In *Die intelligente Zelle* hat sie erfahren, dass unser Denken und das damit verbundene Fühlen physiologische Prozesse stark beeinflusst. Dass jede Zelle sozusagen angesprochen werden kann. Eine Information, die sie fortan für sich nutzen wollte – sich mit der Kraft der Gedanken gesund zu machen. Außerdem besann sie sich auf eine Technik, die wir beide schon 2008 praktiziert hatten: Visualisierung. Im Prinzip eine Vorstufe zur Meditation. Die Augen schließen und sich mit welchen Bildern auch immer die eigene Heilung vorstellen. Mal waren es weiße Ritter (die guten Zellen), die gegen schwarze Ritter (die doofen Zellen) kämpfen. Und diesen natürlich erfolgreich den Garaus machen. Mal haben wir uns ein goldenes Licht ausgemalt, das alles Dunkle in uns regelrecht verglühen lässt. Oder frisches, klares Wasser, das den ganzen Körper durchspült und allen »Dreck« wegwäscht. Der Phantasie sind keine Grenzen gesetzt, wenn es darum geht, sich gesund zu denken.

Im nächsten Schritt machte Johanna sich zunächst zaghaft, später begeistert mit Meditation vertraut. Der Kunst, sich zu sammeln, den Geist zu beruhigen und zu versuchen, nicht zu denken. Johanna sagt von sich, sie sei noch weit davon entfernt, »meisterlich« zu meditieren. Immer wieder würde die innere Stille, die sie für einen Moment erreicht habe, durch hereinfliegende Gedanken gestört: Gedanken an das Kind, die Einkaufsliste oder den Wohnungsputz. Aber sie werde nach und nach besser in ihrer Konzentration auf das Nichts.

Zu guter Letzt hat sie sich Louise Hay zur »Freundin« gemacht. In ihr vereint sich im Prinzip alles, was ihr helfen soll: ein bisschen Psychotherapie für den Hausgebrauch, meditatives Anhören der Affirmationen inklusive der angenehmen Bilder im Kopf, die dabei entstehen. Und natürlich die Lektionen in Positivität. Optimismus schulen und kultivieren, bis er zu einer verinnerlichten Lebenshaltung geworden ist.

So weit, so gut. Bleibt noch Johannas schwierigstes Thema, das der emotionalen Distanz. Distanz zu negativen Einflüssen in ihrem Leben. Distanz zu Ereignissen oder Menschen, die die Stimmung trüben, Sorge bereiten oder Angst machen. Dass es solche Ereignisse und Menschen gibt, lässt sich nicht verhindern. Aber man kann verhindern, dass all das Energieraubende immer bis ins eigene Herz vordringt. Johanna ist zuversichtlich, dass sie das hinbekommt.

»Es gelingt mir zunehmend besser, Miri, mich zu schützen. Mich nicht ständig in den Schwierigkeiten anderer zu verlieren, mit all dem, was dazugehört – Gefühlen wie Traurigkeit, Wut oder Angst. Ich will diese Distanz schaffen, ohne dabei mein Mitgefühl zu verlieren. Und das ist wirklich ein Drahtseilakt.«

»Interessant, dass du das so formulierst. Was mich daran erinnert, dass ich meinen Abstandhalter für die Seele auch mal wieder auf seine Funktionstüchtigkeit hin überprüfen müsste … Im Ernst: Ich habe genau diese Sätze von vielen Ärzten gehört, wenn sie von einer der großen Herausforderungen ihres Berufes sprachen.«

Die Menschen im weißen Kittel – und Übungseinheiten in Sachen Distanz. Beide rücken eine Woche später sozusagen Hand in Hand in Johannas Welt ein. Allerdings ist es nicht sie selbst oder ihr Fall, der Anlass zu diesem Gipfeltreffen gibt. Es geht um eine Unbekannte.

Felix sitzt seit einer halben Stunde bei Johanna und druckst ein wenig herum.

»Ich trage das schon eine Weile mit mir herum. Und ich

weiß immer noch nicht, ob es richtig ist, dir das jetzt zu sagen. Weil ich Sorge habe, dass du dich da in etwas reinstürzt, so wie ich dich kenne, und das eher zu deinem Schaden ist.«

Johanna hört ihm konzentriert zu. Felix hat die Hände ineinander verschränkt und reibt sie ein wenig nervös aneinander.

»Jo, eines vorweg: Du musst mir versprechen, *wirklich* versprechen, dass du ganz ehrlich sagst, wenn dir das zu viel ist. Wenn du das nicht tust, dann erzähle ich dir nicht, um was es eigentlich geht.«

»Ich verspreche es, Felix. Hoch und heilig. O. k.?«

Er zögert trotzdem, ringt um die richtigen Worte.

»Also … es geht um eine entfernte Bekannte. Die Freundin einer Freundin quasi. Und, na ja, die steht gesundheitlich etwa an dem Punkt, wo du stehst. Gestreuter Kack-Krebs und so. Allerdings befindet sie sich seelisch meilenweit von dir entfernt. Auf der schattigen Straßenseite. Oder besser: am Abgrund. Nicht, weil es schon so aussichtslos um sie bestellt wäre. Sie will einfach nicht mehr. Verstehst du? Sie will Schluss machen. Dabei ist es doch noch nicht so weit …«

»Puh. Sich das Leben nehmen?«

»Sie will auf jeden Fall alle Therapien einstellen, weil sie denkt, dass das sowieso nichts bringt. Ich dachte …« Er zögert erneut. »Ich dachte, vielleicht hilft es, wenn du mir ein paar Adressen oder Tipps gibst, von mir aus auch deinen ganzen Esoterik-Krempel, und ich leite ihr das dann weiter?«

»Natürlich. Dazu wäre es nur gut, ein paar Details zu erfahren. Hast du ihre E-Mail-Adresse?«

»Ja. Aber die gebe ich dir nicht. Sonst hängst du nächtelang im Chat mit einem Trauerkloß. Das will ich dir nicht antun.«

»Ich mir auch nicht, versprochen. Aber ihr einen Mutmacher schicken, das werde ich ja wohl noch dürfen, oder?« Johanna pikst Felix belustigt in seinen Bauch. Der krümmt sich mit übertrieben schmerzverzerrtem Gesicht. Johanna pikst weiter. Er hebt den Zeigefinger.

»Aber wehe, du machst ihre Geschichte zu deiner oder ihr Problem zu deinem – dann werde ich dich piksen, dass dir Hören und Sehen und Grübeln vergeht! Einverstanden?«

»Einverstanden, Feli.«

Tanja ist jünger als sie. Ähnliches Krankheitsbild, wenngleich die Metastasen etwas anders verstreut sind. Aber was macht das schon für einen Unterschied, gestreut ist gestreut. Und damit scheiße.

Johanna setzt sich vor dem Zubettgehen an ihren Computer und schreibt. Immer wieder hält sie inne. *Wie fühle ich mich? (Gut.) Ist noch alles okay? (Ja.) Lauert irgendwo Panik? (Nein.)* Alles klar, weiter geht es. So vieles will sie an Tanja weitergeben. Sie aufbauen und ihr Mut machen, sie an ihren Erkenntnissen teilhaben lassen, ihr Internetlinks und Therapietipps schicken. Die E-Mail wird lang. *Vermutlich überrolle ich sie damit. Vermutlich ist das alles zu viel. Vielleicht kann sie damit gar nichts anfangen. Vielleicht weiß sie das alles längst. Und wenn nicht, kann sie der eine oder andere Gedanke vielleicht von dummen Dingen abhalten? Hoffentlich.*

Johanna liest noch einmal Zeile für Zeile durch und klickt nach kurzem Nachdenken auf »Senden«. Dann fährt sie den Computer herunter und legt sich schlafen. Mit einem friedlichen Gefühl im Bauch. Die beiden Waagschalen mit einer Portion Nähe in der einen und einer Portion Abstand in der anderen Schale stehen auf gleicher Höhe. Kein Ausschlagen in die eine oder die andere Richtung. Das ist gut.

Tanja-Tage folgen. Tage, an denen Johanna oft mit einer ihr völlig unbekannten, aber sympathischen Leidensgenossin Mails austauscht. Sie erhält einen Einblick in Tanjas Leben. Tanja ist noch keine dreißig, sie ist allein und vor allem verzweifelt. Weil ihr kaum jemand Hoffnung schenkt und alle nur lange Gesichter machen. Sie ist so erschöpft von den Therapien und ihren Begleiterscheinungen, dass sie überlegt, das alles einfach sein zu lassen. Und zu gehen. Endgültig. Johanna hat sich förmlich die Fingerkuppen wund getippt, ihr Ideen und Möglichkeiten aufgezeigt, mit denen Tanja die Krankheit vielleicht doch erfolgreich bekämpfen könnte. Außerdem hat sie ein ausdrückliches »Aufgeb- und Sterbeverbot« ausgesprochen. Tanja will sich daran halten. Wenigstens fürs Erste.

Ich befrage Johanna in regelmäßigen Abständen zu ihrem Austausch mit Tanja. Nicht, weil ich wissen will, über was die beiden sich unterhalten. Sondern um zu überprüfen, wie meine Freundin diese Aufgabe wegsteckt. Ich kann keine Veränderung ihrer stabilen Stimmung feststellen.

»Ich komme wirklich gut klar damit, Miri. Aber ich gebe zu, ich frage mich häufiger am Tag als sonst, was ich eigentlich gerade fühle. Ob ich mir selbst und anderen die gute Laune nur vorspiele – so wie früher oft – oder ob wirklich alles in Ordnung ist. Und weißt du was? Es *ist* in Ordnung. Bis jetzt jedenfalls.«

»Du scheinst ihr gutzutun, wenn sie dir so oft und so ausführlich schreibt.«

»Ich hoffe es sehr. Und ich wünsche mir, dass ich ihr helfen kann. Wenigstens ein bisschen. Was ich durch unseren Geschichtenaustausch gemerkt habe: Hoffnung ist ein seltenes Gut.«

»Wie meinst du das, Jo?«

»Na ja, Tanja hat wenige Menschen um sich, die Hoffnung verbreiten. Allein aus sich selbst kann sie offenbar keine Hoffnung mehr schöpfen. Die Ärzte scheinen durch die Bank Trübsalbläser zu sein. Und meckern zudem noch an den Tipps herum, die ich ihr gegeben habe.«

Ich muss grinsen.

»Du kannst von einem Schulmediziner nicht erwarten, dass er sich ein Batikhalstuch umbindet, Räucherstäbchen anzündet und im Lotossitz deinen Esoterikweg als heilsbringend befürwortet.«

»Das stimmt. Abwehr oder Desinteresse auf dem Gebiet könnte ich nachvollziehen. Aber die reden ihr auch andere

Therapien aus. Die, die hier in Berlin in jedem Krankenhaus längst praktiziert werden. Also wissenschaftlich fundierte Methoden. Das kann doch nicht nur daran liegen, dass sie in einem 5000-Seelen-Ort lebt, oder? Wie gemein wäre das denn: Die Städter kriegen die Ärzte mit dem Know-how von heute. Und auf dem Land verabreichen sie vor einer OP noch Schnaps als Narkosemittel. Das kann es ja wohl nicht sein.«

»Wer weiß, vielleicht gibt es wirklich ein Gefälle zwischen Stadt und Land, was die Qualität der medizinischen Versorgung angeht …«

»Das will ich einfach nicht glauben. Das darf nicht sein, nicht in der heutigen Zeit! Ich denke eher, dieses Beispiel unterstreicht einmal mehr, was wir längst wissen: Frag tausend Ärzte und …«

»… du bekommst tausend Meinungen, ich weiß. Was hast du ihr denn jetzt geraten?«

»Ich habe ihr gesagt, dass sie kein ›Nein, würde ich nicht empfehlen‹ ihrer Behandler akzeptieren soll. Dass sie entweder zu anderen Ärzten gehen oder es entgegen der Empfehlung dennoch machen soll.«

»Und? Macht sie?«

»Ich weiß nicht. Sie hat als Letztes geschrieben, dass sie Angst habe, mit einer solchen Äußerung ihre behandelnde Ärztin zu verletzen. Indem sie ihr das Gefühl gibt, ihr nicht zu vertrauen. Dabei tut sie das, und zwar voll und ganz.«

Ich bin fassungslos. Aber nur sehr kurz. Auch ich kenne dieses Phänomen nur zu gut. Da gibt es eine innerliche Hürde, die man nehmen muss. Man muss diesen absurden Gedanken loswerden, dass man den lieben Herrn Doktor nicht verstimmen darf, nur weil man gerne noch eine Zweitmeinung hören möchte. Dieses irrsinnige Gefühl abstellen, dass man vertrauensbrüchig wird, wenn man sich eine weitere fachkundige Einschätzung einholt. Eigentlich sollte es einem Patienten schnurzpiepegal sein, was ein Arzt von ihm denkt. Aber aus eigener Erfahrung weiß ich, dass bei manchen Menschen dieser dämliche Gedanke zwischen den Hirnwindungen sitzt. Nämlich der, dass einen der Original-Arzt nicht mehr so unterstützend betreut, wenn man nur einmal woanders war. Heute denke ich darüber anders als früher.

»Es geht um *ihr* Leben. Tanja muss jetzt eventuelle Befindlichkeiten der Kittel-Madame ihres Vertrauens mal gepflegt hintanstellen.«

»Mal sehen, ob sie es hinbekommt, Miri. Ich kann das nicht einschätzen. Aber ich habe ihr mein Lieblingswerkzeug zum Hoffnungstürmchen-Bauen mit an die Hand gegeben. Das da wäre: immer nach dem bestmöglichen Ausgang, dem optimalsten Verlauf fragen. Und dann in Gedanken noch ein Wunder draufsetzen.«

Ein Wunder. Ein Wunder wünsche ich mir auch für Johanna. Es ist mittlerweile November geworden. Kalt und grau und regnerisch. Tatsächlich geschieht ein Wunder – eines, das sich seit neun Monaten angekündigt hat. Zwar auf einem anderen Spielfeld. Aber dennoch Teil von Johannas Leben. Das Baby von Markus und seiner Freundin wird geboren. Er hat es ihr mitgeteilt, und seitdem versucht sie auszuloten, welche Gefühle das in ihr auslöst.

Da ist viel Zuneigung zu diesem unschuldigen neuen Erdenbürger. Und Freude darüber, dass bei der Geburt alles gutgegangen ist. Da ist ein bisschen Sorge, wie es werden wird, weil dieses Kind ja auch Teil ihres Umfeldes sein würde. Aber da ist auch wieder eine Lkw-Ladung beißender Schmerz in ihrem Innern. Schon seit Wochen. In der Zeit vor der Geburt war Johanna viel angespannter als sonst. Den Grund dafür hatte sie sich nicht so recht erklären können. Erst jetzt lichtet sich der Nebel um dieses schmerzliche Gefühl.

»Es ist nicht die Tatsache, dass Markus jetzt mit einer anderen Frau ein Kind hat. Es geht nicht um ihn. Schon lange nicht mehr. Das, was mir daran so weh tut, ist meine eigene Sehnsucht nach Familie allgemein. Dieser Traum ist irgendwie zerplatzt – und damit auch der Traum von einem zweiten Kind.«

Wie gerne würde ich ihr sagen: »Ach was, du wirst eines Tages mit einem neuen, wunder(!)vollen Mann eine Familie gründen und noch ein Kind bekommen!« Aber ich beiße mir auf die Zunge. Wir beide wissen, dass in ihrer Situation eine erneute Schwangerschaft gesundheitlich ein Ding der Unmöglichkeit wäre. Und es vermutlich auch bleiben wird. Und dass es im Moment nur ein Ziel geben kann: Genesung.

»Das heißt, du hast mit deinem Familienwunsch abgeschlossen?«

»Nein, das nicht. Dazu liebe ich Kinder zu sehr. Leni ist ein Geschenk des Himmels. Ich bin für dieses Zauberkind so dankbar. Wie vermessen klingt es dann, dass ich mich nach einem weiteren sehne, oder? Trotzdem … Wenn ich gesund werden sollte, wer weiß, vielleicht ist es mir ja vergönnt, noch eines zu adoptieren. Was ich aber tatsächlich abgeschlossen habe: Ich möchte mich nicht irgendwelchen Sehnsüchten hingeben, die eine ferne Zukunft betreffen. Ich will in der Gegenwart leben und sie genießen. Und hier und jetzt darauf achten, was gesund für mich ist, was mir guttut und was nicht.«

Johanna hat nach der Geburt von Lenis Halbgeschwisterchen einige bedeutende und einschneidende Vorsätze gefasst. Die setzt sie nun Stück für Stück um. Sie möchte mit einigen Baustellen aufräumen, die ihren Seelenfrieden beeinträchtigen. Einer dieser Vorsätze mündet in eine kurze SMS-Nachricht:

»Liebe Nele, ich würde mich gern mit dir über uns unterhalten. Hättest du dazu Zeit?

Liebe Grüße, Jo«

Nele meldet sich prompt zurück, sie vereinbaren einen Termin in der kommenden Woche. Johanna berät sich mit ihrer Psychologin, wie sie das Gespräch am besten führen soll. Welche Worte sie wählen kann, um einerseits klarzumachen, was sie wirklich fühlt und was sie an Neles Verhalten so sehr verletzt hat. Und wie sie andererseits verhindern kann, dass sich Nele dadurch angegriffen oder klein gemacht fühlt. Am Ende hat sie Sätze gefunden wie: »Der Abstand tut mir gerade gut. Ohne dass ich benennen kann, warum. Daher lass uns das doch einfach noch beibehalten, wenn du das ähnlich siehst.« – »Ich kann es annehmen, wenn du dich abwendest. Ich hätte mir nur gewünscht, du hättest mit mir über das Warum gesprochen.« – »Ich habe mich verändert. Mir sind seit einiger Zeit andere Dinge wichtig als früher. Und diese Entwicklung hat dazu geführt, dass wir vielleicht im Augenblick nicht mehr so gut zueinanderpassen. Das schließt eine neue Annäherung irgendwann ja nicht aus.« – »Veränderungen sind ganz normal. Das ist das Leben. Ich bin offen für alles, was kommt. Auch für dich, wenn du magst.« Sie übt die Sätze immer und immer wieder.

Am Abend vor dem Treffen ist Johanna trotzdem nervös. Sie liegt im Bett und spielt in Gedanken die unterschiedlichen Gesprächsverläufe und möglichen Reaktionen durch. Von Verständnis bis Wut. Von Tränen bis zu Umarmungen. Als sie das Licht löschen will, sieht sie auf ihrem Handy, dass sie eine neue E-Mail erhalten hat. Sie ist von Nele. Und sie ist sehr lang. Johanna liest mit klopfendem Herzen.

Nele sagt das Treffen ab. Sie halte es nicht für notwendig, weil ja ohnehin klar sei, was Sache ist. Dass man nicht mehr viel gemeinsam habe. Genauer: eigentlich von Beginn an viel zu unterschiedlich gewesen sei. Dass sie, Nele, diese Verschiedenheit zunächst spannend und reizvoll gefunden habe, aber nun zu dem Schluss gekommen sei, dass ihre Freundschaft genaugenommen nie von dem getragen worden sei, was Freundschaften eigentlich ausmache. Insofern seien getrennte Wege nur konsequent. Und so weiter und so fort.

Johanna lässt das Handy sinken. Inhaltlich war das Beton-Kost. Zu lesen, dass die Freundin sieben gemeinsame Jahre für nichtig oder unbedeutend erklärt. Dass sie im Nachhinein so gut wie alles abwertet. Johanna holt tief Luft und horcht in sich hinein. Sie erwartet Schmerz. Ein Getroffen-Sein, einen Stich im Herzen. Aber sie fühlt nichts dergleichen. *Es ist o. k. Es ist WIRKLICH O. K.* Johanna hätte andere Beweggründe genannt als Nele, hätte das Auseinanderdriften anders erklärt. Das Ergebnis ist dasselbe. Ihre Wege haben sich getrennt. Vielleicht auf Zeit. Vielleicht für immer. Wer weiß das schon. Und genau das schreibt Johanna ihrer Freundin in wenigen, aber freundlichen Sätzen. Sie schickt die Nachricht ab und klappt das Kapitel Nele zu.

Johanna verändert sich spürbar. Als sie loslegte mit all ihren Kopf-Herz-Programmen – also der Psychotherapie, der Meditation und der generellen Seelenbuddelarbeit –, wusste sie, dass sie verschüttete Dinge würde ausgraben müssen. Um sie ans Tageslicht zu bringen. Damit sie nicht länger im Verborgenen Unheil anrichten. Diese Aufarbeitung hat aber nicht nur Probleme gelöst oder zum besseren Selbstverständnis beigetragen. Die Reise, die Johanna angetreten ist, hat einen Wandel bewirkt. Genau wie uns jeder Urlaub, das Kennenlernen von neuen Ländern und anderen Kulturen, prägt und unseren Horizont erweitert. Johanna hat zwar keine Andenken oder Postkarten von fremden Orten mitgebracht. Sie ist im Besitz von etwas viel Kostbarerem: Erkenntnis. Über sich. Sie weiß jetzt, wie sie war und wie sie sein möchte. Und dafür ist sie sehr dankbar.

»Vielleicht hätte ich all das, was ich über mich gelernt habe und noch lerne, auch ohne diese Gesundheitskatastrophe erfahren. Eines schönen Tages, mit genug Lebenszeit und -weisheit im Schaukelstuhl sitzend. Jetzt kommen mir ein paar Erkenntnisse eben schon in meinen Mittdreißigern. Hat doch auch etwas Gutes, dass ich nicht bis siebzig darauf warten muss. Fast ein Geschenk.«

»So gesehen ja. Auch wenn es mir zugegebenermaßen nicht leichtfällt, das K-Ding auch noch mit etwas Sinnvollem zu belegen. Aber vermutlich hast du recht.«

»Ich bin wirklich gelassener und zufriedener als früher. Ich urteile nicht mehr so schnell und hart. Weder über mich noch über andere. Ich kann mich auch besser leiden als noch vor, sagen wir, einem halben Jahr.«

Sie beeindruckt mich sehr in diesem Moment. Johanna erzählt, dass ihre Vorstellungen von dem neuen »Wunsch-Ich« mittlerweile sehr präzise seien. Sie hat ein klares Bild vor Augen, wie sie sein möchte – »ein besserer, glücklicherer, entspannter, verzeihender und noch mehr liebender Mensch«. Wo die innerliche Reise hingehen soll, weiß sie also schon ziemlich genau. Welche Kurven und Umwege auf dieser Reise noch vor ihr liegen und vor allem, wie lange sie dauern wird, das wird sich zeigen.

Einen Mut machenden Beweis dafür, wie gut das mit der neuen Persönlichkeit funktioniert, erhält Johanna Anfang Dezember. Es kommt seit längerem mal wieder zu einem Kurztreffen mit Markus. Und wieder bahnt sich ein Mini-Clash an. Doch irgendetwas ist anders als sonst. Johanna stellt Erstaunliches fest. Sie bekommt zwar ein paar altbekannte Sätze und Schuldzuweisungen zu hören. Aber sie prallen an ihr ab, sie treffen sie nicht mehr. Anders als früher schleudert Johanna auch nichts mehr zurück. Weil sie keinen Schmerz mehr spürt, keine Verletzung und keinen Groll. Und mehr noch: In dem Moment, als sie die Tür schließt, ist sie gedanklich schon bei der Planung des Abendessens – Kinderwürstchen, selbstgemachte Pommes und Gurkensalat.

Worte, die gesund machen –
Wege aus der Krise IX

Optimismus trainieren

Es stimmt schon irgendwie. Es gibt Menschen, die werden mit einem sonnigen Gemüt geboren. Andere laufen durch das Leben und ihnen scheint immer eine kleine Regenwolke zu folgen. Aber ganz unabhängig davon, ob Sie von Hause aus eher dem Team »Glas halbleer« (statt »Glas halbvoll«) angehören oder ob Sie das Leben zu oft verunsichert hat – Optimismus lässt sich lernen. Auch *wieder*erlernen. Durch eine Form des mentalen Trainings: Besinnen Sie sich immer wieder auf das, was alles gerade gut ist. Und gut läuft. Verbieten Sie Ihren Sorgen, zu viel Gedankenzeit zu beanspruchen. Das wird nicht sofort gelingen. Vermutlich werden Sie anfangs auch scheitern, weil es nicht so leicht ist, düstere Gedanken zu verbannen. Sie scheinen manchmal aus dem Nichts zu kommen, haben ihr Erscheinen nicht angekündigt. Wann immer Sie feststellen, dass Sie gerade zu sehr grübeln – geben Sie sich einen Ruck, verscheuchen Sie die dunkle Wolke über Ihnen. Unternehmen Sie etwas Schönes, singen Sie ein Lied, lesen Sie ein inspirierendes Buch. Vitamin D hilft gegen depressive Verstimmung. Aber am besten helfen können Sie sich selbst. Indem Sie sich gegen eine pessimistische, schwarzmalende Sicht auf die Dinge entscheiden. Ganz bewusst. Es hilft Ihnen.

Dankbarkeit üben

Gläubige Menschen danken ihrem Gott im Gebet nicht selten allabendlich für einen gelungenen Tag. Doch auch losgelöst von religiösen Ritualen verstehen es manche besser als andere, dankbar zu sein. Dabei ist Dankbarkeit ein ganz und gar gesundes Gefühl. Ich bezeichne Dankbarkeit gerne als die kleine Schwester des Glücks. Wer es versteht, für Dinge – selbst für die scheinbar unbedeutenden – dankbar zu sein, schafft ein Klima der Zufriedenheit in sich, das dem des großen Glücklichseins sehr nahekommt. Dankbarkeit lässt sich wie Optimismus trainieren. Sehen Sie sich um. Entdecken Sie nicht schon jetzt viele Dinge, für die Sie dankbar sind? Im Falle einer schweren Krankheit hilft es, auch für kleine Schritte beim Prozess der Heilung dankbar zu sein. Für einen Tag, an dem es einem bessergeht als am Tag zuvor zum Beispiel. Hadern Sie nicht damit, dass es Ihnen eigentlich zu lange dauert, zu langsam geht. Haben Sie Geduld mit sich und mit anderen. Dann fällt das mit dem Dankbarsein auch gar nicht mehr schwer.

Heilung visualisieren

Über die Visualisierung des gesunden Körpers wurden viele großartige Bücher geschrieben. Der Effekt ist wissenschaftlich bewiesen. Daher ermutige auch ich Sie gern: Reden Sie mit Ihrem Körper. Visualisieren Sie Ihre Gesundung. Schicken Sie die körpereigenen Abwehrzellen (als weiße Ritter) in den Kampf gegen das, was Sie gerne besiegen möchten (die schwarzen Ritter). Fühlen und sehen Sie einen Lichtstrom heilender, reinigender, reparierender Energie durch Sie hindurchfließen. Gelingt Ihnen das? Oder fällt es Ihnen schwer, auf so eine Gedankenreise zu gehen? Dann versuchen Sie es mit Hilfe von Meditationsspezialisten. Je geübter Sie in der Heilungsvisualisierung werden, umso höher die Wahrscheinlichkeit, dass Sie bald sogar positive körperliche Auswirkungen spüren. Ein Kribbeln oder Warmwerden der Stelle, die Sie mit Ihren Heilungsgedanken bedenken. Das erfordert etwas Übung. Geben Sie nicht auf.

Schmerz beenden

Genauso wie Sie sich liebevoll zum Optimismus zwingen können oder wie Sie größere Dankbarkeit erlernen, so können Sie seelischen Schmerz verbannen. Bevor das gelingen kann, müssen Sie es allerdings gewagt haben, sich die Ursachen des Schmerzes anzusehen. Dieser Prozess lässt sich leider nicht überspringen. Die Verdrängung einer wirklich großen Verletzung ist nur für eine kleine Weile ein probates Mittel. Wenn Sie wirklich mit einem tief sitzenden Schmerz abschließen wollen, kommen Sie nicht drum herum, sich die Baustelle recht genau anzusehen. (Aber das hatten wir ja schon). Ansehen und verstehen. Verzeihen und abheften. Worauf ich jetzt hinauswill: Wenn Sie in einer eigentlich unbelasteten Gegenwart häufiger als Ihnen lieb ist Gedankensplitter eines vergangenen Traumas ereilen, handhaben Sie das wie mit den negativen Gedanken: Schicken Sie sie weg. Ganz bewusst. Das hilft für den Moment. Um das Belastende endgültig loszuwerden, kommen Sie um die psychische Aufarbeitung nicht herum. Aber danach lassen Sie das Schmerzvolle ziehen wie ein Luftballon, der vom Wind weggetragen wird. Auf Nimmerwiedersehen. Das wir Sie und Ihr seelisches Wohl sehr erleichtern.

Bestes einfordern

Die Ratschläge und Ideen, die ich Ihnen am Ende dieses Kapitels mitgebe, sind im Prinzip schon Profitipps für Menschen, die sich gut auskennen mit sich. Die – durch welchen Auslöser auch immer – bereits die Reise zum eigenen Ich angetreten haben. Denn das oben Genannte erfordert viel Reflexion. Nicht jeder ist bereit dazu. Das werden Sie auch feststellen, wenn Sie Ihre Ärzte betrachten. Selbst kluge, sensible Mediziner sagen manchmal Sätze, die Sie auf Ihrem Weg zur positiven Programmierung zurückwerfen könnten. Daher bleiben Sie aktiv. Fordern Sie hartnäckig immer etwas Positives, einen Hoffnungsschimmer ein. Sagen Sie Sätze wie: »Was ist das Beste, was jetzt passieren könnte?« Trauen Sie sich, mit Ihrem Arzt in einen Dialog einzusteigen und achten Sie darauf, nicht nur Empfänger von Heilungsanweisungen, Behandlungen oder Medikamenten zu sein. Machen Sie Ihren Lieblingsarzt zu Ihrem Dr. Hoffnung.

10 Kurz vor dem Ende und wieder auf Anfang

Johanna kann inzwischen anders handeln, weil sie anders denkt. Und damit auch anders fühlt als noch vor einem Jahr. Ich sehe meine Freundin in diesen Tagen oft bewundernd an. Sie ist mir ein Vorbild. Auch ich könnte an der einen oder anderen Stelle in mir durchaus solch eine innere Heilung vertragen. Sie gibt mir Tipps.

»Wenn ich Angst vor etwas habe – einer Situation oder einem Gespräch –, dann baue ich mir einen emotionalen Schutzwall.«

»Oh, das kann ich auch gebrauchen. Wie geht das?«

»Wieder über die Meditation. Also hinsetzen und Augen schließen. Auf den Atem konzentrieren. Versuchen, an nichts zu denken. Und wenn Gedanken kommen, sie weiterfliegen lassen …«

»Das kenne ich aus der Entspannungsphase nach Yogastunden.«

»Genau. Wichtig ist, dass du dich tief entspannst und in diesen angenehmen, gefühlt fast schwerelosen Zustand kommst. Ich fühle mich in diesem Zustand immer sehr im Reinen mit mir.«

»Hmhm, und ich schlafe in diesem Zustand manchmal nach dem Yoga auf der Matte liegend fast ein. Wahrscheinlich versinke ich nur deswegen nicht völlig in den Tiefschlaf, weil ich die anderen nicht mit meinem Geschnarche verstören will.«

Wir müssen beide lachen.

»Haha, Miri, einschlafen sollst du nicht. Du musst ja aufmerksam für dich selbst bleiben. Ich stelle mir jedenfalls immer ein goldenes Ei um mich herum vor. Ich male mir das richtig bildlich aus. Wie groß es ist, wie schön es leuchtet und dass es mich schützt. Dass mir nichts passieren kann.«

»Und das funktioniert, Jo?«

Ich klinge unverhohlen skeptisch. Johanna zuckt mit den Schultern.

»Bei mir bisher schon. Wenn ich mich in den Situationen befinde, die mir vorher etwas Magenschmerzen bereitet haben, fühlt es sich irgendwie sicher an. Sicherer als vorher. So als säße in dem goldenen Ei mein verletzliches Ich. Und mein starkes Ich bildet die Schale. Probier es mal aus.«

Ich nehme es mir fest vor.

Weihnachten naht. In zwei Wochen ist Heiligabend. Die Stadt ist geschmückt, alles glitzert, überall warme Lichter. Die heimelige Stimmung will in diesem Jahr nicht so recht auf Johanna abfärben. Wir kommen vom Weihnachtsmarkt und laden bei mir zu Hause unsere Einkäufe ab. Ich koche uns einen Tee. Johanna macht sich mal wieder Sorgen. So gut die innere Heilung voranschreitet, so sehr lässt die äußere zu wünschen übrig.

»Die Veränderungen auf der Haut werden einfach nicht besser. Ich glaube sogar mittlerweile sicher, dass sich das Doofe wieder ausbreitet. Was meinst du, Miri?«

Sie zeigt mir die Stellen. Ich muss schlucken.

»Ich denke, du hast recht. Hast du das mit Dr. Joachim schon besprochen?«

»Ja, hab ich. Er meinte, es gebe da eine besondere, relativ neue Behandlungsmethode. Speziell für Krebs, der sich auf der Haut zeigt. Ich habe auch schon einen Termin für den Eingriff. Elektro-Chemotherapie heißt das Ganze. Lokaler Eingriff. In gewisser Weise brutal, weil da Stromschläge mit im Spiel sind. Aber angeblich wirksam.«

»Das sind doch super Nachrichten, dass man etwas dagegen tun kann.«

Johanna ist nicht ganz so euphorisch wie ich.

»Ja, mal sehen. Klar, dass ich das jetzt auch noch durchziehe. Aber manchmal geht mir einfach die Puste aus. Ich kann einfach nicht mehr. Ich hab doch schon so viel ausprobiert. Renne drei bis fünf Mal pro Woche zu Ärzten und zu irgendwelchen Zusatztherapien. Trotzdem geht immer wieder irgendwo ein Fass auf. Ich hab zurzeit einfach keine Kraft und keine Lust mehr auf all das.«

»Aber immerhin eröffnet sich dir hier eine neue Chance. Und die macht doch …«

»… Hoffnung, ja.«

Johanna wird sich speziell für die Knoten auf der Haut einer Elektro-Chemotherapie (ECT) unterziehen. Sie hat nämlich herausgefunden, dass das, was mit ihr passiert beziehungsweise eben nicht passiert, offenbar ein bekanntes Phänomen ist. Also dass eine »klassische« Chemotherapie, der sie sich immer noch im Drei-Wochen-Rhythmus unterzieht, entweder auf der Haut Gutes erreicht, dafür im Körper nicht so schlagkräftig arbeitet. Oder dass die Mittel im Körper bestens wirken und auf der Haut nur mäßig oder gar nicht. So wie offensichtlich bei ihr.

Die ECT findet unter Narkose statt, da es sich dabei um einen kleinen operativen Eingriff handelt. Ein Gerät, das aussieht wie eine Stahlbürste mit vielen kleinen Nadeln, wird in die veränderte Hautoberfläche gepikt. Dann werden kleine Stromimpulse durch die Nadeln geschickt, was wiederum die Wände der bösen Zellen durchlöchert. Zeitgleich bekommt sie über die Vene ein Chemotherapeutikum, das so ungehindert und direkt in die K-Zellen eindringen und sie von innen kaputtmachen kann. Das klingt vielversprechend, finde ich.

»Stimmt schon, Miri. Nur dieses blöde *palliativ*, das die Ärztin beim Vorgespräch permanent fallengelassen hat, das klingt nicht so toll. Als wolle sie sicherstellen, dass ich kapiere, dass das nie geheilt werden kann. Sondern, wenn überhaupt, nur vorübergehend hilft.«

»Aber … jetzt mal ganz ehrlich. Du hast doch schon seit längerem beschlossen, dass *curativ* oder *palliativ* in deiner Welt Begriffe sind, die nicht gelten. Weil du sie nicht gelten lassen willst.«

»Ja, das stimmt schon. Dennoch war es verstörend. Ich habe tatsächlich schon überlegt, ob ich – Vorgespräch hin oder her – zur Behandlung in das Hautzentrum in Berlin-Mitte gehe. Die bieten das auch an. Diese Ärztin in der Klinik hat mir zu negativ kommuniziert. Und die Dermatologen in der anderen Praxis sollen fachlich und menschlich ganz toll sein.«

»Also dann gibt es doch gar nichts mehr zu überlegen. Dann machst du das einfach.«

Noch vor Weihnachten wird Johanna die erste von drei oder falls nötig vier ECT-Sessions durchführen lassen. Und ebenfalls noch vor Weihnachten muss sie zur Kontrolle und zu einem Gespräch zu Dr. Joachim. Dringend. Johanna meint, ein wenig Anspannung in der Stimme gehört zu haben, als sie mit ihm telefoniert hat. Daher haben wir beschlossen, dass ich sie zu diesem Termin begleite.

Wenn ein Mensch wie Johanna oder ich einmal in intensiver medizinischer Betreuung war und viele Ärzte kennengelernt und erlebt hat, dann wird er mit der Zeit zwangsläufig zum »Doktor-Flüsterer«, zum »Medizinmann-Versteher«. Soll heißen: Es reichen wenige Eindrücke beim Betreten des Behandlungszimmers oder des Besprechungsraums, um zu wissen, ob heute Schönes oder Blödes besprochen werden muss.

Als wir von Dr. Joachim hereingebeten werden, wird mir ganz schwer ums Herz. Sein Gesicht spricht Bände, er redet bedacht und leise.

»Frau Orly, wir müssen uns Gedanken über das Fortführen Ihrer Therapie machen. Ihre Werte steigen immer noch. Zuletzt deutlich stärker.«

»Sie haben also doch die Werte weiterhin bestimmt …? Nun gut. Was heißt das in Zahlen?«

Johanna sitzt im Geiste offenbar in ihrem goldenen Ei. Jedenfalls klingt sie gefasst.

»Im November waren sie bei 2500. Jetzt sind die Tumormarker bei 3300.«

Die Schale des goldenen Eis bekommt Risse. Johanna wird kreidebleich und bricht in Tränen aus. Mir wird mulmig. Ich lege meine Arme um sie und halte ihren zitternden Körper fest. *3300. 3300. 3300.* In meinem Kopf hämmert es. Bisher waren die Werte pro Monat um 100 oder 150 Indizienpunkte angestiegen. Jetzt sind sie förmlich explodiert. Kann das durch die Wucherungen auf der Haut kommen, die nicht zu bändigen sind? Was passiert mit meiner Johanna? Was macht dieses Scheiß-K-Ding mit und vor allem in ihr?

Das schützende goldene Ei ist zersprungen, Johanna schluchzt und wimmert nur noch. Dr. Joachim streicht vorsichtig über ihre Schulter.

»Verzagen Sie nicht. Wir schauen uns jetzt ganz genau an, was da los ist. Die Hautknoten allein können meiner Vermutung nach nicht der Grund für den Anstieg sein. Aber solange wir das nicht sicher wissen, können wir auch noch keinen neuen Plan schmieden. In Ordnung?«

Johanna nickt zaghaft. Wir gehen gemeinsam zum Ultraschall. Dr. Joachim klopft zunächst ihren Rücken ab und stellt wieder vermehrte Flüssigkeit in der Lunge fest. Das Bild auf dem Monitor bestätigt den Befund. Scheiße. Dann sieht er sich die Leber an. Ich weiß genug von dieser Krankheit, um die Punkte, die ich auf dem Bildschirm erkenne, richtig zu deuten. Scheiße, Scheiße, Scheiße! Mir wird ganz anders. Wie muss es erst Johanna gehen? Ich blicke sie an. Sie ist nur noch ein Hauch von Mensch, ihr Gesicht ist von Todesangst gezeichnet.

Ich sitze am Fußende der Behandlungsliege und versuche sie zu beruhigen, indem ich ihre Beine streichle. Dr. Joachim räuspert sich. »Das sind Veränderungen, die sonst nicht zu sehen waren. Schauen Sie, hier … und da auch. Und dort.«

Johannas Augen sind rot und trübe. Sie schluckt ein paar Mal. Dann spricht sie sehr leise: »Das sind … Lebermetastasen. Richtig?«

»Wir werden auf Nummer sicher gehen, Frau Orly. Ich mache Ihnen heute noch einen Termin für ein PET-CT. Am besten gleich für morgen früh.«

Vor gerade einmal einem Vierteljahr haben wir im Radiologischen Zentrum das Verschwinden fast aller Skelettmetastasen gefeiert. Vor gerade einmal einem Vierteljahr hat alles so ausgesehen, als wäre Johanna auf der Zielgeraden zur Genesung – trotz der Werte, die wir so gerne ignorieren wollten. Vor gerade einmal einem Vierteljahr sind wir aus dem Gebäude juchzend gehüpft und gesprungen. Nur drei Monate später könnte es düsterer kaum sein. Metastasen in der Leber. *War das jetzt das sichere Todesurteil?* Ich mag nicht weiterdenken.

Johanna hat die ganzen Untersuchungen tapfer über sich ergehen lassen. Jetzt starrt sie minutenlang ins Leere. Atmet schwer. Weint viel. Sehr viel. Wir warten auf das Ergebnis des PET-CTs. Es zerreißt mir das Herz, sie so zu sehen. Und ich fühle mich hilflos. Weil ich nicht so recht an sie herankomme. Weil mir nichts Mutmachendes mehr einfällt. Arbeite, Hirn, arbeite, verdammt noch mal!, denke ich und umarme sie währenddessen gefühlt zum hundertsten Mal an diesem Vormittag. Und dann besinne ich mich plötzlich auf etwas viel Besseres als Gehirnarbeit – ich fange an, still zu beten: Gott, gib ihr Kraft. Und ein gutes Ergebnis. Lass mich die richtigen Worte finden. Ich bin sprachlos und hilflos. Bitte hilf ihr, hilf uns. Amen.

Eine kluge, ebenfalls gläubige Freundin hat mir einmal gesagt, dass die »Antworten von oben« in vielerlei Gestalt zu uns kommen. Manchmal durch Menschen zur richtigen Zeit am richtigen Ort, manchmal durch Ereignisse, die ein Problem plötzlich lösen, oder auch durch eigene, neue Gedanken, die einen »wie aus heiterem Himmel« erreichen. So einen Moment erlebe ich Sekunden nach meinen Worten an IHN.

»Jo? Jo! Mir ist gerade etwas eingefallen …«

Sie richtet sich etwas auf.

»Ich hab dir doch schon mal von dieser Dokumentation im Fernsehen erzählt. Die über wundersame Heilungen und so. Da war eine Frau, die auch so krank war wie du. Und die ebenfalls Lebermetastasen hatte. Große und viele. Diese Frau hat die Metastasen mit Meditation so klein gekriegt, dass sie wegoperiert werden konnten. Seit sieben Jahren ist sie gesund! Was ich damit sagen will: Es ist noch nichts verloren, selbst wenn …«

Eine Stimme aus dem Lautsprecher unterbricht meine Gedanken. »Frau Orly, bitte!«

Professor Luskowitz ruft uns zur Besprechung herein. Wieder spricht sein Gesicht Bände. Es fällt ihm sichtlich schwer, die Ergebnisse der Untersuchung zu erläutern. Die Leber ist stark befallen. Nicht operabel. Er seufzt. Nach einer Pause sagt er: »Sie müssen sich mit dem Gedanken anfreunden, nicht mehr gesund zu werden. So schwer das auch sein mag.«

Wumms! Ein so großer Wumms, dass er meine Freundin schlagartig aus ihrer Angst und Traurigkeit reißt. Johanna lässt meine Hand los, springt auf und spannt den Körper. Dann sagt sie mit kindlich-trotziger Stimme etwas, das mich zu Tränen rührt.

»Das wollen wir doch mal sehen, Herr Luskowitz. Wer hätte vor hundert Jahren gedacht, dass wir mal auf dem Mond landen. Und so lange Zeit werde ich mir nicht lassen … Fröhliche Weihnachten!«

Er nickt und begleitet uns schweigend zur Tür.

Die eisige Dezemberluft schmerzt. Und sie tut gut. Beißende Kälte einzuatmen zieht kurz in den Lungen, schafft aber ein wenig Klarheit. Wohltuende Kühle für den heißgelaufenen Kopf.

Wir fahren direkt zu Dr. Joachim, um mit ihm zu besprechen, wie nun weitergemacht wird. Es kommt anders als erwartet.

»Wir machen noch ein paar Untersuchungen und Tests, um genauer zu wissen, mit welchen Zellen wir es zu tun haben. Und dann können wir die Therapie mit Tabletten fortsetzen. Das machen Sie dann bei sich zu Hause. Dafür müssen Sie nicht in die Ambulanz kommen.«

»Tabletten. Aha. Sind die denn genauso wirksam?« Johanna klingt verunsichert.

»Das wollen wir doch hoffen. Schließlich ist es eine weitere Chemotherapie.«

»Ok.« Johanna schnauft. »Und meine Haare?«

»Die verlieren Sie nicht. Diese Nebenwirkung fällt bei dem Präparat weg.«

»Wenigstens eine gute Nachricht. Also gehen wir es an. Chemo Nummer 4, bitte.«

Auf dem Nachhauseweg unterhalten wir uns über die neuen Entwicklungen. Und vor allem darüber, was positiv daran ist. Die Chemo in Pillenform hat Vorteile. Johanna ist ganz froh, dass sie nun nicht mehr alle drei Wochen zur Infusion in die Klinik muss. Die Atmosphäre dort ist ihr eindeutig zu »krankheitslastig«. Und irgendwie bekommt sie durch diese regelmäßigen Termine das Thema Krebs auch nur schwer aus dem Kopf. Nach der Infusion ist vor der Infusion. Und das Leben dazwischen im Prinzip nur das Wartezimmer zur nächsten Gabe. Nein, nein. So wie es jetzt angedacht ist, fühlt es sich viel besser an.

Ich bin dankbar, dass Johanna so schnell zu ihren größten Stärken zurückgefunden hat: Sie ist wieder optimistisch und hoffnungsvoll.

Das Weihnachtsfest schenkt Johanna eine kleine Auszeit. Sie verbringt harmonische, angenehm langsame Tage in ihrer

Heimat bei den Eltern – mit leckerem Essen, viel Gelächter und umgeben von der Liebe derer, die ihr am meisten Kraft geben – ihrer Familie. Zwischen den Jahren kehrt sie mit Leni zurück nach Berlin. Den Jahreswechsel wird sie mit Freunden an der Ostsee verbringen, dafür muss sie noch waschen und packen und Dinge organisieren. Zunächst aber will sie einen weiteren Schritt gehen, auf dem Weg, ihre angeschlagene Seele zu heilen.

Sie schreibt Tanja eine lange E-Mail. Darin geht sie zwar nicht detailliert auf ihre Situation ein, deutet aber an, dass diese sich verschlimmert hat. Sie schreibt ihr, dass sie sich nun etwas zurückziehen würde und bittet gleichzeitig um Verständnis dafür. Tanjas Reaktion lässt nicht lange auf sich warten. Natürlich verstehe sie das alles bestens. Sie versichert Johanna, dass sie ihr bis hierhin schon sehr viel geholfen habe, jedenfalls hege sie keine dummen Gedanken mehr. Und sie drücke ihr beide Daumen für das, was vor ihr liege. Johanna ist erleichtert.

Mit dieser »Erlaubnis«, den Fokus ganz auf sich richten zu dürfen, möchte Johanna ihre innere Heilung weiter intensivieren. Diese besondere Form der Selbstbezogenheit ist ein neues Element in ihrem Leben. Früher hatte dem An-sich-selbst-Denken immer der hässliche Hauch von purem Egoismus angehaftet. Weswegen sie ihr ganzes Tun darauf ausgerichtet hatte, sich um andere zu kümmern. Sie hatte sich und ihre Bedürfnisse irgendwann selbst aufgegeben – und es noch nicht einmal richtig bemerkt.

Am letzten Tag des Jahres sitzt sie frühmorgens mit Leni im Auto und düst Richtung Meer. Aus den Lautsprechern trällern lustige Kinderlieder, und Leni singt lauthals mit. Während Johanna auf einer überraschend freien Autobahn bei »sonnig-bis-leicht-bewölkt« dem Ziel entgegenfährt, kommt ihr spontan der Gedanke an eine Flugreise. Genauer an das, was unmittelbar vor dem Start vor sich geht: die berühmte Sicherheitsansage, der routinierte Flugreisende schon längst keine Aufmerksamkeit mehr schenken.

»Im Falle eines Druckverlustes fallen Sauerstoffmasken aus der Kabinendecke. Ziehen Sie eine davon zu sich heran. Pressen Sie die Maske auf Mund und Nase. Erst dann helfen Sie Mitreisenden und Kindern.« Ziehen Sie eine davon *zu sich* heran. *Erst dann* Mitreisenden und Kindern helfen. Es stimmt schon, denkt Johanna: Was ist ihre Fürsorge wert, wenn sie dabei draufgeht? Erst wenn sie versorgt ist, kann sie auch für andere da sein. So. Und nicht anders.

Im Ferienhaus angekommen, gibt es ein großes Hallo mit Freunden und deren zahlreichen Kindern. Die Erwachsenen bereiten alles für das Silvester-Abendessen zu, die Kinder toben auf dem Sofa herum oder hauen sich Spielzeug um die Ohren. Familien-Idylle. Laut und lustig. Am Nachmittag machen alle gemeinsam einen ausgedehnten Strandspaziergang. Die Meeresbrise weht frischen Wind ins Gesicht und vertreibt die letzten dunklen Wolken in Johannas Kopf. Das Jahr geht zu Ende. Es darf jetzt mit einem lauten Knall verabschiedet werden.

Vor dem Getöse durch Feuerwerksraketen und Böller gibt es abends allerdings Radau ganz anderer Natur. Die kleine Marie ist in Tränen aufgelöst und lässt sich nicht beruhigen. Ihr Lieblingskuscheltier »Schlafi«, ohne das sie noch nie eine Nacht verbracht hat, seit sie auf der Welt ist, ist verschwunden. Die Zweijährige schluchzt herzzerreißend.

»Slaaafi is wech. Slaaafi …«

»Uns ist das schon einmal passiert«, seufzt die Mutter. »Wir hatten zwar ein doppeltes Schlafi dabei, aber das roch nicht wie das Original und war auch nicht so abgewetzt. Sie hat erst wieder schlafen können, als wir das richtige Schlafi gefunden hatten.«

Alle beraten sich. Es hilft nichts. Die »Mission Schlafi« hat jetzt oberste Priorität. Also brechen alle noch einmal auf und gehen gemeinsam den gesamten Spazierweg ab. Mehr als ein Dutzend Erwachsener laufen mit Taschenlampen durch das Seebad, die immer noch tief verzweifelte Marie im Kinderwagen mit dabei. Die Suche verläuft erfolglos, aber wenigstens lässt sich Marie zurück im Ferienhaus mit rauen Mengen Gummibärchen kurzzeitig bestechen.

Nach dem Abendessen werden die kleineren Kinder ins Bett gebracht. Maries Eltern erfinden eine phantasievolle Geschichte, nach der Schlafi sich auf einer kurzen Reise befindet und bald wieder zurückkommen wird. Marie rebelliert noch eine Weile, aber dann kommt auch sie, wenngleich sehr betrübt, zur Ruhe. Puh.

Als Mitternacht naht, wollen alle vor die Tür, um Raketen in den Nachthimmel zu schicken. Johanna tritt kurz ins Freie und entscheidet sich dann um. Sie schleicht in das Schlafzimmer, in dem Leni seit Stunden gemütlich schlummert. Sie legt sich neben sie und streichelt ihr Kind. Aus der Ferne hört sie die Freunde, wie sie rückwärts zählen. Ihr schießen Tränen in die Augen. Was für ein Jahr. Was für ein aufwühlendes Jahr. *Gut, dass du jetzt um bist.*

Als draußen die Feuerwerkskörper knallen, flüstert Johanna: »Frohes, neues Jahr, Leni. Ich liebe dich über alles.«

Am ersten Tag des neuen Jahres ist Johanna früh wach. Die anderen schlafen noch, auch Leni schnarcht selig vor sich hin. Johanna tapst leise durch den Wohnraum in die Küche und öffnet die Balkontür. Sie blickt in die Ferne und atmet die klare Winterluft ein. Die Sonne geht gerade auf. Der Himmel ist wolkenlos.

Leise murmelt sie vor sich hin: »In diesem Jahr werde ich gesund. Jawohl.« Sie bekommt eine Gänsehaut. Nicht wegen der Kälte, die durch die Balkontür in die Küche drückt. Es fühlt sich anders an. Als Kind hat man ihr immer gesagt, das seien die besonderen Momente, in denen Gott einen streichelt. In diesem Augenblick will sie das gerne glauben.

Gedankenverloren lässt sie den Blick durch die Gegend schweifen und hält plötzlich inne. Auf dem Parkplatz unter dem Balkon liegt ein allzu vertrautes Objekt. Halb unter dem Reifen eines Autos verschwunden und reichlich verschmutzt. Aber es lebt. Es lebt! Schlafi ist wieder da. Jetzt steht für Johanna fest: Das wird ein gutes Jahr.

Worte, die gesund machen –
Wege aus der Krise X

Schutz suchen

Wie, Schutz?, fragen Sie sich jetzt womöglich. Schutzbedürftig sind Kinder und vielleicht ältere Menschen – aber doch nicht wir? Ich glaube, dass wir alle unser ganzes Leben lang Schutz brauchen. Körperlich und seelisch. Und wer, wenn nicht wir selbst, könnte am besten dafür sorgen?

Konkret meine ich an dieser Stelle zweierlei. Erstens: räumlichen Schutz. Suchen Sie sich in Ihrem Zuhause einen Ort, an dem Sie sich rundum wohl fühlen. Wohin Sie sich zurückziehen können, wenn Ihnen alles zu viel wird. Geben Sie Ihrem Körper und damit auch dem Geist die Ruhe, die er braucht. Auch zum Heilen. Denn wir heilen nur in der Entspannung. Im Schlaf bestenfalls. Ein solcher Gemütlichkeitsort kann durchaus Ihr Bett sein. Nicht nur für abends. Gestatten Sie sich Erholung, wenn Ihnen danach ist. Denn dann benötigen Sie diese auch.

Zweitens: seelischen Schutz. Seelischer Schutz besteht aus vielem, wovon ich Ihnen schon berichtet habe. An dieser Stelle möchte ich das Thema »Schutz vor dem Schicksal« ansprechen. Lassen Sie es nicht zu, sich als Spielball des Lebens zu fühlen. Fremdbestimmt. Werden Sie auf eine Art trotzig und sagen: »Nein! So nicht. Ich habe einen eigenen Willen, einen eigenen Plan. Und der sieht ein schönes Leben vor.« Damit wappnen Sie sich auch für emotionale Rückschläge.

Zentrum sein

Es ist vielen Menschen fremd, sich selbst in den Mittelpunkt des Interesses zu rücken. Egoismus und beständige Nabelschau sind keine erstrebenswerten Haltungen und Eigenschaften. Sich zum Zentrum der Aufmerksamkeit zu machen soll hier übersetzt werden mit: liebevoll mit sich sein. Mit Körper, Geist und Seele. Das schließt physische Fitness ein, bewusste, glückliche Gedanken und damit das Trainieren von guten, gesundheitsförderlichen Gefühlen.

Mentor finden

Über Ärzte haben wir viel gesprochen und nachgedacht. Möglicherweise haben Sie schon herausgefunden, welcher Behandler Ihnen am besten tut. Wem Sie instinktiv am meisten vertrauen, wer Ihre Sprache versteht oder sogar auch spricht. Sollten Sie diesen »besten« Arzt mit positiver Ausstrahlung gefunden haben, dann erklären Sie ihn zu Ihrem Mentor. In fachlichen Belangen können Sie trotz bester Recherche nicht alles wissen und vor allem nicht alles einordnen oder bewerten. Dafür ist Ihr Mentor der perfekte Ansprechpartner. Ihm können Sie Ihre (Therapie-)Ideen und Anregungen anvertrauen, aber auch Ihre Sorgen. Geben Sie ihm die Chance, auch aus sich das Beste für Sie herauszuholen.

Nein sagen, ja sagen

Ja. Und nein. Kinder formulieren diese Worte ein Stück weit auch aus dem Bauch heraus. Impulsiv. Weil sie genau spüren, ob sie etwas wollen oder nicht. Und nicht darüber nachdenken, ob das nun angebracht ist oder höflich oder taktisch klug, ja oder nein zu sagen. Genau das verlernen wir, je älter wir werden. Unser Ja und Nein wird nicht mehr primär von Gefühlen geleitet, sondern von Gedanken und Überlegungen beeinflusst. Und nicht immer ist ein JA ein echtes JA. Und genauso verhält es sich mit NEIN.

Für die Gesundung ist es aber von Bedeutung, JA und NEIN wieder zu erfühlen, auf den Bauch zu hören. Bei sich zu bleiben und bei seinen Bedürfnissen. Aber ich möchte noch einen Schritt weitergehen: Sie können jenseits des Alltags auch ganz klare JAs und NEINs in sich formen, die Ihnen auf Ihrem möglicherweise schwierigen Weg helfen.

»NEIN – ich ergebe mich nicht einem Schicksal.«

»JA – ich lebe und überlebe auch das.«

11 Wunder, Wunden & Heilung

Der Januar ist ein undankbarer Monat. Alles grau. Matschig. Dunkel. Der Mai liegt gefühlt in so weiter Ferne, dass man kaum glauben kann, dass dieser erste Monat des Jahres je ein Ende nimmt. Und doch erlebt Johanna so etwas wie einen vorgezogenen Frühling dieser Tage. Sie hat die Nachrichten zu ihrem nun wirklich desaströsen Gesundheitszustand verdaut, ein Stück Leichtigkeit ist zurückgekehrt.

»Die Knospen schlummern noch, Miri. Aber sie kommen ans Tageslicht. Mit viel Wasser und Liebe. Insofern soll es, wenn du mich fragst, durchaus noch eine Weile schneien und regnen. Wasser. Das ist alles Wasser.«

»Ich weiß nicht, ob ich dir gerade folgen kann … Wie willst du deiner jetzigen Situation mit Liebe begegnen? Jetzt, wo gerade alles beschissener ist als jemals zuvor?«

Ich merke noch, während ich ihn ausspreche, wie unangebracht dieser Satz ist. Ich merke, wie mir meine eigene Kraft flöten geht, während meine Freundin einmal mehr neue schöpft. Ja, ich fühle mich der Situation nicht gewachsen.

»Es musste so beschissen werden, damit ich von der Basis her aufräume. Von ganz tief drinnen und unten. Verstehst du das denn nicht?«

»Ich gebe zu: Ich verstehe es nicht wirklich. Wie viel tiefer musst du denn noch buddeln? Wie viel mehr kann man sich denn noch den eigenen Schwächen stellen und daran arbeiten, als du es schon tust? Wie viel mehr denn um Himmels willen noch?«

»Bildlich gesprochen sind diese ganzen Seelenerforschungstouren mit ihren Erkenntnissen und Veränderungen letztlich nur Schönheitsreparaturen. Flickenwerk am bestehenden System. Das sind wichtige Schritte, keine Frage. Und doch ist meine Aufgabe eine andere. Eine größere …«

Ich sehe sie angestrengt an.

»Und welche wäre das?«

»Ich muss *neu* werden, Miri. Ein ganz neuer Mensch. Mit neuen Denkweisen, neuen Handlungsmustern und damit auch neuen Gefühlen, was alte Geschichten angeht. Ich bin jetzt schon sehr viel anders als vor einem Jahr. Ich werde gerade neu. Aber ich bin noch nicht fertig. Vielleicht ist dieser ganze Prozess so, wie wenn eine Raupe zum Schmetterling wird. Jeder, der die Sache mit der Verpuppung und das Schlüpfen je live gesehen hat, weiß: Das geht nicht von heute auf morgen und auch nicht ohne Schmerzen und Blut.«

Metamorphose. Johanna hat nicht weniger im Visier als die vollständige, persönliche Metamorphose. Ich bin still. Und sehr beeindruckt. Wie oft habe ich mir schon gewünscht, mich selbst ganz und gar neu erfinden zu können. Ein besseres, angenehmeres Ich zu sein und zu werden. Am liebsten per Knopfdruck. Raus aus verkrusteten Lebensstrukturen, dem eingefahrenen Denken, Handeln, Fühlen. Selbst von Mustern, die mir eher zu schaffen gemacht haben, konnte ich mich bisher nicht lösen. Obwohl ich es wollte. Weil ich gar nicht wusste, wie. Der Leidensdruck war offenbar auch nicht groß genug, um so einen spektakulären Wandel von sich aus anzutreiben und gewissenhaft zu verfolgen. Ich ahne, dass es Johanna ähnlich ergangen sein muss. Erst der gesundheitliche Totalschaden hat bei ihr dermaßen viele Weichen umgestellt, dass sie in der Lage war, eine alles verändernde Kurskorrektur einzuleiten.

Sie erzählt mir von den großen Themen in ihrem Leben, spricht über Beziehungen, zu denen sie heute anders steht, anders fühlt, anders auf sie reagiert als noch vor einem Jahr.

Sie redet über ihre Eltern, über Markus, über ihren Job und die ganze oft so hektische, oberflächliche Werbebranche. Sie berichtet über ihren Alltag, den sie ganz neu wahrnimmt. Irgendwie gegenwärtiger als früher. Nicht so sehr mit den Gedanken in der Vergangenheit verhaftet oder mit Plänen für die Zukunft beschäftigt. Das Hier und Jetzt genießen und jeden Moment, in dem gerade alles gut ist, als solchen bewusst wahrnehmen. Ihn fast schon zelebrieren, darum gehe es. Und nur darum. Weil ihr die Konzentration auf das Jetzt viel, viel Angst nähme. Weil die Dämonen der Vergangenheit dann ihre Macht verlören. Und weil es unsinnig sei, sich über mögliche Schrecken der Zukunft Gedanken zu machen.

»Weißt du, Miri, erst das Morgen wird zeigen, was morgen ansteht. Also womit ich morgen umgehen lernen muss. Die Zukunft kann mich womöglich überraschen, eines Besseren belehren, aber es macht keinen Sinn, mir heute schon darüber den Kopf zu zerbrechen. Und darum weiß ich heute: Ich werde wieder gesund. Nein, ich bin es eigentlich schon. Der Körper zieht jetzt langsam nach ...«

Ich höre ihr aufmerksam zu und merke, dass sie auf dem Pfad, den wir lange gemeinsam gegangen sind, nun endgültig deutlichen Vorsprung hat.

»Wie ist dir das gelungen, Jo? Ich meine, woher nimmst du die Kraft und die Überzeugung, dass das geht? Dass das dein Weg ist? Und dass er gut ausgehen wird?«

Johanna lacht und wirft dabei den Kopf in den Nacken. Sie überlegt, allerdings nur kurz.

»Nun, ich habe meine Freundschaft mit Gott intensiviert. Das war ziemlich entscheidend für mich. Ich glaube nicht nur, ich *weiß*, dass da jemand ist, der auf mich achtgibt. Und dieser jemand kann nun überhaupt kein Interesse daran haben, Leni ihre Mutter so schnell zu nehmen.«

Dann erzählt sie mir von einem Buch, das ihr durch Zufall in die Hände gefallen sei: *Blick in die Ewigkeit* von Dr. Eben Alexander ist eine ziemlich eindrucksvolle Schilderung der

Nahtoderfahrung eines Mannes, der eine Woche im Koma lag.[5] Der Autor ist Neurochirurg und Hirnspezialist, einer, der Nahtodberichte seiner Patienten immer als biochemische Reaktion des Gehirns abgetan und an nichts anderes geglaubt hatte als an die Fakten der Medizin. Dieser Mann wurde nach einer schweren und seltenen bakteriellen Hirnerkrankung für gehirntot erklärt. Die Geräte hielten ihn am Leben. Seine Aufwach- und Überlebenschance lag nach sieben Tagen bei 0 Prozent. Und doch kam er zurück und erholte sich nach mehreren Monaten vollständig. Überwältigt von seinen Eindrücken, schrieb er die Erlebnisse, Gefühle und Ereignisse aus der »anderen Welt« nieder. Sein Fazit – und das der aufgeschlossenen Leser ist eindeutig: Da ist mehr. Gott, oder wie auch immer Menschen das Unbezeichenbare benennen mögen, ist da.

»Dieses Buch hat mich in dem Glauben bestärkt, dass wir beschützt sind. Dass wir diesen Schutz nur annehmen müssen.

Und das hat mich letztlich zu der Gewissheit gebracht, dass meine Gedanken mich heilen können, Miri. Ich helfe natürlich schulmedizinisch nach. Ziehe alle Register, die ich zur Verfügung habe. Unbedingt. Aber letztlich heilen mich mein Herz, meine Seele und mein Gefühl.«

Sie ist auf dem Pfad wirklich weit, weit vor mir. Aber ich sehe, wie aufrecht und glücklich und zuversichtlich sie dem Licht am Horizont entgegenläuft. Kein Grund, sie aufzuhalten.

Nur wenige Wochen später, im Februar, bekommt Johanna den schwarz auf weiß gedruckten Beweis, dass ihre These wohl irgendwie stimmen muss. Oder zumindest wirkt. Eigentlich, so erfährt sie beiläufig im Arztgespräch, sei ihre Tablettentherapie dazu da gewesen, den Krebs zum Stagnieren zu bringen. Im besten Fall sei ein kleiner Rückgang der Werte möglich gewesen, aber alles in allem handle es sich nicht um

---

5 Eben Alexander: Blick in die Ewigkeit. Die faszinierende Nahtoderfahrung eines Neurochirurgen, Ansata, München 2013.

eine curative, also heilende Behandlung. Umso größer die Überraschung, dass die Werte um mehr als ein Drittel gesunken sind.

»Mehr als ein Drittel!« Ihre Stimme überschlägt sich fast, als sie mich unmittelbar nach dem Termin anruft.

»Miri, ich habe schon ausgerechnet, bis wann dieses Zeug meinem K. den Garaus machen wird. Im Sommer bin ich gesund. Juhuu!«

Ich freue mich so sehr mit ihr. Und doch hört diese Stimme in mir nicht auf, den einen Satz zu flüstern: »Krebs verläuft nicht linear. Nicht linear. NICHT linear.« Ich stopfe dem Teufelchen in mir eine Rolle Küchenpapier in den Mund und höre mich sagen: »Jawoll, Jo! Im Sommer bist du gesund. Wenn es eine schafft, dann du.«

»Genau, Miri. Ich schaffe das Wunder. Ich schaffe es.«

Ich habe in der Zeit vor Johannas erneuter Erkrankung viel für ein Buch geforscht und recherchiert, das ich statt diesem hier schreiben wollte. Auch über die Sache mit den »medizinischen Wundern«. Ich wollte wissen, was Ärzte davon halten. Die Antworten lesen sich zumeist wie ein Credo an das Unmögliche:

»Ich denke, es gibt mehr zwischen Himmel und Erde, als wir verstehen. Als ›Wunder‹ würde man einen unerwarteten Verlauf mit einer Heilung bezeichnen. Das würde allerdings voraussetzen, dass ein Krankheitsverlauf medizinisch vorhersehbar wäre. Das ist er nicht. Man kann nur von Wahrscheinlichkeiten sprechen. Der Verlauf hängt von so vielen Variablen ab – nichts lässt sich genau prognostizieren. Dennoch erscheint es wie ein Wunder, wenn sich eine Frau, die an inflammatorischem Brustkrebs mit massiv befallenen Lymphknoten erkrankte, zehn Jahre nach der Erstdiagnose bester Gesundheit erfreut!«

N. B., Ärztin aus Berlin

»Wir wissen zu wenig, um nicht immer wieder Wunder zu erleben.«
Prof. J. B., Arzt aus Berlin

»Ich erlebe viele kleine Wunder. Ein Strahlen im Gesicht, ein Lächeln, eine entspannte Geste, Herzlichkeit und Demut sind für mich auch Wunder. Kann Hoffnung heilen oder heilen helfen? Nun, Hoffnung in Verbindung mit Glaube und Liebe, d. h. mit Bindung und Verbundenheit, ist meiner Meinung nach bei einem Heilungsprozess positiv und wichtig.«
A. K. T., Ärztin aus Berlin

»Ich glaube auch als Schulmediziner an medizinische Wunder. Die gibt es im Kleinen und Großen. Das ist oft auch eine Frage der Definition.«
B. M., Ärztin aus Düsseldorf

»Ja, Wunder gibt es. Schwangerschaften nach Mammakarzinom, Chemotherapie und Bestrahlung zum Beispiel. ›Dr. Hoffnung‹ ist ein guter Arzt. Man sagt nicht umsonst: ›Die Hoffnung stirbt zuletzt.‹ Ob Dr. Hoffnung heilen kann? Ganz allein wohl nicht. Man muss alle zur Verfügung stehenden Kräfte in Gang setzen, natürlich auch die Selbstheilungskräfte – dazu gehört die Stärkung des Immunsystems, eine gute Ernährung, Bewegung und vieles mehr.«
M. Z., Ärztin aus Berlin

Ich nehme mir fest vor, Johanna schnellstmöglich von diesen Antworten zu erzählen. Die Kernbotschaft heißt: Wunder gibt es. Spätestens zu ihrem 35. Geburtstag in ein paar Wochen soll sie davon erfahren.

»Ich weiß gar nicht, ob ich groß feiern will.«

Wenige Tage vor ihrem Geburtstag beschleichen Johanna

Zweifel. Zweifel, die mir kurz den Atem stocken lassen. Denn wenn sie sich wirklich zurückziehen und allein sein möchte, dann hätte ich – und mit mir Johannas Freunde und ihre Familie – in den vergangenen zwei Monaten alles falsch gemacht. Wir haben nämlich eine Überraschung geplant.

Ich taste mich vorsichtig vor.

»Warum möchtest du lieber alleine sein? Du hast doch sonst immer gerne deine Liebsten um dich …«

»Ach, ich weiß nicht. Im vergangenen Jahr, auch wenn es nur eine kleine Party war, war es schon irgendwie komisch zu feiern. Wo doch alle wussten, dass es gerade nichts zu feiern gab. Und es mir nicht wirklich gut ging. Weit und breit kein Grund in Sicht, auf irgendetwas anzustoßen. Und doch haben es alle getan, weil man das eben so tut an einem Geburtstag. Dieses Jahr sieht es zwar in all dem Schlimmen deutlich besser aus. Aber – na ja – ich bin immer noch nicht gesund. Leider. Ich will meinen Leuten irgendwie ersparen, gute Miene zum bösen Spiel machen zu müssen. Klingt das nachvollziehbar?«

Ich überlege. Und zögere, bevor ich antworte.

»Das heißt, du zerbrichst dir ernsthaft den Kopf darüber, ob du dich uns zumuten kannst?«

»Ja, ich glaube, das trifft es ganz gut.«

Mir fällt ein Stein vom Herzen. Wenn's weiter nichts ist …

»Okay. Das ist ein verständlicher Gedanke«, sage ich und denke gleichzeitig: … aber keiner, den wir für deinen Ehrentag wirklich gelten lassen müssen.

Ein paar Tage später ist es so weit, Johanna wird 35. Wir beginnen den Tag mit einem ausgiebigen Frühstück bei ihr und gehen den weiteren Ablauf durch. Sie hatte mir mitgeteilt, dass am Nachmittag nun doch einige Nachbarn kommen würden, dazu eine Handvoll Freunde und sie vorhabe, kleine Köstlichkeiten auf den Grill zu packen. Ein Mini-Fest, mit einem kleinen bisschen Feierlaune, aber ohne großes Brimborium.

Ich jubiliere innerlich. All das passt hervorragend zu unserem geheimen Vorhaben. Mittags fahren wir gemeinsam einkaufen. Jo wählt die Sachen aus. Ich packe die dreifache Menge davon in den Einkaufswagen.

»Ist das nicht ein bisschen zu viel?«

Jo wundert sich ein ums andere Mal. Ich schwitze, versuche aber, mir nichts anmerken zu lassen. »Das Fleisch ist gerade im Sonderangebot, das kannst du doch gut einfrieren. Und die Getränke werden auch nicht schlecht. Nichts ist schlimmer, als leergefuttert oder trocken getrunken zu werden.«

Johanna sieht mich etwas verunsichert an, nickt dann aber zustimmend. Allem Anschein nach schöpft sie keinen Verdacht. Auch dass ich permanent auf mein Handy starre und Botschaften absetze, scheint sie nicht misstrauisch zu machen. Vermutlich weil sie mich so kennt – Miri, so gut wie immer online, so gut wie immer erreichbar.

Als wir uns vollbeladen ihrer Wohnung nähern, werde ich nervös. Wenn alles geklappt hat, müsste die erste große Überraschung bereits auf sie warten. Meinen Zweitschlüssel hatte ich zu diesem Zweck im Hausflur versteckt. Mein Herz beginnt schneller zu klopfen. Hoffentlich freut sie sich. Hoffentlich fühlt sie sich nicht überrumpelt.

Johanna öffnet die Tür und bemerkt zunächst nur eine wunderschöne Blume in einer Vase auf dem Esstisch, die da vorhin noch nicht gestanden hatte. Sie schüttelt verwundert den Kopf. Als sie an der Balkontür vorbeigeht, hält sie plötzlich inne. Draußen, in der Sonne, sitzt eine ihrer besten Freundinnen. Ella ist extra aus Köln angereist. Ich sehe Jo an. Der Mund ist weit aufgerissen, ich entdecke ein Glitzern in ihren Augen. Sekundenlang ist Stille. Und dann: »Ella? Ella! ELLA!!!« Sie stürmt auf Ella zu, umarmt sie und küsst sie fest. »Du hier? Wie wundervoll. Ich weiß gar nicht, was ich …«

Johanna dreht sich kurz zu mir um und formt ein lautloses »Danke!«.

Ich muss auch eine Träne verdrücken und schlucken. Die

Überraschung scheint gelungen zu sein. Und dabei ist das erst der Anfang.

Im Halbstundentakt trudeln Menschen ein, von denen ich wusste, dass sie Johanna viel bedeuten. Es war eine organisatorische Meisterleistung, das alles zu koordinieren, aber es hat riesigen Spaß gemacht. Am Ende sind es drei Dutzend fröhlicher Leute, die sich in Johannas Wohnung tummeln. Familienmitglieder, die sie nur ein- oder zweimal im Jahr sieht, Weggefährten, die 700 Kilometer angereist sind, nur um einen einzigen Nachmittag und einen Abend mit Johanna zu verbringen. Alles Menschen, die sie feiern wollen, sie und das Leben.

An diesem Tag fließen Ströme von Rührungstränen bei uns allen. Sie münden in eine kleine, sehr emotionale Rede, die Johanna am Abend hält: »Ich habe immer geahnt, dass ich eine tolle Familie und tolle Freunde habe. Aber dass ihr so verrückt seid …«

Alle lachen.

»… Ich bin so dankbar, dass ich euch habe. Euch alle. Menschen, für die ich immer da sein wollte und will. Nun ist es gerade, nun ja, umgekehrt. Ihr seid für mich da, und ich habe mich selten so sehr geliebt gefühlt wie jetzt.«

Johanna macht eine Pause. Es ist mucksmäuschenstill. Erst nach einer Weile fährt sie fort: »Und wer so geliebt wird, der wird auch gesund.«

Die Männer – und ein paar Frauen – applaudieren und johlen. Die Frauen – und ein paar Männer – applaudieren und schlucken. Es wird ein großartiges Fest, das bis tief in die Nacht geht.

Nur zwei Wochen später erfährt Johanna, was diese Liebe offenbar bewirken kann. Sie sitzt in der Ambulanz bei ihrem Arzt, und der verkündet Unglaubliches: »Ihre Werte sind wieder gesunken. Sie sind sogar extrem gesunken. Machen Sie weiter so.«

Johanna verlässt die Ambulanz hüpfend und springt leichtfüßig in die Tram, die sie nach Hause bringt. Unterwegs tippt sie eine Nachricht an ihren Arzt. Und er, dieser warmherzige, aber eher kopf- und faktengesteuerte Mediziner, antwortet prompt: »Jetzt glaube ich mit Ihnen an Wunder. An Ihr Wunder. Sie sind ein Wunderkind.«

Das letzte Geschenk des Tages bekommt Johanna von ihrer Tochter. Ohne die Tragweite ihrer Worte zu erahnen, steuert die kleine Leni ihren Teil dazu bei, dass Johanna den Glauben an das Wunder noch etwas tiefer in sich verankert. Sie hat die Krankheit und all die begleitenden schweren Gefühle vor ihrem Kind bislang immer akribisch verborgen. Umso mehr versetzt sie der Satz ihrer Tochter ins Staunen, den Leni wie aus dem Nichts formuliert. Kurz vor dem Gutenachtkuss sagt sie: »Du bist dolle krank, Mama. Aber du bist bald wieder gesund.«

Das Einzige, das Johanna in diesem Moment über die Lippen bringt, ist ein »Alles ist gut, Leni«.

Erst als sie sich schlafen legt, lässt sie den Tränen der Dankbarkeit und des Glücks freien Lauf.

Der Frühling geht. Der Sommer kommt. Johannas Tumormarker sinken weiter. Stetig und – so wie es aussieht – unaufhaltsam. In gleichem Maße, wie die Werte fallen, steigt ihre Laune, festigt sich ihre Zuversicht und ihre Überzeugung, dass sie ihm Herbst endlich k-frei ist. Endlich wieder alles im Lot im eigenen Körper-Bauchgefühl-Seele-Kopf-System. Auch ein PET-Scan, also der unangenehme Besuch in der Röhre, zeigt: Kaum mehr K. in ihr. Fast alles weg. Zwei kleine Stellen noch, die auffällig sind. Sonst nichts. NICHTS. Eine echte Sensation!

Wir haben die Gesundheitsparty schon im Kalender eingetragen – für irgendwann im Oktober –, da macht uns die Krankheit doch noch einmal einen ordentlichen Strich durch die Rechnung. Im August, Johanna ist nur noch sehr über schaubare 150 Indizienpunkte vom Gesundsein entfernt, kommt der nächste Rückschlag. Ihre Willenskraft und ihr Glaube an ihre Genesung werden wieder auf eine harte Probe gestellt. Die Hautmetastasen, diese hässlichen Knubbel, wachsen erneut. Sie erzählt mir am Telefon davon, aber ich habe die Tragweite dieser Nachricht offenbar unterschätzt. Als ich am Nachmittag zu ihr gehe, finde ich eine am Boden zerstörte Johanna vor.

»Ich kann nicht mehr, Miri«, schluchzt sie. »Ich weiß, ich hab diesen Satz schon sehr häufig gesagt. Aber jetzt ist es wirklich so. *Ich kann nicht mehr.*«

»Aber du hast doch schon so viel geschafft. Du schaffst auch das noch. Vielleicht mit … einem neuen Medikament?«

Ich spüre selbst, dass das, was ich gerade gesagt habe, nicht wirklich hilfreich ist, und nehme sie in den Arm. »Vielleicht. Ja. Vielleicht klappt es mit einem neuen Medikament. Das 753. dürfte es dann wohl sein.« Jo lacht bitter. »Wie oft denn noch? Wie oft muss ich denn noch aufstehen, mein Krönchen richten und weitergehen? Kann nicht endlich mal alles gut bleiben? Einfach nur gut? Stattdessen wieder Bangen und Zittern. Wirkt das neue Zeug oder breitet sich wieder alles aus? Wieder Angst. Angst, Angst, Angst. Diese Scheißangst.«

Sie weint minutenlang. Ich kann nur schweigen. Und fühle mich entsetzlich dabei. Sie ist es, die als Erste die Stille durchbricht.

»Weißt du, Miri, ich verstehe mittlerweile, wenn Menschen in einer K-Situation sagen: Wisst ihr was? Ich hab keinen Bock mehr. Leckt mich doch alle, ich kann nicht mehr. Die dann alle Medikamente absetzen und einfach nur auf das Finale warten …«

Mir wird eiskalt. Ich räuspere mich und kann trotzdem nur flüstern: »Ist das wirklich eine Option für dich, Jo?«

Entrüstet löst sie sich aus meinen Armen: »Nein. Natürlich nicht. Spinnst du? Schon allein wegen Leni nicht. Aber ich kann es verstehen.«

Ich nicke nur – und bin unendlich dankbar, dass es Leni gibt. In diesem Moment hätte ich meine Hand nicht mehr dafür ins Feuer gelegt, dass meine Freundin nicht doch einfach aufgegeben hätte, ohne diese größte Aufgabe in ihrem Leben: für ihre zauberhafte Tochter da zu sein.

Die Fakten sehen so aus: Das supergute Röhren-Ergebnis hat gezeigt, dass nur noch verschwindend wenig K. in Johannas Körper steckt, dem aber durch die bewährte Medikation der Garaus gemacht werden soll. Gleichzeitig wachsen aktuell neue Knötchen auf der Haut. Dagegen muss gesondert vorgegangen werden. Das heißt: mit anderen, zusätzlichen Medikamenten, die das Wachstum der Dinger stoppen oder sie bestenfalls sogar verschwinden lassen. Stoppen wäre in meiner Welt schon ein großer Erfolg, weil Johanna sich dann in einem Stadium befände, das immer mehr K-Patienten erreichen: chronisch krank. Zwar nicht geheilt, aber eben auch nicht zwangsläufig dem Tod geweiht. Sondern einfach ständig unter ärztlicher Beobachtung und immer in medikamentöser Therapie. In Johannas Welt ist das eine absolute Horrorvorstellung, das weiß ich. Aber als Etappenziel finde ich STOPP schon mal nicht so schlecht. Dennoch rebelliert sie erwartungsgemäß: »Ich will nicht chronisch krank sein. Um dann mit 55 doch viel zu früh sterben. Da ist Leni ja gerade mal aus der Pubertät raus. Nein, ich will, dass gar kein K. mehr in meinem Körper wohnt, auch nicht diese Hautdinger. Und ich will Leni erwachsen werden sehen, also richtig erwachsen. Verstehst du das?«

Natürlich verstehe ich das. Aber viel mehr freut mich, dass aus ihren Worten wieder der gute, alte, lang vermisste Kampfgeist spricht, der sie schon so weit gebracht hat.

»Kopf hoch, mein Jo-Mädchen. Warum auch immer du jetzt noch mal was in die Fresse bekommen hast – du packst das. Wir packen das. Halte dich fest an dem Gedanken des Wunders.«

»Das mache ich. Denn eigentlich weiß ich doch: Ich werde gesund. Habe ich dir das noch nicht gesagt?« Wir kichern: Sie seufzt kurz. »Auch wenn wir die Gesundheitsparty jetzt vielleicht eher auf Dezember verschieben müssen.«

Johanna bespricht das weitere Vorgehen mit ihrem Arzt. Ich begleite sie zu diesem Termin. Zunächst betrachten wir noch einmal gemeinsam den Status quo. Er gibt berechtigten Anlass zur Hoffnung, denn der Körper ist so gut wie frei vom Bösen. Die Haut noch nicht. Mittlerweile ist das Gewebe der Hautknubbel untersucht worden, und Dr. Johannes weiß genau, womit er sie außer Gefecht setzen kann: »Wir probieren es wieder mit dem Antihormonpräparat, das Sie schon aus 2008 kennen.«

Johanna nickt und seufzt. Diese Tabletten greifen massiv in den Hormonhaushalt ein. Damals konnte sie nicht ahnen, wie stark unser Körper und ganz besonders unsere Seele von Hormonen gesteuert werden. »Ich werde wieder zum Teilzeitmonster, Miri.«

Ich pflichte ihr leise bei: »Dr. Jekyll wird Mr. Hyde und wieder zurück. Und das von einer Sekunde auf die nächste. Ich erinnere mich noch sehr gut. Das waren für mich die schlimmsten Monate meines Lebens, ich war nicht mehr ich selbst.«

»Ja, die Nebenwirkungen sind nicht schön«, sagt auch Dr. Joachim, »hoffen wir, dass es wenigstens hilft.«

»Das wird es nicht …« Johanna ist unverhohlen bockig auf dem Nachhauseweg. »Ich habe das im Gespür, Miri. Die K-Zellen in meinem Körper kennen die Substanz schon. Garantiert sind sie mittlerweile resistent gegen das Präparat. Die nächsten sechs oder zehn Wochen werden eine Quälerei für nix. Aber irgendwie konnte ich gerade nicht auf die Barrikaden steigen.«

Ich kann Johannas Gedanken absolut teilen, dabei würde ihr viel lieber Mut zusprechen. Auch ich habe versucht, Dr. Joachim umzustimmen, aber er hielt unbeirrt an seinem Therapieplan fest, räumte allerdings ein, dass er das Medikament sofort umstellen würde, wenn sich nichts Positives täte.

Bei der nächsten Untersuchung Anfang Dezember tritt dann genau das ein, was Jo und ich die ganze Zeit befürchtet haben. Die nächtlichen Schweißausbrüche, die ständigen Fressattacken, die plötzlichen Weinkrämpfe – das alles sollte für die Katz gewesen sein. Die Hautmetastasen jedenfalls zeigen sich völlig unbeeindruckt von den Tabletten. Es ist klar: Es wird umgestellt.

Dr. Joachim ist, so scheint es, alles andere als betrübt. Im Gegenteil. Als wir mal wieder bei ihm im Sprechzimmer sitzen, lächelt er uns an. Er hat Neuigkeiten für uns – und offenkundig keine schlechten.

»Frau Orly, im Prinzip haben wir in Ihrem Körper nur noch die Knoten am Rippenfell nicht so richtig im Griff. Sie verursachen das Wasser in der Lunge. Das Gewebe dieser Knoten ist noch einmal untersucht worden. Es weist exakt die gleiche Charakteristik auf wie das Gewebe der Hautmetastasen. Das heißt: Mit einem neuen Mittel schlagen wir zwei Fliegen mit einer Klappe. Die Fliege innen und die Fliege außen. Das ist schon mal sehr gut. Aber darauf wollte ich eigentlich gar nicht hinaus.«

Johanna folgt seinen Worten mit wachem Blick und in sich ruhend.

Dr. Joachim blättert in ihrer Akte. »Alle anderen klinischen Befunde sind hervorragend. Soll heißen, nichts mehr ist nachweisbar an Stellen, wo vorher ganz viel war. Sprich: Die Tabletten-Chemo und mit Sicherheit Ihre sehr disziplinierte Ernährung und alles, was Sie sonst noch so mit sich angestellt haben, haben einen fulminanten Job gemacht.« Er streicht ihr kurz über den Handrücken, sie lächelt ihn an. »Deswegen haben wir in der Tumorkonferenz zwei Sachen diskutiert: Zum einen gibt es ein ganz neues Antihormonpräparat, das in Kombination mit einem anderen Wirkstoff gegeben wird, der Resistenzen aufhebt, also rückgängig macht. Das wird bei Ihnen den finalen Durchbruch bringen, hoffe ich … und …«, er macht eine kleine Pause, die sich ausnahmsweise einmal angenehm anfühlt, »das bedeutet, dass Sie nun endlich mit der Chemotherapie aufhören können. Die hat ihren Dienst getan.«

Ich reiße die Augen auf und sehe Johanna an, dass diese Nachricht für sie mindestens genauso großartig ist wie für mich.

»Dr. Joachim … das sind ja erstaunliche Entwicklungen«, juchzt sie.

»Ja, das finden wir auch. Jetzt kann sich Ihr Immunsystem etwas von den Strapazen erholen.«

Wir hüpfen gemeinsam aus der Ambulanz, ja, wir hüpfen. Der Schnee ist grau, wässrig und von Kieselsteinen durchsetzt. Die kalte Luft schneidet ins Gesicht. Aber wir hüpfen. Das, was gerade passiert ist, ist nichts Geringeres als ein Meilenstein zu ihrer Gesundwerdung.

»Miri, kein Gift mehr für meinen malträtierten Körper. Nach fast zwei Jahren. KEIN GIFT MEHR.«

Aber Jo ist zu meiner Überraschung in ihren Gedanken schon ein Schritt weiter.

»Ich weiß genau, was jetzt zu tun ist, Miri. Ich muss mein Immunsystem pushen. Den Darm entgiften, den Darm aufbauen. Dem Körper endlich wieder all die Mittel an die Hand geben, die er braucht, um den Teufel K. erfolgreich vom Hals zu halten.«

Einige Präparate hat sie schon bestellt, weitere Online-Bestellungen wird sie demnächst aufgeben. Unter all den Nahrungsergänzungsmitteln gibt es eine Substanz, auf die sie besonders große Hoffnungen setzt. Es handelt sich um ein Mittel, das gezielt die Zellen im Körper wieder aktiviert, die durch den K. zur Handlungsunfähigkeit verdammt wurden. Diese »Fresszellen« killen normalerweise höchst professionell die 10 000 Krebszellen, die jeder Mensch täglich in sich produziert. Das ist für die Makrophagen, wie sie im Medizinerdeutsch heißen, ein Klacks. Wenn der K. aber zu mächtig wird im Körper, dann legt er den Fresszellen Maulkörbe an. Genau die – tadaaa – kann, wie gesagt, das neue Mittel wieder ablegen.

Johanna geht beschwingt dem Jahresende entgegen. Zwar ist es nicht ganz so gekommen, wie sie es sich heimlich erhofft hat – nämlich, dass sie bereits hundertprozentig genesen in ein neues Jahr hineinfeiern darf. Aber mit der Aussicht, dass sie nur noch wenige Wochen von diesem unglaublichen Ziel entfernt ist, macht sich seit langer Zeit erstmals wieder anhaltende Leichtigkeit in ihrem Herzen breit.

Der klinische Check einige Wochen später gibt all ihrer Hoffnung recht: Die Werte sinken in erfreuliche Tiefen.

Also, weitermachen. Einfach nur noch ein bisschen weitermachen. Wenn der K. in einigen Tagen oder Wochen erst einmal weg ist, dann gilt es »nur« noch, diesen Zustand zu halten. Und wie das am besten geht, mit Ernährung und allem Zipp und Zapp – das hat Jo in den vergangenen beiden Jahren wirklich besser gelernt als jede andere. Sie fokussiert sich: »Nicht mehr lang, Miri, dann darf ich auch wieder zurück auf Los. Auf Anfang. Dann ist bei mir alles so normal wie bei anderen Gesunden auch. Dann habe ich es geschafft.«

Ich spüre Tränen in meinen Augen und kann nicht anders, als sie fest zu umarmen. »Ja, Jo. Nur noch ein Wimpernschlag, dann hast du es geschafft.«

Ich kann nicht beschreiben, wie sich der Moment angefühlt hat, als wir die Nachricht bekommen haben, dass Johanna krebsfrei ist. Es ist ein unbeschreibliches Gefühl, wenn eine zwei Jahre lang gehegte Hoffnung, ein Wunsch, eine Sehnsucht, ein Glaube Realität wird. Es ist wunder-voll. Nicht mehr und nicht weniger.

Wir schlendern im Park nebeneinander her. Die Sonne scheint, auch wenn es so kalt ist, dass wir unseren Atem sehen können. Aber die Kälte ist nur eine äußere. In uns ist alles warm und friedlich. Unsere beiden Mädchen flitzen mit ihren Rollern vorneweg. Sie lachen, singen Kindergartenlieder und plappern vergnügt. Immer wieder drehen sie sich zu uns um und rufen uns zu, dass wir »lahme Enten« seien. Haha. Die sind wir gerne, denn so können wir ungestört reden.

»Jo, ich bin unfassbar stolz auf dich.« Ich drücke ihre Hand.

»Du bist ein Vorbild. Ein echtes Vorbild. Meine ganz persönliche Jeanne d'Arc. Wie du das alles gemeistert hast …«

»Ach komm, hör auf.«

»Nein. Ernsthaft. Das muss dir erst einmal jemand nachmachen. Diese elend langen zwei Jahre voller Angst und Verzweiflung. Und du? Du hast einfach nicht aufgegeben.«

Jo kickt Steine aus dem Weg und räuspert sich.

»Hm. Zwei Jahre Angst?« Sie sieht mich mit einem entschlossenen Gesichtsausdruck an. Dann schüttelt sie den Kopf. »Nein. Nein, Miri. Das war nicht nur Angst. Das war in gewisser Weise meine zweijährige Ausbildung.«

Sie ignoriert mein Stirnrunzeln und fährt unbeirrt fort: »Weißt du, Kraft habe ich durch viele Quellen gefunden. Eine davon waren die guten unter meinen Ärzten. Die, die mich informiert haben, die auch sich selbst hinterfragt haben und mit denen ich gemeinsam nach Lösungen suchen konnte. Kraft habe ich auch daraus geschöpft, dass ich Hilfe annehmen konnte, endlich mal – Hilfe von Familie und Freunden. Es war eine kostbare Erkenntnis, dass ich mit all meinen Ecken und Kanten geliebt werde, bedingungslos. Diese Erkenntnis kann mir, Gott sei Dank, niemand mehr nehmen. Aber …« Sie zieht den Reißverschluss ihres Parkas ein Stück auf. »… die meiste Kraft kommt aus einem selbst.«

Johanna bleibt stehen. Unsere Mädchen warten wenige Schritte von uns entfernt. Sie albern herum und kichern. Es tut gut, die beiden so unbeschwert zu sehen. Dann sagt Johanna: »Das waren definitiv auch zwei Jahre Ausbildung. Ausbildung zu Dr. Hoffnung.«

12 »Der Trick ist, einfach niemals aufzugeben«[6]

Johanna hat wie eine Sternenkriegerin gekämpft – und gewonnen. Und sie ist sich sicher: dieses Mal für immer. Weil sie sich dieses Mal der Krankheit in ihrer Gesamtheit gestellt hat. Weil sie nicht nur die körperlichen Symptome bearbeitet, sondern genauso tief in ihrer Seele geforscht hat. Verletzungen erkannt hat. Einige. Alte wie neuere. Sie hat sich die Wunden angesehen, sie heilen lassen. Das hat sie geschafft, weil sie sich verändert hat, innerlich. Eine Veränderung, zu der sie erst jetzt bereit war.

2008 war sie noch nicht so weit. Sie war damals noch nicht an diesem Punkt, ihre krank machenden psychischen Muster erforschen zu wollen. Weil sie nicht daran glaubte, dass es so etwas gibt. Weil sie diesen Zusammenhang nicht erkennen *musste*. Die Diagnose von damals war in ihrer Tragweite und Bedrohlichkeit überschaubar, die Chance, geheilt zu werden, war groß und von Anfang an zumindest in Sichtweite. Und damit greifbar. Was eine intensivere Auseinandersetzung mit sich selbst, ein Eintauchen in die Untiefen der sensiblen Seele nicht zwingend erforderlich machte. Zumindest nicht in der Theorie. In der Praxis hätte eine frühere Reflexion vielleicht die Neuerkrankung verhindert. So musste das K-Ding wohl erst mit vermeintlich »unheilbarer« Wucht zurückkommen, um sie dorthin zu bringen, von wo aus sie neu beginnen konnte. An die Wurzeln. An die Orte schwerer seelischer Verletzungen, um von dort aus die Heilung zu initialisieren. Das ist

6 Ausspruch eines Zehnjährigen auf einer Kinderkrebsstation

anstrengend und schmerzvoll, und es braucht Zeit. Aber es ist auch reinigend und befreiend. Und vor allem ist diese Katharsis der Schlüssel zu der Tür, die Johanna für sich öffnen wollte: Genesung auf allen Ebenen.

Das Programm, das sie in den mehr als 24 Monaten ihrer Therapie absolviert hat, war vielfältig. Neben den medizinischen Maßnahmen ist sie dem K mit vielen anderen Methoden zu Leibe gerückt, die ihren Behandlungserfolg maßgeblich unterstützt haben. Im Gespräch mit anderen K-Patienten ist uns beiden klargeworden, dass diese »Werkzeuge« den meisten weitgehend unbekannt sind. Daher möchten wir Ihnen diese »Werkzeuge« mit an die Hand geben.

Dr. Hoffnung richtet sich grundsätzlich an alle Menschen. Dennoch wird es unter den Lesern einige geben, die unmittelbar vom Thema dieses Buches betroffen sind. Weil sie persönlich oder im nächsten Umfeld mit (schwerer) Krankheit konfrontiert werden. Dieser »Nachtrag« richtet sich speziell an diejenigen, die gegen Krebs selbst oder mit ankämpfen müssen. Er soll den Betroffenen helfen, gesund zu werden und zu bleiben. Und vielleicht sogar – wie Johanna – von einem vermeintlich unheilbaren Fall zu einem heilbaren zu werden.

Lassen Sie mich in diesem Zusammenhang eines betonen: Ich befürworte klar und eindeutig die ganzheitliche Betrachtung einer körperlichen Erkrankung und will Sie ermutigen, die Schlüsselrolle von Geist und Psyche nicht nur zu erkennen, sondern sie auch für die Heilung zu nutzen. Mehr noch: Ich persönlich halte diese ganzheitliche Sicht- und Herangehensweise tatsächlich für die einzig Wahre.

Gleichwohl ist das keineswegs als Absage an die konventionelle Medizin zu verstehen. Ich möchte hiermit nicht dazu aufrufen, der Schulmedizin den Rücken zu kehren. Im Gegenteil: Sie ist ein wichtiger Pfeiler, aber eben nicht der einzige. Holen Sie Schulmedizin, Alternativmedizin und »Seelenmedizin« mit in Ihr Boot. Dann werden Sie für Ihre individuelle Reise zur Gesundheit bestens gerüstet sein.

Jeder muss speziell für sich über das für ihn oder sie persönlich passende Programm nachdenken und gemeinsam mit den Ärzten entscheiden. Bitte verstehen Sie das Folgende daher nur als Anregung; ich habe hier aus meiner eigenen Erfahrung geschöpft, aus Gesprächen mit anderen Patienten und dem Miterleben vieler Krankheitsverläufe (und besonders aus Johannas Geschichte). Auch Johanna hat – bis auf den schulmedizinischen Teil – nicht alle im Folgenden geschilderten Therapiemöglichkeiten ausgereizt. Und sie schon gar nicht parallel durchlaufen. Sondern sie hat mal dieses, mal jenes intensiver praktiziert. Alles auf einmal wäre zeitlich, emotional und vom Kraftaufwand her sicher auch kaum machbar. Möge sich also jede/r das herauspicken, was für sie/ihn in Frage kommt.

Schulmedizin »Stahl, Strahl & Chemo«

Stahl steht für die Operation des Tumors/der Tumore, wenn sie, zu welchem Zeitpunkt auch immer, möglich ist und das Ziel erreicht, den Gesamtzustand zu verbessern. In dem hier ausführlich geschilderten Fall von Johanna stand die OP erst ganz am Ende der mannigfaltigen Therapien, um die Reste des Tumors aus der Brust der Patientin zu entfernen. Zunächst lag der Fokus darauf, die Metastasen im Körper zurückzudrängen und zu zerstören. Als diese beseitigt waren, wurde mit dem chirurgischen Eingriff der finale Schritt zur »Krebsfreiheit« getätigt.

Strahl: Bestrahlung ist ein bewährtes Mittel bei der Eindämmung des Wachstums und der Eliminierung von Krebszellen. Diese Methode ist – wie die Chemotherapie auch – mit Nebenwirkungen und möglichen Spätfolgen verbunden, über die sich jeder Patient informieren sollte. Die Vor- und Nachteile müssen immer individuell diskutiert und abgewogen werden.

Chemo: Die Geschichten über das Leiden, das mit einer Chemotherapie verbunden ist, sind in den allermeisten Fällen gruseliger als die tatsächlichen Nebenwirkungen der Therapie heutzutage. Die Begleitmedikamente wirken immer erfolgreicher und reduzieren die unangenehmen Effekte einer zytostatischen Behandlung auf ein Minimum. Das Immunsystem kann zwar stark belastet werden, das muss aber nicht immer sein. Deswegen ist es besonders in schweren Fällen immer ratsam, eine Chemotherapie in Betracht zu ziehen. Es gibt gesundheitliche Ausgangssituationen, die dies meines Erachtens nach fast unumgänglich machen. Dann nämlich, wenn die Anzahl der im Körper befindlichen Krebszellen einfach schon zu hoch ist, um den Kampf ausschließlich dem eigenen Immunsystem, selbst unter Beteiligung einer starken Psyche, zu überlassen. Ein chemotherapeutischer Großangriff auf die malignen Zellen, um zunächst eine hohe Anzahl dieser zu zerstören, ist der Erfahrung nach ein guter Start in eine erfolgreiche Therapierung.

Elektro-Chemotherapie: Recht neu, erfolgversprechend und nebenwirkungsarm ist das Feld der (lokalen) Elektro-Chemotherapie. Sie ist zum Beispiel für Patienten interessant, die mit Krebs in den Hautzellen zu tun haben. Sei es in Form von Melanomen oder als Haut-Metastasen (in diesem Fall: Absiedelungen einer anderen Krebsart). Das Prinzip, das hinter der seit einigen Jahren erprobten und immer ausgefeilteren Technik steht: Die Wände der Krebszellen werden mit Hilfe von Mini-Elektroschocks geöffnet, so dass deutlich mehr eines Chemotherapeutikums in die Zelle eindringen kann als ohne diese Vorbehandlung. Dadurch reicht eine niedrigere, leichter verträgliche Dosis eines Zytostatikums für den zielgerichteten Angriff. Gleichzeitig hilft diese Methode bei hartnäckigen malignen Zellen, die auf andere Therapien nicht oder nur wenig ansprechen.

Weitere Medikamente: Antihormontabletten, Herceptin, Substanzen zum Knochenaufbau bei Skelettmetastasen und vieles mehr. Es gibt eine Menge an zusätzlicher Arznei, die heutzutage oft auch parallel zu einer Chemotherapie verabreicht wird und damit positive Therapieverläufe erzielt und/oder begünstigt.

Neue, alte Medikamente

GcMAF: 2013 wurde GcMAF (Gc-Makrophagen Aktivierender Faktor) als DER Durchbruch in der Krebstherapie gefeiert – doch dann wurde es irgendwann erstaunlich still um dieses Präparat, warum auch immer. Obwohl die Behandlung mit GcMAF in Deutschland bisher noch nicht offiziell zugelassen wurde, wird sie bereits in diversen deutschen Praxen und Kliniken mit großem Erfolg (!) angewendet. Das Präparat wird per Spritze verabreicht. Gc ist eine körpereigene Substanz, die das Immunsystem dabei unterstützt, maligne Zellen zu erkennen und zu bekämpfen. Es feuert also vor allem die helfenden Zellen an, die durch den Krebs (oder andere Autoimmunerkrankungen) biochemisch zum Schweigen gebracht wurden. Daher fällt diese nebenwirkungslose Therapie in das Feld der sogenannten Immuntherapien. »Hilf dem Körper, sich selbst zu helfen.« Mit dieser Methode wurden etliche Stadium-IV-Patienten, denen nur noch zwei bis sechs Monate Lebenszeit vorausgesagt wurden, von ihrem Krebs zu hundert Prozent geheilt. Und sie sind bis heute, Jahre nach der Erstdiagnose, rezidivfrei. Informationen dazu finden sich im Internet. Halten Sie in diesem Zusammenhang in Zukunft nach einem Präparat mit den Namen Immuno D Ausschau.

Cannabisöl: An dieses Öl in guter Qualität und der brauchbaren Dosierung THC/CNB heranzukommen ist schwierig. Und überdies ist die Verwendung hierzulande nicht legal.

Dennoch hat Cannabisöl zu beachtenswerten Erfolgen in der Krebstherapie beigetragen. Vor allem bei den sogenannten »unheilbaren« Fällen. Es lohnt sich, sich darüber zu informieren und ggf. Kliniken in den Niederlanden aufzusuchen, die Marihuana medizinisch einsetzen.

DCA: *Dichloracetat* ist ein recht preisgünstiges Medikament, das es seit vielen Jahren auf dem Markt gibt. Ursprünglich für eine Stoffwechselerkrankung patentiert, entfaltet DCA sein gesamtes Potential gerade in Kombination mit einer Chemotherapie. Das Mittel ist in der Lage, den Krebszellen sozusagen den Befehl zum Selbstmord (*Apoptose*) zu erteilen. Eine Schutzfunktion, die die bösartigen Zellen verloren haben, weswegen sie so unkontrolliert wuchern. Mit Hilfe dieses Mittels erlernen sie wieder, sich zu zerstören, sobald sie erkannt haben, dass sie »nicht gut« sind. Der Krebs bekämpft sich so quasi selbst.

Einen Knackpunkt gibt es allerdings: Es fehlt ein breitangelegtes Fundament an wissenschaftlichen Studien über die Wirksamkeit von DCA bei Krebs. Was es gibt, sind positive Erfahrungsberichte von Patienten und behandelnden Ärzten. Warum diese Studien fehlen? Nun, es gibt Mediziner, die der Meinung sind, den Pharmakonzernen fehle es schlicht an Interesse, Geld und Zeit für ein Präparat aufzuwenden, das sich auch so gut verkauft – eben bei Stoffwechselerkrankungen. Aktuell kommt es derzeit vor allem dann zum Einsatz, wenn der Patient dies anregt und auf die Unterstützung eines behandelnden Mediziners setzen kann. Meine Empfehlungen, falls Sie sich für dieses Präparat entscheiden: DCA sollte zur Minimierung der reversiblen Nebenwirkungen (beispielsweise Taubheitsgefühlen in den Fingern oder im Gesicht) immer mit einem B1-Präparat kombiniert werden.

Methadon: Der Drogenersatzstoff tötet Krebszellen. Und zwar sogar solche, die sich gegenüber einer Chemo- und/oder Strahlentherapie resistent gezeigt haben. Methadon aktiviert den bei Krebszellen ausgeschalteten Befehl zum Zelltod, ohne dabei gesunde Zellen in Mitleidenschaft zu ziehen. Der Krebs killt sich selbst. Das Erstaunliche und Hoffnung Machende: Ersten Erkenntnissen zufolge scheint der Wirkstoff bei sehr vielen unterschiedlichen Krebsarten anwendbar zu sein. Diese Therapie hat Johanna nicht in Anspruch genommen. Es wäre aber eine Option gewesen, wenn alles andere nicht geholfen hätte.

Alternativmedizin »Hyper-/Fieber-/Thymus-Therapie«

Hyperthermie ist mittlerweile als vierte Säule neben »Stahl, Strahl & Chemo« anerkannt und wird von den meisten Krankenkassen bezahlt. Dabei handelt es sich um eine ambulante Behandlungsserie, bei der erkranktes Gewebe entweder lokal oder ganzkörperlich erhitzt wird. Für den Patienten ist die Prozedur schmerzfrei; zudem hat sie zwei gesundheitsfördernde Effekte: Zum einen sind Krebszellen wärmeempfindlich und sterben von einer bestimmten Temperatur an ab. Zum anderen trägt die Erwärmung des Gewebes zu einer erhöhten Durchblutung der malignen, also bösen Zellen bei. Die zytostatischen Medikamente einer begleitenden Chemotherapie werden so intensiver in die Zellen geschleust und können dort – wie gewünscht – deutlich effektiver ihr zerstörerisches Werk verrichten.

Die **Fiebertherapie** dient der Stärkung des körpereigenen Immunsystems und der Abtötung von Krebszellen. Das Abwehrsystem des Patienten wird durch die intravenöse Gabe eines toten (und daher nicht ansteckenden) Bazillus dazu gebracht, mit Fieber zu reagieren. Die toxische Wirkung des Bazillus tötet Krebszellen. Das Fieber führt dazu, dass das geschwächte Immunsystem aufgebaut wird. Besonders die Anzahl der sogenannten NK-Zellen (»natürliche Killer«, die in der Lage sind, den Krebs von sich aus kaputtzumachen) wird auf diese Weise wieder auf das normale, gesunde Niveau gebracht. Auch hier tritt als Nebeneffekt das Absterben der Krebszellen ab einer bestimmten Temperatur auf.

Festgestellt wurde dies unter anderem dadurch, dass in Malaria-Gebieten, wo die Menschen aufgrund häufiger Malaria-Infektionen regelmäßig hohes Fieber entwickeln, deutlich weniger Krebsfälle zu verzeichnen sind als anderswo. Diese Ein-Tages-Therapie muss überwacht werden und findet alle paar Wochen in einer Arztpraxis statt.

Thymus- und Misteltherapie: Injektionstherapien bauen unter anderem auf der Funktion der körpereigenen Thymusdrüse auf und dienen vor allem der Stärkung des Immunsystems und der Unterstützung jener Zellen, die von sich aus Krebs zerstören können. Außerdem lindern Thymus-/Mistelpräparate vielfältige unangenehme Nebenwirkungen einer Chemo- oder Strahlentherapie.

Ayurvedische Medizin: Entgiftungskuren und -massagen, Stirngüsse mit Öl, ausgleichende Ernährungsprogramme, körperliche Übungen zur Verbesserung der Sauerstoffversorgung, Yoga und diverse andere ganzheitliche Maßnahmen können die schulmedizinischen Therapien mehr als nur begleiten. Der Patient wird nach der ayurvedischen Lehre (*ayurveda* = Wissen vom Leben) in seiner Gesamtheit betrachtet. Das heißt, nicht nur das akute Leiden wird diskutiert, sondern auch die Ernährung des Patienten, welche Gefühle in seinem Alltag dominieren, wie es um die Gesamtkonstitution des Körpers bestellt ist, wie hoch das durchschnittliche Stresslevel für Physis und Psyche ist usw. Diese umfangreiche Betrachtung zieht mannigfaltige Therapiemöglichkeiten nach sich. (Johanna hat Ayurveda im zweiten Jahr ihrer Erkrankung begleitend angewandt.)

Ernährung

Smoothies & frisch zubereitete Säfte: In Therapiezeiten drei-
bis viermal wöchentlich morgens mit einem Mixer zuberei-
ten. Verwenden Sie vor allem Beeren aller Art (Blaubeeren,
Himbeeren, Brombeeren etc.), das sind wahre Wunderfrüchte
gegen Krebs. Sie können eine halbe Banane und einen halben
Apfel zugeben, inklusive der Kerne. Apfelkerne enthalten
Blausäure, die den gesunden Zellen des Körpers nichts anha-
ben kann, aber die entarteten Zellen zerstört. Die Säfte schme-
cken nicht nur gut, sie tragen auch zur Stärkung des Immunsystems bei.

Wenig Fleisch: Das körpereigene Enzym, das Fleisch in seine
verwertbaren Bestandteile aufspaltet, ist ebenso in der Lage,
Krebszellen zu eliminieren. Daher empfiehlt es sich, den
Fleischkonsum in der Zeit der Therapie einzustellen oder zu
reduzieren.

Öl-Eiweiß-Kost nach Johanna von Budewig. Diese spezielle
Ernährungsweise und den Hintergrund der medizinischen
Wirkung zu beschreiben würde den Rahmen dieses Buches
sprengen. Aber ich möchte Sie ermutigen, sich über diese besondere Krebskost zu informieren. Im Zentrum stehen Leinöl
und Quark-Eiweiß in Kombination. Mit Hilfe dieser Diät wird
den »nicht atmenden« Krebszellen die Fähigkeit zum Sauer-
stoff-Stoffwechsel zurückgegeben. Durch diese Wandlung
verändern sich kranke Zellen wieder in gesunde. Johanna von
Budewig hat allein mit dem von ihr entwickelten, sehr stren-
gen Ernährungsprogramm etliche als austherapiert geltende
Krebspatienten (also die »hoffnungslosen« Fälle) geheilt.

Kaum Weizenmehlprodukte, kein Zucker: Krebszellen »ernähren« sich von Zucker. Weizenmehlprodukte werden im

Körper in Zucker verwandelt. Um den bösartigen Zellen das Futter zu entziehen, sollten Sie weitgehend auf sämtliche zuckerhaltigen Nahrungsmittel verzichten. Genehmigte Ausnahmen: Fruchtzucker aus Obst und Vollkornprodukten. Als natürlicher Zuckerersatzstoff hat sich das in Biomärkten erhältliche Stevia bewährt, mit dem man auch kochen und backen kann.

Ketogene Diät: Diese Ernährungsform setzt den Ansatz *Kaum Weizenmehl/kaum Zucker* noch radikaler fort. (Johanna hat diese Diät zeitweise gegen die anderen Diäten ausgetauscht.) Kohlenhydrate werden so gut wie ganz gemieden. Hintergrund ist erneut der, dass sich Krebszellen von Zucker ernähren. Zucker aus Zucker, Fructose und Kohlenhydraten. Bei dieser Kost verzichtet man auf Kohlenhydrate und zu »süße« Früchte, Gemüsesorten oder Säfte. Die Energie kommt stattdessen aus reichlich gesunden Fetten und Eiweißen. Wirklich reichlich. Denn es muss für einen adäquaten Kalorienersatz gesorgt werden.

Vegan &»no/low Carb«: Dahinter verbirgt sich die noch einmal verschärfte und zugegeben recht aufwendige (weil weiter einschränkende) Form der *Ketogenen Diät*. Erneut geht es darum, den K-Zellen die Nahrungsgrundlage zu entziehen und diesmal richtig radikal. Konkret steckt hinter »Vegan & keine Kohlenhydrate«:

No meat (kein Fleisch)

No wheat (kein Weizen, Gluten oder sonstige Kohlenhydrate)

No sweet (kein Zucker, außer in Maßen Fructose)

No dairy (keine Milchprodukte, vor allem aus Kuhmilch)

Warum man auf Fleisch, Kohlenhydrate und Zucker verzichten sollte, wurde bereits erläutert. (Kuh-)Milchprodukte sind deshalb weitgehend zu vermeiden, weil unsere (Kuh-) Milch stark hormonbelastet ist. Und gerade Tumoren, die aufgrund von Hormonen wachsen, raubt man damit die letzte Energiequelle.

Diese Diät ist auf lange Sicht schwer durchzuhalten und birgt die Gefahr der sehr einseitigen Ernährung. Daher sollte sie unbedingt mit Eisen- und B-Vitamin-Präparaten ergänzt werden.

Johanna hat diesen strikten Ernährungsplan für einige Monate auf der »Zielgeraden« ihrer Erkrankung durchgezogen, um auch dem letzten Rest K. im Körper den Garaus zu machen. Über einen längeren Zeitraum ist eine echte »no carb«-Ernährung nur sehr schwer durchführbar, da auch frische Fruchtsäfte und Gemüse Kohlenhydrat-Anteile haben (z. B. Karotten, Linsen, Bohnen, Kürbis etc.). Aber allein die Menge an Kohlenhydraten drastisch zu reduzieren schwächt die K-Zellen so sehr, dass alle anderen Therapien noch wirkungsvoller greifen.

Nahrungsergänzungsmittel

Grundsätzlich ist ein natürliches (Bio-)Produkt generell immer der Nahrungsergänzung in Tablettenform vorzuziehen. Dies lässt sich im Alltag allerdings nicht immer einfach umsetzen. Deshalb liste ich hier einige Alternativen auf:

Selen: Dieses Spurenelement wehrt freie Radikale ab und verhindert die Entartung der Zelle. Außerdem stärkt es das Immunsystem. Als besonders nützlich hat sich die Einnahme von Selen parallel zu Strahlen- und Chemotherapie erwiesen. Nebenwirkungen werden minimiert, die Blutwerte stabilisiert. Den Selenbedarf kann man über Tabletten oder durch ein bis zwei Paranüsse täglich decken.

Kurkuma: Dieses Gewürz, in Kombination mit schwarzem Pfeffer, ist seit langem für seine entzündungs- und krebshemmende Wirkung bekannt. Da jeder Entartung zur malignen Zelle eine Entzündung derselben vorausgeht, kann man hier mit Kurkuma entgegenwirken. Laut verschiedenen Fallstudien konnte sogar eine Metastasen-Reduzierung durch die Gabe von Kurkuma festgestellt werden.

Um sich mit einer ausreichenden Menge zu versorgen, müssen Sie zwei Mal täglich je zwei Kapseln eines Kurkuma-Pfeffer-Präparats zu sich nehmen.

Magnesium: Magnesium ist vor allem für die gesunden Zellen von Bedeutung. Es unterstützt deren »Atmung« und die Zulieferung von Energie. Gerade sportlich aktive Patienten sollten ihren Körper mit Magnesium in Tablettenform oder – noch besser – mit magnesiumhaltiger Nahrung (Kürbiskerne, Mohn, Sesam, Hülsenfrüchte, Brennnessel) unterstützen.

Basen-Tabletten/Natron-Tabletten/Bad in Bullrichsalz: Es ist bekannt, dass Krebszellen besonders gut auf »übersäuertem« Nährboden gedeihen. Stress, Nikotin, Alkohol, exzessiver Sport (!) und bestimmte Nahrungsmittel kreieren ein »saures« Klima. Zum Glück gibt es Lebensmittel, die basisch wirken, also diese Übersäuerung ausgleichen. Welche das sind, ist im Internet gut beschrieben.

Um den ph-Wert des Körpers in den basischen Bereich zu bringen, kann die Therapie mit Tabletten unterstützt werden. Alternativ bietet sich ein Entsäuerungsvollbad mit Bullrichsalz an: einmal wöchentlich, eine ganze Stunde, fünf Esslöffel Bullrichsalz.

Stachelannone, Graviola, Guanabana: In Pulverform (gibt es auch püriert, gefroren oder als Tee) als Zugabe in Smoothies oder Naturjoghurt. Der Stachelannone wird schon seit vielen Jahren eine krebsheilende Wirkung nachgesagt. Zumindest wurde vor einiger Zeit ein Forschungsergebnis veröffentlicht, nachdem in Labortests mit Hilfe der Stachelannone das

Wachstum von bestimmten Brust- und Bauchspeicheldrüsenkrebszellen gehemmt werden konnte. Es gibt Publikationen, nach denen die Frucht 10 000 Mal wirksamer sei gegen Krebs als manche Chemotherapie.

Häusliche Entgiftung

Krebs-Patienten haben sehr oft ein »Entgiftungsproblem«. Das heißt, der Körper ist (zeitweise) nicht mehr in der Lage, Gifte und »Restmüll« in ausreichendem Maße aus dem Organismus zu befördern. Diese Stoffe im Körper belasten das Immunsystem enorm. Um der körpereigenen Abwehr wieder ihre ganze Kraft zurückzugeben, ist es für Krebspatienten besonders wichtig, auf regelmäßiges Entgiften zu achten.

Öl ziehen: Morgens vor dem Zähneputzen einen Esslöffel Pflanzenöl (Raps- oder Sonnenblumenöl) fünfzehn Minuten lang zwischen den Zähnen bei geschlossenem Mund »hin- und herziehen«. Anschließend ausspucken. Das Öl bindet Giftstoffe aus dem Körper und besonders dem Mund-Rachen-Raum und darf daher nicht hinuntergeschluckt werden. Das zunächst klare weiße oder goldfarbene Öl wird nach der Viertelstunde milchig-trüb geworden sein. Sollte das nicht der Fall sein, das Öl-Ziehen um fünf Minuten verlängern. Danach wie gewohnt die Zähne putzen. Nebeneffekt: Erkrankungen des Mund-Rachen-Raums werden seltener, die Zähne heller mit der Zeit.

Leberwickel: Abends vor dem Einschlafen für zwanzig Minuten eine warme Wärmflasche mit einem feuchten Tuch umwickeln und auf die Stelle des Körpers legen, wo die Leber sitzt. Die feuchte Wärme dringt in die Tiefe und regt den Leberstoffwechsel (die Entgiftung) an. Besonders zu empfehlen bei Leber-Metastasen.

Koffein-Spülung: Dazu benötigen Sie eine große Spritze und einen stabilen Schlauchaufsatz; alternativ können Sie auch einen sogenannten Irrigator für Einläufe verwenden. 60 bis 100 ml lauwarmen Kaffee in die Spritze geben und den Schlauch rektal einführen. Das Koffein wird von den Darmwänden restlos absorbiert, also sofort vom Körper aufgenommen und heizt das Entgiftungsprogramm der Leber an.

Darmreinigung: Mit Klistier oder Irrigator. Besonders an Chemotherapie-Tagen hilft es dem Körper, Giftstoffe und tote Krebszellen abzutransportieren und so das Immunsystem zu entlasten. Durch einen Einlauf werden sozusagen wieder Kapazitäten freigeräumt, damit der Kampf gegen den Krebs mit körpereigenen Mitteln fortgesetzt werden kann.

Sport

Dass Sport dem Körper guttut, ist bekannt. Relativ neu ist die Erkenntnis, dass auch Patienten unter Chemotherapie durchaus aktiv bleiben/sein sollten. Gerade moderate Bewegung ruft Therapieerfolge auf vielen Ebenen hervor: deutliche Verbesserung der Blutwerte, Minimierung bis hin zu Eliminierung des Müdigkeitssyndroms und vor allem psychische Stabilität beziehungsweise Kraft durch positive Hormonausschüttungen.

Laufen/Sauerstoff-Therapie: Alles, was zusätzlich Sauerstoff in den Körper pumpt, hilft gegen den Krebs. Salopp gesagt: Sauerstoff ist ein Krebszellen-Killer. Gemütliches Joggen oder Walking (nicht zu schnell, um nicht zu übersäuern), drei bis vier Mal pro Woche, unterstützt den körperlichen und seelischen Genesungsprozess. Manche Arztpraxen bieten Ergometer-Training mit Sauerstoffzufuhr an.

Yoga: Als Alternative oder Ergänzung zum Laufprogramm: sanftes Yoga, um den Körper und das Immunsystem zu stärken und die Sauerstoffversorgung zu verbessern. Vorteil des Yoga: Die meditativen Elemente dienen auch dem psychischen Wohl.

Meditation: Entspannung gegen Angst. Wer gegen den Krebs kämpft, kämpft gegen einen weiteren fiesen Feind – die in regelmäßigen Abständen auftauchende (Todes-)Angst. Da Angst aber auch physiologische Reaktionen hervorruft, die einer Heilung nicht unbedingt zuträglich sind, empfiehlt sich regelmäßiges Meditieren als hervorragender Spannungslöser. Ein entspannter Körper und eine entspannte Seele können keine Angst entwickeln.

Wer sich noch präziser mit dem Thema Meditation beschäftigen mag, wird auf mindestens zwei weitere Felder stoßen. Zum einen auf Visualisierungstechniken während der Meditation, die zum Beispiel auf das eigene Gesunden, das Loslassen von Krankmachendem und die Aktivierung der eigenen Selbstheilungskräfte abzielen. Zum anderen ist es möglich, das eigene Denken und Fühlen umzuprogrammieren. Vor allem im Hinblick darauf, Gefühlen, die Körper und Seele schwächen, nur wenig – am besten gar keinen – Raum zu geben. Das bedeutet nicht, dass Patienten nicht traurig, ängstlich oder wütend sein dürfen. Diese Gefühle zu erspüren und zuzulassen ist wichtig und gut. Aber sie sollen nicht die komplette Kontrolle über den kranken Menschen behalten.

Eine inspirierende Quelle für alle, die diesem Komplex offen gegenüberstehen, sind die Affirmationen und Meditationen zu Selbstliebe und Selbstheilung der amerikanischen Bestseller-Autorin Louise Hay. Sie ist gewissermaßen die Bannerträgerin der Bewegung »Positives Denken«. Ebenfalls hilfreich sind die geführten Entspannungsmeditationen der Yoga- und Meditationsexpertin Maria Böttner (http://duhast-pause.com/).

Psychotherapie

Eine Krebserkrankung ist nicht nur eine körperliche, sondern auch eine emotionale und psychische Katastrophe. Ein Seelen-Erdbeben. Kein Mensch kann diese Katastrophe allein aushalten, geschweige denn nur auf sich gestellt die Trümmer beseitigen und alles aus eigener Kraft neu aufbauen. Familie und Freunde helfen sicher an sehr vielen Stellen. Allerdings wollen Patienten ihre Liebsten, die natürlich auch Tag und Nacht in Sorge sind, selten rund um die Uhr mit eigenen Ängsten und Fragen belasten. Aus eigener Erfahrung weiß ich, dass es enorm guttut, regelmäßig eine neutrale, psychotherapeutisch ausgebildete Person aufzusuchen. Wenn es sein muss, mehrmals wöchentlich. Das hilft nicht nur im Umgang mit Ängsten und Unsicherheiten, sondern im Zweifel auch bei der Aufarbeitung ungelöster, verdrängter Konflikte und beim Heilenlassen alter Wunden. Denn dass diese meist ursächlich an einer Krebserkrankung beteiligt sind, ist nicht nur meine persönliche Auffassung, das bestätigen auch verschiedene Umfragen. Selbst Schulmediziner räumen ein, dass es bei »Spontan-/Wunderheilungen« meist einen gemeinsamen Nenner gibt: Nämlich den, dass sich die Patienten sehr intensiv mit ihrer Krankheit auseinandergesetzt haben. Und zwar auch mit deren psychischen Ursachen.

So sind »Ablehnung«, »Ohnmacht« und »Verbitterung« drei Schlüssel-Emotionen, die häufig genannt werden, wenn Krebspatienten von der prägenden Gefühlslage ihres Lebens *kurz vor der Diagnose* (12 bis 24 Monate davor) berichten sollen. Mit der Psychotherapie lassen sich diese meist unbewussten Emotionen bewusst machen. Und damit verlieren sie an zerstörerischer Kraft. Der Mensch kann ganzheitlich heilen.

Hypnosetherapie

Diese Therapieform kombiniert Tiefenentspannung (Trance) mit Suggestion, also mit bestärkenden, heilungsfördernden Lernsätzen. Hypnotherapeuten sagen, dass mit dieser Methode innere Konflikte oder verborgene negative Gefühle schneller aufgelöst werden können als durch eine Gesprächstherapie. Weil sich die Behandlung in einer Sitzung direkt an das Unterbewusste wendet.

Spiritualität

Johanna hat sich im Laufe von zwei Jahren vom Azubi zum Meister in Sachen spiritueller Sicht und Lebensweise entwickelt. Bis heute arbeitet sie in diesem Bereich an sich und erweitert ihr Wissen durch Gespräche und Bücher. Das ist sicher der Ansatz unter allen Therapiebausteinen, der am meisten auf kontroverse Meinungen treffen wird. Dennoch hat mich Johanna ausdrücklich gebeten, diesen Punkt mit in die Liste aufzunehmen. Nicht nur, weil es sogar eine überlieferte Aussage renommierter Mediziner gibt, die die »Wunder-/Spontanheilungen« relativ nüchtern begründen mit dem Nebensatz: »... und das haben die auch immer irgendwie spirituell gelöst.«

Johanna ist nicht nur ein gläubiger Mensch. Sie ist auch davon überzeugt, dass nichts ohne Grund geschieht. So schmerzvoll es sein mag. Sie glaubt, dass wir alle Teile eines Großen und Ganzen sind, das einen Plan verfolgt. Egal, ob dieses große Ganze Universum, Weltenergie, Matrix, Quantenfeld oder Gott heißt. All ihre Erkenntnisse zusammenzufassen sprengt diesen Rahmen. Im Wesentlichen kann Johannas spirituelle Botschaft verkürzt werden auf drei Sätze, die sie in einem Buch über eine Nahtoderfahrung gelesen hat. Darin gibt ein engelsgleiches Wesen dem gehirntoten Patienten, dem keine Überlebenschance mehr eingeräumt wurde, Folgendes mit für seine Rückkehr auf den irdischen Weg:»Du bist geliebt.« – »Du kannst keine Fehler machen.« – »Keine Angst. Alles wird gut.«

Der Komapatient erwachte und erfreut sich seit Jahren bester Gesundheit.

Danke

Unser demütiger und mit Liebe gefüllter Dank an sehr viele Menschen ist so groß, dass er diesen Rahmen sprengen würde. Wenigstens einige möchten wir gern nennen.

Danke an Dr. Anke Kleine-Tebbe, Dr. Carola Schweitzer, Dr. Michael Kalden und Manuela Heider de Jahnsen. Ihr wart uns fachlich und menschlich eine große Stütze. In allem. Danke an Prof. Dr. Ralf Herwig für die »Specials«.

Von mir persönlich besonders: Danke, Bettina – für das große Vertrauen, die Unterstützung und das phantastische Miteinander bei der Arbeit an diesem für mich bislang wichtigsten Buch.

Die Herzensmenschen: Ich danke meiner über alles geliebten Familie. Den Pielhaus und den Hanreichs. Besonders herzlich meiner Mamutschka und Elkchen. Ich liebe euch sehr.

Wir danken unseren wunderbaren Freunden, die gezeigt haben, dass jeder liebenswert ist. Einfach so. Ohne spektakuläre Leistung. Das ist das weltbeste Geschenk.

Danke an Donata, Wim, Maria, Eva, Caro K., Marion, Lisa, Diana, Emmy, Jenny, Floline, Gudrun, Kathie, Anna, Caro S., Dani K., Dani W., Julia N., Julia R., Sascha, »Dr.« Bebe, Yasmina, Kira, Henning, Maya und Vince.

Ich danke dir, Claudi. Uns verbindet schon so vieles. Nun auch das.

Danke für eure Liebe, eure Gedanken, eure Gebete, eure Telefonate, eure E-Mails, eure Botschaften, die uns gestützt haben, wo wir keinen Halt mehr gespürt haben. Danke aber vor allem, dass ihr von Tag 1 an mit an JOHANNAS WUNDER geglaubt habt.